现代运动休闲项目
发展路径研究

李晓明◎著

中国原子能出版社

图书在版编目（CIP）数据

现代运动休闲项目发展路径研究 / 李晓明著. --北京：中国原子能出版社，2023.6

ISBN 978-7-5221-2802-3

Ⅰ. ①现… Ⅱ. ①李… Ⅲ. ①休闲体育–体育项目–研究 Ⅳ. ①G811.4

中国国家版本馆 CIP 数据核字（2023）第 120481 号

现代运动休闲项目发展路径研究

出版发行	中国原子能出版社（北京市海淀区阜成路 43 号　100048）
责任编辑	白皎玮
责任印制	赵　明
印　　刷	北京天恒嘉业印刷有限公司
经　　销	全国新华书店
开　　本	787 mm×1092 mm　1/16
印　　张	13.25
字　　数	225 千字
版　　次	2023 年 6 月第 1 版　2023 年 6 月第 1 次印刷
书　　号	ISBN 978-7-5221-2802-3　　定　价　**76.00** 元

前　言

　　随着社会的发展，各国间的文化交往越来越紧密，世界范围内的经济融合越来越快，各种因素都推动了体育与娱乐的概念在中国快速流行起来，而在国外，体育和娱乐活动也得到了广泛的推广，使得体育娱乐逐渐形成一股潮流。

　　体育休闲行业的发展伴随着经济的发展和全球化的发展，但由于其对生态的依赖性，以及日益严峻的环保状况，使其发展受到限制。在此背景下，我国体育休闲行业应该在国家的整体规划和积极投入下，根据我国目前的社会经济状况，在都市地区大力发展体育和体育活动，并将其与旅游、健康相融合，以促进体育、环境及娱乐等方面的发展。

　　在中国，体育休闲是一种新兴的生活潮流。西方的娱乐活动和娱乐观念成了中国体育休闲活动的主流，就像"因特网"一样，以很快的速度蔓延到了中国的各个地方。体育娱乐和娱乐活动在中国快速地发展起来，但是体育娱乐与其他体育活动相比，更多地依赖于自然和社会环境，所以如果不能与本地的自然和社会环境相适应，纯粹的西方体育休闲就不会有太长久的生命力，忽略了环境对运动休闲项目的决定作用必然会使运动休闲发展误入歧途。当前，体育休闲产业发展呈现出这种发展态势。

　　笔者查阅了许多相关的文献，并参考许多专家、学者的研究结果，由于篇幅所限，无法一一道来，因此，在这里向您致以衷心的谢意。因为时日紧迫，作者能力有限，写作中难免会有疏漏，还请大家多多指正，提供一些建议，供本人在以后的工作中不断完善。

目　录

第一章
现代休闲体育概述

第一节　现代休闲体育的发展历程

一、中国传统休闲体育的发展

（一）先秦两汉时期的休闲体育

在古代，中国的休闲运动还处在初级阶段，它与社会性的生产模式有着密切的联系。夏、商、周、春秋时期出现了自由的奴隶主阶级，他们既掌握着自由的时光，也掌握着社会的经济，他们不再为生计奔波，而是在业余的时候寻找消遣。尤其是春秋战国时期（公元前 770 年—公元前 221 年），由于大量使用了铁，推动了生产力的发展，导致了战国时期手工业和商业的发展，并涌现了一些新的城镇人口，中国的社会结构从奴隶到封建制度的转变，发生了巨大的变化，百家争鸣。尽管那时中国尚无"休闲体育"这一概念，但已经形成了以娱乐消遣为目的的娱乐项目，以及以"养生"和"休养"为主题的各种娱乐休闲运动。

从先秦至汉朝，是中国古代运动逐渐成形和定型的一个关键阶段。按体育活动的基本功能和活动场地的差异，大致可以划分为养生保健方法、军事性技术与体能训练方法、娱乐性体育活动、宫廷体育活动。在四和运动项目中，除军事技术与身体训练之外，其他三种运动都是以休闲、娱乐、保健和养生为主要目标，是休闲运动。在先秦和汉代，有以下几种主要的休闲运动。

1. 五禽戏

从古代起，人们就一直在与大自然的搏杀中，不断地总结着自己的出生、衰老、疾病和死亡的原因。从春秋、战国至汉代，中国医药与哲学相互融合，引进了"阴阳""五行"等各种科学理念，从而产生了一套独具特色的中医药学说。《黄帝内经》是一部重要的医书，而《导引行气》正是以此为基础，形成了两大养生流派。一种是以动为本的保健理念，以身体的直接活动为主要内容，与自身的呼吸法、推拿法相结合；二是以静心，以心御气，以心观气，以心疗伤，又称"静气功"。在那个时代，人们的保健手段有"顺生""节欲""去害"和"运动"等，而在保健中，则多提倡以静养心神，以动养形，以动为动，以动为用。《庄子·刻意》中说："吹呴呼吸，吐故纳新。"

从先秦至汉朝，亦是中国传统的休憩健身运动逐渐成形与定型的一个关键阶段。古代以"气"为基础，以"行"为基础，以"行"为指导。华佗是汉代晚期的医学大家，他十分注重锻炼身体的重要性。华佗受熊经、鸟伸、凫浴、虫跃、鸱视和虎顾等诸多动作的影响，并根据自己的实际操作，模拟了一只猛虎咆哮，一只小鹿欢快奔跑，一只猴子左蹦右跳，一只熊在缓缓地走，一只小鸟在空中翱翔，这就是五禽戏的由来。经此一套，可使脑部清明，加强心肺机能，使腰部、肾脏、关节平滑、平衡。《三国志·华佗传》中对五禽戏的描述是："人之所求，而不能为其所用。若有若无，则气可平，气血循环，无疾而终，譬如户中之人，永垂不朽。是以上古仙人为引子，以熊为头，移形换腰，移形换骨，以不变老。"这句谚语的含义是：人要锻炼，但不可过分，锻炼可以改善人体的血液和呼吸。华佗的保健理念对引导保健理论进行了有益的补充和发展。五禽戏在中国古代的引气运动发展中起到了重要作用。"导引"指的是"调息、调柔"，指的是用一种特殊的呼吸法，配合四肢的运动，来达到协调、柔和的效果，也就是现在的气功。

2. 蹴鞠

相传，黄帝时期已有了一项体育项目——蹴鞠。从《辞海》中可以看出，蹴鞠最初被称作"蹋鞠"，而在春秋战国时代，它也被称作"蹋鞠"。有明确历史记录的"蹴鞠"是在春秋战国时代出现的，在《战国策》和《史记》中都有过类似的描述。

据史料显示，蹴鞠早在春秋战国时代就盛行于齐国，《战国策·齐策》中对临淄的盛况做了描述："临淄甚富而实，其民无不吹竽、鼓瑟、击筑、弹琴、斗鸡、走犬、六博、蹋鞠者。"由此可见，临淄百姓的日子过得很好，斗鸡、狗和蹴鞠等娱乐活动也是家常便饭。

汉代的蹴鞠发展迅速，从平民到皇帝，无不喜欢。在《盐铁论·国疾》中，西汉桓宽说："里有俗，党有场，康庄驰逐，穷巷蹋鞠。"那时甚至有贵族为了娱乐而专门豢养蹴鞠的人。刘邦是一位喜爱踢球的人，他曾经在皇宫里建造过一座足球场。西汉以来，从官员到普通民众，人们都将其视为一种必不可少的消遣活动。

汉代三国的蹴鞠分为表演型与竞赛型。而竞赛蹴鞠的娱乐化作用则更为突出。

3. 射箭与投壶

射箭运动的产生和发展与人们的生活息息相关，在西方，已经有了射礼，除了要熟练地使用弓术之外，还要注重对礼节和伦理的教育。

投壶源于射礼，因其烦琐、对场所的需求高，故在贵族聚会或宾客聚会时，都是用掷壶来替代弓弩。《礼记·投壶》中有一句话："投壶，射礼之细也，燕而射，乐宾也。庭除之间，或不能弧矢之张也，故易之以投壶。"这说明了投掷是从射礼演化出来的。

最初的投掷方式是将短箭抛入宴席时所用的酒壶，到了后期，已演变为一种具有特殊射箭和水壶的娱乐形式。在先秦，已经有了掷壶的习俗，在春秋战国时代，是贵族和士大夫们在宴会上的一种娱乐方式，在礼仪上尤为重要，客人们必须按照辈分高低，围着茶壶坐下，将箭头掷入壶中，投中为胜，负者罚酒。而"司射"则是在旁边看着。为避免射出的箭飞出壶，壶中装着一颗豌豆。

汉代以后，由于人们越来越重视掷壶的游戏性质，而不受古代礼仪的束缚，于是有了一种叫作"骁"的新的游戏形式。在这个游戏中，用一根竹子取代了原来的荆棘，里面没有豌豆，而是将射出的箭支反射回去，由投石人将箭支抓住，然后扔入水中，这样循环下去，充满了无限的快感。

4. 杂技百戏

杂技百戏起源于先秦时代的"斗牛"，它的发展与流传与各地的杂技、舞蹈、游戏密不可分，并以特殊的表现方式呈现。其节目形式多样，内容丰富，规模大小不等，深得人民群众的喜欢。在各种杂技中，寻幢、冲狭、燕濯、履所、叠案、弄丸、飞剑、马术和斗兽等都与运动有关。汉朝百戏与竞技运动经常交叉融合，以不断创新新的项目，如"倒、叠案""车""索""都卢"和"寻

幢"等，"戏车""都卢""寻幢""戏壶""舞剑"与"跳丸"等，均呈现出创新理念，使得汉朝的杂技表演变得多姿多彩、吸引人。

角抵是汉代最受欢迎的一种杂技，它可以分为人与兽、兽与兽、人与人之间的三种形态。公元前108年，刘彻举办了一场盛大的"斗牛秀"，以向各国使节的吹嘘，在长安周围三百多千米范围之内都能看到这一幕。到了东汉，"角"和"百戏"被称为"百剧"。

（二）魏晋南北朝时期的休闲体育

自汉代至隋代，社会大崩塌，时代动荡，长期的战争使得人民处于水深火热之中，朝不保夕，各阶级都有"忧生之嗟"之感，因为死亡与灾祸频发，未来的人生难以预料，还不如好好享受一下现在的人生。受老子、庄子的"无为"思想的熏陶，文人墨客的"隐世"思潮也随之出现。在隐居后，他们脱离了朝廷的羁绊，可以尽情地畅游山水，饮酒品茗，吟诗作赋，来消遣自己。这种博闻强记的文人们的各种娱乐行为，使得中国的传统休闲运动在魏晋、南北朝期间得以蓬勃发展，这种运动不仅限于王公贵族、士绅，甚至是平民也都积极参与。闲暇运动从上流社会向普通民众过渡，这一阶段的娱乐运动得到普遍的推广，娱乐形式也变得多种多样，其内容也变得更加丰富。在我国，以围棋为主要的娱乐运动。张华在《博物志》中提到，"尧造围棋，而丹朱善围棋"。尧和舜发明了棋局。在春秋战国时代，围棋就已经普及开来。《左传·襄公二十五年》中有一段话，说魏国的太叔文子，就是用"举棋不定"来形容一个人在政事上犹豫不决。《论语·阳货》中有这样一段话："饱食终日，无所用心，难矣哉！不有博弈者乎？为之，犹贤乎已。"可见，那时的围棋，是很盛行的。秦汉期间，因文化运动导致的"焚书"，致使围棋运动陷入了停顿。中国的围棋在魏晋时代进入了其发展的第一个新阶段。在魏晋、南北朝时期，由于当时围棋较为盛行，不但受到了文人和皇帝的青睐，而且对整个国家的各个层面都有很大的影响，从而促进了围棋的繁荣。

汉代出土的围棋板，形状为四脚，上部十七条，下部四脚。《棋经》中有"三百六十一道，仿周天之度数"的说法，说明了在金朝时期，有十九道棋局。那时，围棋局从十七道改为十九道，象征着棋法的完备。梁武帝在南朝建立了"棋品制"，以促进棋的发展。所谓"棋品制"，便是将棋手的等级划分成"九品"，将与自己实力相差无几的棋手视为品性，所以棋品才会有一个等级制度。在"九品"制度的推行下，在魏晋、南北朝期间，围棋得到了极大的发展和繁荣，并逐渐发展成为人民的日常娱乐活动。"九品"的围棋制度，后来传入日本，并演变为今天的"九段"棋局。

（三）唐宋时期的休闲体育

唐代是中国封建社会发展的鼎盛期，国家繁荣，商业繁荣，交通发达，娱乐运动、民风、民乐和民间艺术等都得到了前所未有的发展。而在隋唐时期，武举、科举等的实行，则改变了自西晋以来官场上的奢靡风气，并使官吏开始参加娱乐运动。在人们的生活中，由于商品生产、农业、林业的发展，使各个阶级获得了更多的自由，财产更加安全。民间的休闲运动得到加强，促进了各类民间运动和娱乐活动的蓬勃发展。唐代，社会各界对休闲运动的参与程度较高，且在休闲运动中所涉及的运动种类之多、层次之广，是其他王朝所无法比拟的。

宋代的农业发展非常迅速，大大增加了农业的产出。在这种情况下，手工艺与商贸业迅速发展，推动了城镇的扩张。随着城市人口的增长，宋朝的繁荣大都市应运而生，各类休闲体育活动、体育组织等也随之产生，使休闲体育活动不断丰富、形态多样化。这种以不同的方式进行的游憩运动，大大丰富了宋朝民众的闲暇和消遣时间。

1. 蹴鞠

唐代蹴鞠的娱乐性更加明显，它的材料经过改良和演变，产生了一种可以膨胀的球体。唐人徐坚在《初学记》中有这样的话："鞠即毬字。今蹴鞠曰戏毬。古用毛纠结为之。今用皮，以胞为裹，嘘气，闭而蹴之。"唐代的立式足球经过改良后，由原先的实心球体变成了中空的球体，既结实又富有弹性，踢法也变得多种多样，具有较强的竞技性；唐朝的蹴鞠把"鞠室"作为"球门"，其主要目的是给宫廷官员们提供宴会和外交活动，因此，在唐朝，蹴鞠是一种很好的消遣活动。

这个时候，在蹴鞠的球场里已经有了一个球门，把球门立在球场中央，在杆子上打出一个孔眼。比赛的场地是为了防止两支球队的球员之间发生碰撞，这样的比赛更加讲究技术和娱乐。判定胜负取决于两名球员在指定时刻所进的

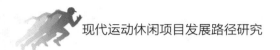

球数，得分最多的一方获胜。

唐朝女性也参加了蹴鞠，而女性的蹴鞠则是以"白打"为主，其运动强度相对较低。这是一种没有场地限制的踢法，演员们可以踢出不同的花样。

到宋朝，"鞠"的制作技术比唐朝有所改进。《蹴鞠谱》中记载，宋人所说的"鞠"有41种之多。在汴京城里，"蹴球茶坊""角球店"等都是比较常见的。宋朝帝王和大臣们都喜欢踢毽子，宋朝的礼节也有规定，在盛大的节日庆典上都要用这种方式来展示，而且在皇宫里还有一支专门的踏舞团。在宫廷蹴鞠之外，蹴鞠在我国的民间也得到了广泛的应用。在北宋时期，开封百剧中曾出现过一位跳过踢踏舞的表演者；在宋代，还有一些民间体育团体如"齐云"或"圆"，齐云社也常常举办"蹴鞠"活动。

2. 马球

"马球"，亦称为"击球"或"打球"或"击鞠"，起源于波斯，是一种由击球和骑术结合而成的体育项目，其危险性远比踢足球要大得多，因此深受人们的喜爱。马球是唐朝最早的一项体育项目，唐朝的帝王和王公都与它有很深的渊源，很多帝王都喜欢它。就拿唐高宗李治来说，他喜欢看马球，常常邀请吐蕃马球队伍到王宫，观看一场精彩纷呈的马球比赛。唐中宗李显亦是如此，他曾经到过梨园亭球场，目睹了两支藏马队伍的激战。唐敬宗酷爱骑马，不仅自己喜爱打马球，还让侍卫和宫中的侍卫都要跟着他一起去。唐宝历二年（公元826年）6月，唐敬宗在皇宫里举办了一场运动，设置了马球、摔跤、搏击、散打和杂戏等运动，参加的人很多，热情高涨。唐僖宗李儇以自己的骑术而自豪，《资治通鉴》中有一段话，"如果要考中进士，必是第一名"。唐玄宗亦爱玩马球，他把这一运动视为"义不可舍"的"用兵之技"，在军队中大力推广。唐朝的马球运动，不但在宫廷和军营中盛行，而且在民间也很受欢迎。

到了宋朝，军队里才有了定期举办的赛马比赛，皇家贵族的参与，让比赛的过程更加烦琐，没有以前那么激烈了。直到这种体育活动在民间广泛开展，马球才渐渐流行起来，并最终走上了大众的日常生活。

3. 相扑

唐代至宋代，人们把摔跤称作"相扑"，这一项目在汉代被称作"角抵"。相扑以其极富娱乐化的特点，深受唐朝君王的青睐。在唐朝，相扑是一种消遣的娱乐项目，它不但在宫廷、富室、官员和将军中盛行，在民众中也很盛行。

在宫廷里，散乐百剧往往以相扑为主要节目。唐玄宗于元和十三年二月，在御麟德殿设宴，宴请宾客、公主等，"看击鞠、角斗之剧，其乐融融"。到了宋朝，这种体育活动变得更加流行，在北宋，有一种叫作"相扑社"的机构，主要从事相扑的演出。宋朝城市里，有"瓦舍""勾栏"等各种歌舞活动，有几间能容纳几千人的大房子，瓦市的相扑客，是卢岐人最好的伙伴，也是最好的帮会。首先用女子的骰盅与棋盘相斗，使人看得清清楚楚，再由力气大的人与之相斗。由此可以看出，在那个时期，瓦舍是一种综合的运动和娱乐场所，是城市居民的休闲和娱乐活动的中心。宋朝的宫廷相扑戏比较正规，据吴自牧在《梦粱录》中记载，宋朝的相扑者是由侍卫组成，被称为"内等子"。王宫里的相扑者分为上、中、下三个等级，他们一般都是充当宫廷侍从，或者是在一些特殊的地方演出。

4. 踏青及其他休闲体育活动

春游的风俗源远流长，始于先秦，唐代和宋代是以春游为主的。唐朝的春游从每年的正月十五到清明，持续两个多月，从皇帝到平民，都喜欢参加春游。《旧唐书》中说，唐朝皇帝在正月二日赴乡野游："大历二年二月壬午，幸昆明池踏青。"唐代白居易《春游》有云："逢春不游乐，但恐是痴人。"一年又一年，万物复苏，此时到荒野里去走走，是一件很有趣味、很有保健作用的事情。杜甫也曾说过："江边踏青罢，回首见旌旗。"足见唐代的春游，是万人空巷的活动。在中国，受到儒家的等级观念的熏陶，中国妇女的出行受到很大的制约，她们往往都是宅在深闺之中，很少出门。唐朝春季的春日是回国妇女到郊外游玩的最佳时节，据《开元天宝遗事》中所述："长安仕女，游春野步，遇名花则设席藉草，以红裙递相插挂，以为宴幄"，到宋朝，春游已完全与清明节结合，那时祭祖的仪式演变成了赏花接木、休憩消遣的佳节。唐朝把春天的游园称为"踏履"，宋朝的人们称为"踏青"，还有"踏青节"，这是一个很好的节日。宋朝也有一次旅游热潮，但是旅游节庆的方式却悄悄发生了变化，春季出行更多的是选择清明。踏青之旅的目的已经远远超出了清明的初衷，千骑浩浩荡荡，如一道奔腾的溪水，向着亭榭池塘，向着鲜花遍地的郊区涌去。张择端的《清明上河图》，是一幅名作，它描述了汴京的人们在清明之日外出游玩的场景。到了宋代，清明节春游已经成了当时的一种习俗。据《武林旧事》所述，南宋人"寒食祭先扫松，清明踏青郊行"。此外，唐朝也流行拔河，每逢正月

7

十五，就会有一场大型的拉河竞赛。在朝堂和平民中盛行，最早的是竹竿，到了唐朝，就是用麻绳，四五十米长，麻绳"两端分系小索，垂在胸口，两侧并拢"。在竞赛中，两队都在鼓点的指示下进行。擂台上的擂鼓轰鸣，给整个竞技场增添了一股浓烈的战争气息。

《开元天宝遗事》中有这样一句话：天宝宫中，至寒食节，竞竖秋千，令宫嫔辈戏笑以为宴乐。帝呼为半仙之戏，都中市民因而呼之。在中国，很少有女性可以参加的室外娱乐项目，主要是女性和孩子们一起玩。在宋朝，宫廷和百姓中，到处都有这种荡秋千活动，开封的街头商店也有卖这种秋千的。孩子们的秋千分为两类：一类是家长拿着的；另一类是立木架于地，以彩色绘画装饰，其造型精美。

（四）明清时期的休闲体育

明清两个封建王朝是中国封建社会经济高度发展、封建强权统治从鼎盛到没落的时代，是中国古代两个封建王朝。明代初期实行了一套有利于农业、手工业和商贸发展的政策，使城市得以兴旺。清朝前期，封建主义的经济得到了复兴和发展。自明代初期至清代中期，人们可以自由支配的时间越来越多，为了获得休闲和娱乐，人们开始在室外进行各种体育锻炼。在此期间，摔跤、冰嬉等娱乐活动较为活跃。清朝中叶以后，由于封建社会的政治和经济衰退，民间的休闲运动也随之衰落。

1. 摔跤

明代，在南方，人们把摔跤叫作相扑术，很受人们的欢迎。在此期间，相扑活动多见于南方，通常在农耕时节举行。明代诗人张岱《陶庵梦忆》说，扬州清明时节，各种杂剧应有尽有，尤其是"浪子相扑"，更是如此。摔跤在北方叫角斗，运动员赤着上身，扭着腰肢，把自己的力量集中在脚上。

清朝时期，汉族的传统相扑和满族的角力融合，加上满族风俗习惯有骑射术、滑冰、喜欢摔跤等，因此在清朝非常流行。京城内外都有角斗，角斗士遍地都是。在清朝，还有一个"善扑团"。并从八旗中选出骁勇善战的摔跤队员，进行摔跤、射箭等技艺。清朝的角力既有官方的，也有私人的。官方的摔跤有三种。第一种是军队中的摔跤。军队中的摔跤不仅是一种消遣，更是一种军中的锻炼方法。第二种是举办蒙古族和满族的摔跤。蒙古皇帝贝勒在朝觐清帝时，常举行满蒙摔跤者，并得奖赏。第三种是在皇宫里进行的摔跤。皇宫里还有一个"善扑团"，由八旗武士组成，他们的职责就是"大燕之乐，尽其所能"。民间的摔跤是一种私人的摔跤，而这种摔跤角力也可以用来锻炼身体和享受生活。除了双打之外，还出现了一种"跤人子"，就是一人或二人互相拥抱，模仿对方的动作，也就是宋朝的"乔相扑"，现在仍然是一种武术。

2. 冰嬉

冰嬉，本是北部地区的一种传统节日，起初是一种交通方式，后来发展成一种休闲运动。刘若愚《明宫史》中说，德阳城外河水"冬之时，可拉一张拖车，用木板做扁担，上面有一张交椅或一副担架，一人牵一根绳子，可牵二三人，在冰上行走，宛若飞翔"。《燕京岁时记》中有这样一句话："积水潭中有十多张佳人。"由此可以看出，在明朝，冰上游戏是最受欢迎的。在这种运动中，冰床由一块木头制成，清朝的时候，用一块木头，在木头下面加了一根钢筋，这样可以让它的速度更快。在冰上，人们可以享受到滑行的快乐。

满族人在边境线上生活时，就有了玩冰的习俗，特别是军队。根据历史资料记载，天命时期，努尔哈赤的统帅费古列，全军都是穿着黑衣，擅长于冰上行走，一天七百里。清人入关之后，就将"冰嬉"作为一种"国俗"。据说，每到冬天，在北海的时候，人们就会在这里玩冰戏，以此来锻炼自己的身体。在清朝，人们还经常举行一些关于溜冰游戏的运动，如：溜冰比赛，是一项重要的民俗娱乐项目。

在高台上溜冰，滑雪者在三四米高的"冰山"上滑行，叫作"打滑挞"，"冬月打滑挞，先汲水浇地使冰，遂成冰山，高三四丈，莹滑无比。乃使勇健兵士着带毛猪皮履，其滑更甚，自其巅挺立而下，以到地不仆者为胜"。还有一项"冰上杂戏"，即把杂剧搬到冰上，如舞狮、龙灯、彩船、飞叉和弹弓等，演员们都穿着溜冰，在溜冰中做杂技，深受广大人民的喜爱。

二、西方传统休闲体育的发展

希腊亚里士多德和伊壁鸠鲁都曾对休闲和娱乐活动进行了研究，亚里士多德《尼各马可伦理学》第12册中阐明了快乐是在闲适中度过的，他相信闲适是一种精神上的休息，而这种休息可以让人进入一个新的状态。希腊人通过游戏、运动、音乐和绘画来消磨他们的空闲时间。那时，雅典人在早晨工作繁忙，

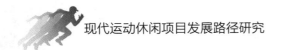

在午后，他们会到帕里俄斯特拉、基姆纳西翁等休闲娱乐区，尽情地聊天、娱乐、运动。

在欧洲中古时期，基督教思想束缚了人类的天性，使休闲运动逐步发展起来。欧洲在文艺复兴之后，重新回到了人本主义的文化氛围中，而休闲运动也得到了新的发展。新的休闲运动在现代工业革命之后出现，并在一定程度上促进了休闲运动和娱乐行业的发展。因此，西方的休闲运动发展是一个"两边高，中间低"的"鞍形"。

（一）古希腊时期的休闲体育

希腊是欧洲古代文明的发源地，它同时也是一种运动和娱乐的混合体。希腊三面临海，希腊人必须要征服大海才能活下去，再加上抵抗外来侵略和祭祀，这才形成了一种热爱户外运动和探险精神的希腊人，这也是希腊人的一种竞技方式。在克里特岛上发现了希腊的早期文明，克里特人在古老的东方文化的熏陶下，形成了一套自己的娱乐文化，包括舞蹈、斗牛和摔跤等。从公元前 15 世纪到公元前 12 世纪，希腊人开始发展迈锡尼文化，各种祭祀仪式中都有一些比赛。在"荷马时代"的公元前 11 世纪到公元前 9 世纪期间，希腊人的日常活动已经融入了体育活动。那时的希腊，祭祀仪式的方式多为赛马，如战车赛、立式摔跤、拳击、赛跑、标枪、铁饼、混斗和射箭等。在希腊，从公元前 8 世纪到公元前 6 世纪逐渐出现了大量的城市奴隶，而城市的经济和文明的发展产生了古代希腊的奥林匹克活动。有记录的最早的古奥林匹克运动会是在公元前 776 年举行的。从那时起，奥林匹克比赛是四年一次，直到罗马帝国的 394 年。在奥林匹克中，古希腊以力量、速度、柔韧和敏捷等多种方式，将身体的力量与美感完全展示出来。起初是在草坪上进行，观众席上的人可以在斜坡上观看场地跑、长跑、全能、拳击、战车、摔跤和武装跑等。之后，古希腊的人们开始建造一个公众的业余场所，即健身房，以便吸引更多的人参加公众运动。

希腊古代的学校教育制度对人类的身体和精神都有很大的影响，其中以雅典的城市为代表，其主要目的是促进人的身体和精神的和谐发展。其教学体系十分重视德育、智育、体育、美育，这就是人的综合素质。在健康上，强调匀称、协调、强壮，那时的雅典人，将体质的衰弱视为没有修养的标志。在雅典，政府对学校的管理很少，男孩 7 岁以前都要在家里做家庭辅导，主要是以学习游戏为主，7 岁以后，男孩会去语法和音乐学校学习读书、写字、唱歌和体育，体育课程包括跑步、跳远、爬绳、跳舞、游泳和球类等简单的运动。13 岁后进入体操学院，主要学习舞蹈、游戏及五种体育项目（如角力、赛跑、跳远、铁饼、标枪）。而王公贵族子女也可以到传统的中学去，对体育运动和文化进行更深刻的研究。18 至 20 周岁的年轻人将参加军官学校的培训，按照政府的要求进入部队服役，在没有战乱的情况下，可以在不同的职业领域工作。他们会继续进行运动，不参加运动的人会被视为没有素质。

希腊的哲学家对运动和闲暇都有自己的看法，柏拉图认为，通过运动可以达到健身的目的，通过音乐可以达到精神上的净化。亚里士多德主张根据学生的实际情况进行教学，认为体育、德育、智育、审美三者是互相联系的。他认为，健康的精神是建立在身体健康的基础上的，所以，运动应该比智育更重要。他认为幼儿应该循序渐进地进行体育活动。在小学阶段，孩子们要学习体操、阅读、写作、语法、计算、绘画和唱歌。古希腊把运动与教学相融合，让市民既能获得知识，又能运动，于是，休闲运动便成了古希腊人消遣的一种形式。

古希腊人把娱乐看得高于工作，他们相信每天都要尽量开心，不要被负面的东西所左右。古时候的希腊人总是喜欢玩，就像法国哲学家丹纳说的那样："他们把生活当作一种娱乐方式，把所有生活中最重要的事情当作娱乐，把信仰和神灵当作一场比赛，把政治和国度当作一场游戏，把哲学和真相当作一场博弈。"希腊的运动实际上是一种身体上的运动，一种精神上的运动。

（二）古罗马时期的休闲体育

由于军事发展的需求，罗马建国初期，其体育运动表现出强烈的军事性特征。罗马的教育多以品德、军事等方面为重点，旨在训练能够执行任务的士兵。在古代罗马帝国末期，由于古代罗马的强大，加上劳动是由农奴和租户来做的，闲散阶级可以获得很多的空余时间。他们开始追求奢侈而不正常的娱乐方式，比如观看血战，享受大浴场，这是他们和奴隶们最喜欢的娱乐方式。所以，古代罗马人更看重的是休闲的实用性，而不是享乐与品位。

古罗马人的休闲活动主要体现为消费性的娱乐活动，公共娱乐场所在公共区域中的大规模建设，因而，古罗马的公共娱乐场所如大型浴池、露天剧场、体育竞技场和公园等都比较常见。以洗澡为例,那时的罗马城里流行着一个大型的休憩浴场,罗马人都爱洗澡。一名古罗马人曾经说过:"浴池、美酒和美女会使我们的身体腐烂,但是,这也是我们生活的一部分"。从这里可以看出,沐浴对罗马人来说是多么的重要。在公元前2世纪,罗马人开始用洗澡来消遣生活,公元前33年,罗马开始推行免费的公众澡堂,越来越多的人参与进来。澡堂成为人们休息、娱乐和聚会的地方,有钱人甚至可以自己建造浴场。在那个时候,罗马有众多的浴场,有许多的规模和豪华的装饰。那个时候,罗马人洗浴的流程非常严格,不管是富人还是穷人,都会穿着一身简单的运动服,进行一系列的活动,之后会进入温水浴室、蒸发器、高温浴室、干燥室,最后穿上一套新的衣服,这是一次洗浴活动。但是洗澡过后,几乎没有人会立即走出浴室,因为接下来才是最重要的事情。在大部分的浴场里,有游戏室、热气室、澡堂、棋牌室、绘画雕塑长廊、图书馆、阅览室、音乐家们表演和吟咏的会堂,哲学家、思想家们的演讲室及专业的体育健儿们的训练室。沐浴过后,你可以随意出入那些场所打发时间。

在罗马帝国的鼎盛时期,观看角斗士的表演就成了古罗马人的一种消遣的手段。而这种极致的娱乐,也是因为对格斗术的喜爱和崇拜。角斗大赛还没开打,欢快的音乐响起,现场的嘈杂已经弥漫开来。随着身着紫披风的战士昂首阔步走进竞技场,现场上万名观众齐齐爆发出热烈的喝彩声;在比赛之后,"最受人喜欢的马夫的画像被画在墙上和器皿上,而女人们则为之倾倒"。而且,罗马人最喜爱的就是观赏竞技场,而获胜的格斗选手也就成了他们的偶像。

在古代罗马,市民可以享受到充满激情和乐趣的运动。"在罗马最后一面墙上,刻着一行字:打猎、洗澡、看角斗、寻欢作乐,这就是生活"。这就是古代罗马人悠闲的生活方式。

(三)中世纪时期的休闲体育

基督教的禁欲论思想对中世纪的休闲运动产生了一定的冲击,从而阻碍了我国休闲运动的进一步发展。在民间,人们除了在农闲或宗教活动时间之外,只有在如圣诞节、受洗节等节日,才会有一段休息时间。

到了中世纪中叶,由于农业和工业的迅速发展,教会禁令的放宽,使宗教与世俗的生活的内涵逐步趋于统一。民间的休闲娱乐与信仰相融合,也发展了民间的休闲运动，例如在宗教节日的体育庆祝中，较为流行的活动主要由赛跑、跳远、投石、投棒、摔跤、舞蹈和各种球赛。9 世纪的英国和 13 世纪的法国先后出现了群体足球，而群体橄榄球则是由多神教徒驱逐鬼怪形成的。

自 1161 年以来，在伦敦郊外的集市上，经常举办由农夫参与的骑马竞赛。牧师也加入了娱乐活动，他们喜欢扔球，这是一种具有宗教色彩的体育运动，牧师们将它比作恶魔，当打中了"魔鬼"，就能洗刷自己的罪恶。此外，还有其他的知名神职人员参与了各种娱乐活动，比如加尔文，他很喜欢散步、投铁圈、投掷等。

11 世纪的游艺活动也是由爵士式的教学所决定的。在那个时代，贵族要想成为一名正式的圣武士，必须要学习宗教、道德、知识、文化教育和体能知识。骑士的训练通常包括 7～14 岁和 15～21 岁的随从，在每个年龄段体育训练都有很大的比例。在儿童期，儿童跟随女仆，以训练体能训练为主，主要参加赛跑、角力、拳击、射箭、掷重物和使用木棒等运动。15～21 岁期间，她们的侍从是男性，她们的主要任务是骑马、游泳、打猎、投枪、击剑、下棋和诗歌等"骑士七技"。年轻的准武士也要花很多时间练习一些实用的军事运动技巧，如长跑、骑马冲刺、长跑等。21 周岁后，就可以参加正式的骑士考试，通过后就可以获得正式的骑士头衔。骑士运动的主要目标并不是为了消遣，而是为了娱乐。

（四）近代时期的休闲体育

文艺复兴时期的文化艺术与宗教变革为现代体育的发展提供了理论依据，而文艺复兴则对人体与人类的自然之美进行了充分的论证，比如米开朗琪罗所画的大卫塑像，就展现了人体平衡与黄金比例之美感。1378—1446 年间，意大利运动教育工作者维多里诺创立了一所"快乐之家"，旨在培养学生的身体素质、道德素质和智能素质。维多里诺提倡把读书和体育相融合，他自己也曾指导过同学们骑马、跑步、跳跃、击剑、游泳、射箭、角力、跳舞和球技比赛。夏季，他还会带着同学们翻山越岭、露宿露营，进行短暂的野外旅游。1592—1670 年间，捷克的教育工作者夸美纽斯开创了学校体育课的班级讲授制度，提倡所有学生都能参加体育活动。他把儿童阶段的玩耍和智能结合起来，强调身体和灵魂的结合，被誉为"校园运动之祖"。英国哲人洛克（1632—1704

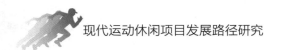

年）认为，"绅士"要全面发展"德、智、体"。洛克提倡通过骑马、拳击、击剑、板球、划船和舞蹈等体育活动来培育君子的身心健康和勇气，并突出其资产阶级的高贵气质，例如英国兴起的"绅士体育会"。

英国工业革命的出现，使工业劳动者有了更多的空闲和收入，再加上英国的岛屿面积有限和机械制造的压力，英国人在空闲的时候都会去做一些消遣，19 世纪英国开始了一项室外运动，许多业余和专业的运动会所都出现了，比如 1880 年代的专业球队。在英国的工业革命之后，中产阶级的崛起，使他们的日常生活方式和娱乐方式都有了很大的转变。他们主要从事帆船，棒球，网球，高尔夫，板球，游泳，橄榄球及单车和徒步旅行等活动。

19 世纪末期，英国的室外运动盛行于体育与消遣，其主要目的在于锻炼，因此，运动也逐渐进入了人们的视野，而现代的休闲运动则成为一种时尚的运动和社会活动，在欧洲甚至全球范围内兴起。

三、中西休闲体育的差异

由于地理环境、社会形态、文化价值等因素的差异，造成了中西休闲体育观念的差异，从而使休闲体育观念、休闲体育形式和休闲体育的内涵等产生了相应的变化。

中西不同的民族文化环境是导致中西方休闲运动存在差别的根源。德国哲学家黑格尔曾经说过这样一句话："希腊是一个荒凉多山的地方，一个像港湾一样的地方，这就是希腊人对大自然的恐惧。中国的文化起源于长江大河，他们依靠陆地为生，依靠河水来繁衍，他们的土地是依靠河水来灌溉的，他们的生活都是在自己的土地上度过的。"因此，中西地区休闲文化的不同根源在于地域条件所导致的生产模式的不同。中国农业社会的主要特征是比较稳固的农业社会，它的社会经济是儒学、道教等多种文化形式。孔子提倡"中庸"，是指在恰当的范围内，在各种情况下，做到均衡，做到言行一致，达到"礼治"的目的。孔子"天人合一"的理念主要表现为"天""地"的"仁"与"人"的"义"相融，其实质是人与自然之间的联系，将人类的道义交给了自然，从而使人类在感情上表现出了顺应自然、顺应天道的思想。把礼仪和法律作为规范人们体育行为的最高准则。因此，中国传统的休闲运动注重人的人格发展，也就是儒家所说的"修身"思想，并着重指出了闲暇运动对于人类的道德规范具有引导和约束作用。比如：古者诸侯之射也，必先行燕礼；卿大夫士之射也，必先行乡饮酒之礼。故燕礼者，所以明君臣之义也；乡饮酒之礼者，所以明长幼之序也。

道教对中国的文明有着深刻的影响，道教的核心理念是："人法地，地法天，天法道，道法自然。"《道德经》中，道教的理念就是这样的。世界上一切事物发展的法则都必然要遵守"道"，而"道"的实质就是一种以"自然"为基础的"不为"。人要学天，地要学，道也要学，"自然"就是道，所以"人"和"天"才能在"自然"的层次上实现"合一"。这充分体现了人与自然的和谐共存、融合的生活趣味。当然，要达到"道"的绝对的心灵意境，就必须要在心灵上与大自然高度协调。中国的传统休闲运动如太极拳．则体现了道教和谐的"天人合一"观念，也就是"阴阳相生，阴阳相合"的观念，主张学习自然、模仿自然、顺应自然，达到人体内外和谐的终极目标。中国的休闲运动是一种生活的娱乐形式，它符合生活的本质和对人们对生活的永恒追求。因此，中国传统的休闲体育所倡导的"重人贵生"的观念是："以静为本，以动为形，以动为用"的健康理念。庄子说："吹呴呼吸，吐故纳新，熊经鸟申（伸），为寿而已矣；此导引之士，养形之人，彭祖寿考者之所好也。"在道教"动静养生"的影响下，中国的传统休闲运动逐渐发展出一套以身为气的引导式健身方法，其运动节奏缓慢、流畅，需要以心、气、体三者协调发展。太极拳就是以"导引术""吐纳术"为核心的一种特殊的保健方法，它提倡"以意为本，以气为本"，它的动作需要动静相融，以意念带动身体，从而进入虚灵境界，从而实现身心的和谐统一。

受道教"虚静无为"的影响，中国传统文化对"静"的运动休闲观念尤为重视，因此，"以静求乐"也就成了一种很有意义的休闲运动内容。譬如，在魏晋、南北朝时期，棋艺活动十分流行，文人雅士只要在棋局的一小块地方就能得到极大的舒爽性。

受中国"和合"影响的中国传统体育，注重的是"非对抗"理念，而不是"竞争"理念。比如蹴鞠，由于其场馆设备，可以让运动员在不进行身体接触的情况下，更注重技术，注重锻炼和娱乐。

因为中国是一个古老的农业国，中国的很多休闲运动项目大多与中国的传统的农耕节令相联系。举例来说，中国的"重阳节"更多的是带有农耕文化的

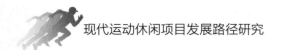

"休闲"的象征意义，因此很难发展和演化成近代世界范围内的登山、攀岩等体育锻炼项目。这些社会性的娱乐运动，基本仍限于传统的农耕社会的娱乐活动，缺乏个人的奔放与探险的热情。

希腊三个方向都是大海，再加上他们的土地太过贫乏，他们必须要征服大海，必须要有强大的身体素质才行。这也导致了西方的社会崇尚人与自然的对立，而个人的价值在其中得到了充分的反映，表现出了一种征服和竞争的精神。西方文化经过了海上、文艺复兴和启蒙阶段的发展，在西方建立了自由民主、竞争、乐观主义、世俗主义和理性主义的根基。在经历了工业化之后，西方国家人民的生产和生活方式发展越来越迅速，越来越强烈。这种放松的消遣，必须要达到舒缓和健康的目的，才能使人的精神得到充分的满足，从而充分地表现出个体的自由和张扬的性格。为了达到上述种种的消遣要求，西方的体育活动必然是以动力性为主导，并注重竞技研究。

西方传统的休闲运动注重团体的参与，注重个人的价值在团体中的表现，便于普及。在西方，除了拳击、击剑和摔跤等个人赛之外，还有很多团体比赛，如足球、篮球、排球、橄榄球和曲棍球等，都是团体运动。在中国，传统的休闲运动更侧重于个人的运动，更多的是以个人化的形式进行。由于其内敛性、非对抗性和内向性等特点，因此其普及程度不高。如太极拳、气功和五禽戏等。

第二节　现代社会生活方式与休闲体育

一、生产方式的变革与休闲体育的发展

18 世纪，欧洲的工业革命使得机械制造取代了传统的手工业，大大促进了生产力的发展，进入 21 世纪后，随着电脑的广泛使用，人类的工业化、机械化水平得到了快速发展，这再次说明了科技对生产力的巨大促进作用。生产关系的变化使得人类摆脱了大量的体力工作，更多地崇尚自由。1918 年，"三八制"的工作制度被国际劳工联盟正式批准，在美国及欧洲的某些地方开始推行。中国政府于 1995 年 3 月 25 日发布了有关员工上班的法规，该条例是指实行 8 小时工作制和双休日；国务院于 1999 年颁布《全国年节及纪念日放假办法》，规定春节、国庆节均为七日假期，实行"大假期"制度。后来，国家把

清明节、端午节、中秋等国家规定的假期也加入了进来，使得中国人共有超过100个工作日的假期。中国现在已经普及了一星期五天的工作制度，并且由于中国的一周40个工作小时，假期越来越多，工作的时间越来越少，而休假的次数也越来越多。而在社会福利制度的发展下，电气化、自动化取代了过去的手工劳动，大大缩短了家务活的时长。随着工作时长的缩短、假期的增加、家庭活动的减少、业余活动的增加，人们将更多的业余活动用于娱乐活动，从而保证了运动的健康发展。

虽然随着科学技术的进步，人类的体力活动越来越少，但是由于高负荷、高竞争的生产关系，人类的身心都变得越来越疲惫。人们对身心疲惫的康复和对实现精神均衡的渴求越来越迫切，他们都想寻求一种促进健康、缓解压力的途径。运动是一种娱乐方式，是一种让人身心舒畅的运动，可以缓解脑部的疲乏，调节身心，是一种让工人在工作结束后，恢复智力和体力的最好方法，让他们在轻松愉快、无拘无束的氛围中，充分展示自己的人格，充分地展示自己的创造力，从而减轻现代压力下社会对人类的心理和生理造成的消极影响，从而有了充分发挥自己的爱好和才华的机会，并获得了心灵的愉悦。因此，以娱乐为主的休闲运动成为人们消遣的第一选择。科技发展推动了现代生活方式的发展，同时科技的发展也推动了休闲运动的发展。

二、生活方式的变化与休闲体育的必需

生产力的发展会改变人们的生产方式，从而改变他们的生活习惯。在快速变化的时代里，人们的生活步子也在不断地加快，例如，上班族早晨坐公共汽车或者地铁，办公时坐在办公室里，很有可能患上脊椎疾病，整天开着冷气，很有可能得了空调病。现代人的居住环境对人们产生了许多城市问题，例如，城市人口膨胀、喧嚣嘈杂、城市休闲活动日益萎缩。在经济发展的同时，也带来了许多社会问题，例如：环境问题、粮食问题。在都市生活的压力下，人们开始尝试去寻找一种新的运动休闲方式。休闲运动以其新颖、独特、休闲性和个人主义等特点，已逐渐成为改变人们生活的最好选择。从中国民众休闲观念的角度看，从近代中国开始，西方的休闲观念逐步地改变了他们的休闲观念。透过娱乐运动，可以扩大与他人的交际，增加感情，结识不同年龄、不同性别、不同专业但有着相同兴趣的人们，透过娱乐的方式，让他们拥有相同的话语，

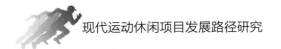

更易于在心灵上达成一致。因而，健康、科学、文明的生活方式成为现代人不可缺少的一种方式。这是因为人们的日常活动对人们的生命品质有了很大的影响。同时，休闲运动的消遣也是为了适应现代人们对休闲性的需求。休闲运动中的运动，多以天然为主，如登山、攀岩、郊游、滑雪、冲浪、垂钓和木筏漂流等，为人与大自然亲密接触，获得一种悠闲的享受。休闲运动是时代潮流发展的必然结果，是指在业余时间内，人们进行健身、娱乐、娱乐和发泄等活动，以达到最好的精神状态。

第三节　现代休闲体育相关概念

随着社会、经济、科学技术的发展，人民的业余活动日益增加，人民的日常生活质量日益改善，其消遣形式也随之发生变化。在空闲的时候，选择一种闲适的方式来消磨自己的悠闲时间，已经是一种必不可少的需要。因此，无论是"休闲体育"还是"体育休闲"，都已在学界和一般民众中广为流传。但是，在很多时候，"休闲体育"和"体育休闲"的区别却经常被人误解。本节试图从多个角度阐释这两个观念，以便对二者有一个更为明确的认识与掌握。

一、体育休闲的内涵

对体育休闲的认知，中外学术界普遍存在着如下看法。

从功能性的角度来看，体育休闲是一种与一般的体育运动不同的、具有自发和非正规性质的运动。

从目标为基础视角来看，体育运动是一种以寻求身体上的轻松和舒适，获得身心上的满意而进行的一种运动。

从性质的角度出发，娱乐方式有很多种，比如看电视变成了娱乐，购物变成了娱乐，听音乐变成了娱乐，运动变成了娱乐。休闲是运动休憩的一个"属概念"，它可以被解读为：通过运动的方式进行的一种休憩。

从自由活动的视角来看，体育休闲是指以运动为主、以健身为主、以业余时间参与、没有具体组织性的运动。

上述的看法各有其局限，仅反映了体育休闲的一些特征。体育休闲是一种很好的娱乐方式。从构成词语上来说，体育休闲是"休闲"与"体育"的结合，以"休闲"为核心，因此，它以"休闲"为主要内容，以"体育"为装饰语，以"体育"为消遣。运动的消遣趋向于使用运动，可见运动是一种消遣。

休闲是指在自己的时间和非工作的条件下，通过自己的自由意志来达到自己身体和精神上的快乐。随着人民的物质条件和新的休假体制的实行，人民的业余时间得到了保证，他们的娱乐活动越来越多样化。旅游、学习、艺术欣赏、收藏、茶艺、插花、体育、体育节目和冥想，这些都是人们放松和娱乐的途径。在休闲活动中，体育和游戏等娱乐活动日益成为大众娱乐活动的主流。为了娱乐身心，提高生活质量，人们都会主动参加各类运动。空闲的时候，他们参加各种运动，如健身、登山、攀岩、瑜伽、骑术、高尔夫和武术等。通过这种运动，不但可以增强体质，改善健康状况，还可以减轻心理上的紧张和不安情绪，改善自己的形象，养成积极、乐观的人生心态。体育运动以其多样、灵活的特点，在人们的业余时间得到了极大的发展，并逐渐融入了人们的日常活动之中。运动休憩是指通过运动活动来实现娱乐目的。运动是从有了人的社会开始出现的，它与人的历史一样悠久。运动的起源与发展与人类的休闲活动有着千丝万缕的联系。原始社会初期，各种舞蹈游戏成为原始社会人们表达情感和消磨时间的工具。由于社会等级的出现，生产力水平的提升和社会等级的划分，社会各阶层在业余时间进行了自由的运动，从而实现了自己的娱乐目标。例如，中世纪欧洲的绅士们热衷于狩猎、搏斗、骑术、摔跤和拳击斗。而中国古代的休闲运动也是多种多样的，如舞蹈、武术、摔跤、马球、围棋和踏青等，这些都是各个阶级的人消磨时间的一种方式。在近代，人们越来越关注运动休闲的健身与休闲功能。1970 年在日内瓦召开的欧洲娱乐业大会上通过了《休闲宪章》，其中规定身体娱乐是运动最基本的职能，指出："娱乐可以满足现代社会中很多人的需求，而最主要的是，通过身体放松、竞技、欣赏艺术、科学和大自然来充实我们的生命。不管是乡村还是城镇，娱乐都很有意义，娱乐给了人以各种形式来刺激他们的天赋，使他们的意志、知识、责任感和创造的能力得以充分发挥。"人们在体育游戏及其他体育活动中体验到自由与愉悦，在塑造健康健美的同时，磨炼意志，健全心理。体育休闲运动是科学、健康、文明的休闲活动，其功能和地位不可取代。

体育休闲是多种休闲活动之一，它是一种主要的休闲方式，通过运动方式来实现人们的健康和休闲需求。

二、休闲体育的内涵

何为休闲体育？休闲体育到底有何含义？从理论上对休闲体育运动进行全面的审视与学习，并在此基础上建立起一套完整的科学系统；而"休闲体育"这个名词在中国首次被提及，始于《中国体育报》1994 年 8 月 4 日刊登在傅贤的《"休闲体育"面面观》一文，有关其相关的论文也随之大量涌现。目前国内外关于休闲运动的相关研究已经很多，然而学者对此众说纷纭。当前，我国理论界对休闲体育的认识主要有以下几种。

（一）体验说

休闲体育是一种具有现实意义的现代化的生活方式，它是指在休闲的时间进行，通过某种形式的运动来达到最好的心理感受。

（二）余暇时间说

休闲体育是指在业余时间进行的一系列有利于身体健康的运动。

（三）广义与狭义说

从宽泛的角度来看，休闲体育就是从大众运动中获得的，而在狭义上，则是指在运动中获得身心上的快乐。

杜姆斯泰指出：休闲体育是指在从事与其工作相关的工作或从其谋生之事业中解脱的过程中，出于自愿而非被迫地从事任意爱好而进行的一种自由而愉快的运动。体育具有身心健全、发展自身的重要性，重视体育需要，注重体育活动的需要，注重体育活动的自发、自主参与，是一种以体育为主体的非功利性体育活动。

诺伊恩道夫相信：人体活动源于两种基本的本能，一种是求生的竞赛，另一种是生理上的愉悦。运动休闲是一项具有娱乐性质的体能运动。

日本休憩复兴学会相信：无论何种体育活动，若能将其视为一种娱乐活动，以获得愉悦身心、愉悦心情、消除疲劳，则可称为"体育娱乐"。

米尔等人相信：娱乐运动就是为了发挥自己的参与性和娱乐性而被组织起来。

上述看法或使其含义有所缩减，或忽视了在休闲条件下所反映出的运动特性。要对休闲体育有一个准确的认识，就需要弄清它的含义。任何带有休闲属性的运动都是指"休闲体育"。从这一方面可以看到，休闲运动注重通过形式多样、内容有趣的运动，从而实现休闲的乐趣，注重身体和心理的舒适度。休闲体育并不是指运动员的身体参与，而是指非直接参与，不管是亲身参与或间接参与，抑或是仅仅观看，都可以反映出休闲体育不同于其他运动的特点，那就是：体验式的娱乐，最大限度地迎合了参与者的娱乐需求，达到了参与者的心理诉求。本节提出了休闲体育，即在闲暇之余，自愿参加或间接参加运动，以达到身体和精神上的快乐。

第二章
发达国家与我国现代休闲体育发展现状

第一节　发达国家现代休闲体育的发展状况

一、国外现代休闲体育发展演进

国外的休闲运动起源和发展由来已久。在古代希腊的《荷马史诗》中，有关于拳击、角力、赛跑、投枪、射箭和汽车的记载。英国18年代后期的室外运动发展，标志着当代休闲体育运动的兴起，并逐渐对美国，法国乃至全球其他地区产生了广泛的影响。但20世纪以前，运动和休闲主要集中在少数富裕阶级身上，公众的参与程度很低。20世纪前半段，两场战争的爆发，对全人类都是一场史无前例的浩劫。第二次世界大战后，由于我国的经济逐步恢复，闲暇的生活方式也随之到来，使我国的休闲运动逐步走向生活化、大众化。作为工业化和城市化的产物，随着世界上的大规模运动的兴起，以普通民众为主的现代休闲运动，从20世纪中期起，先是在发达世界各地逐步发展。参考考尔特的理论，可以将其划分为四个不同的历史阶段。

（一）现代休闲体育的萌芽阶段（18世纪末—19世纪）

18世纪的后半期，英国开始了一场由机械取代人工工作的新时期，它改变了当时和后来的人民的日常生活。工业革命使科学进步，技术进步，工作时长减少，工业体系使人民的生活和经济水准得到提高。由于大量的工厂和火车的出现，大量的人口涌入了都市。英国的新兴中产阶级，在各种体育活动发展方面，如狩猎、钓鱼、射箭、登山、羽毛球、高尔夫球、橄榄球和足球等，以应付大机械生产、生产速度加快和都市人口激增等一系列的问题。这一点源自于社会机械化的大规模生产，使得人民在繁重的工作之外，对体育和休闲活动的需要不断增加；另外，由于生产率的提升，使人们有了更多的时间进行体育活动。在欧洲很多地方仍然在追求德国的"人造"军事操练，如瑞典的体操运动，而英国的室外运动和运动则以更加自由、随意、轻松的运动形式开始了现代运动。

19 世纪初期，改革派主张通过政府开展健康的娱乐，以降低诸如暴力、性和吸毒等犯罪行为。在这种"理智消遣"的运动中，各有关部门都自觉地大力倡导和推动有组织化的体育和休闲活动。1841 年，英国议会颁布了"城市公园—城市的肺腑"法令，并从 1847 年开始，当地的政府就开始建造公园，并在公园和泳池里开展各类运动和娱乐，以此来引领日益衰败的工人们享受另外一种悠闲的生活。美国 19 世纪后半期，为了激励各州和市县建设公共卫生场所，出台了一系列的措施。同时，志愿者团体的成立对推广运动休闲观念、提供运动和娱乐活动具有积极意义。

在我国，这一时期的特征是教育、医疗和住房等领域都是由国家重点介入的，而在这一时期，娱乐还没有被纳入政府的公共行政领域，也没有被作为一个紧迫的问题来处理。长期以来，我国的公共娱乐管理一直是作为解决其他问题的附带产物的"副产品"。

（二）现代休闲体育的初期发展阶段（20 世纪前半叶）

20 世纪，欧美等国在经济、文化等方面都发生了巨大的变革，许多国家纷纷选择推广体育、艺术等休闲娱乐形式，以此来抵抗社会上的消极休闲现象，提高人民的休闲水平，并制定和颁布相关的休闲纲要、法律法规和制度，以促进体育休闲的健康发展。

在美国，波士顿首次建立了城市园林体系，主要有两种：一种是靠近小劳动者居住的城市公园；另一种是城外的大面积园林。1905 年，美国林业部门创建成立，全国林业部门加快了拓展室外活动的步伐。1916 年，美国国立公园服务局建立，促进了室外游乐项目的发展。1921 年，美国国立公园管理局又一次确认并推行了室外运动项目。

20 世纪初期，英国为了促进运动休闲，制定了一套完善的社会保障制度。1906 颁布的《公共场地开放条例》规定，所有室内及室外的运动场所均由当地当局负责；1909 年，《都市计划法》颁布，该法令将休闲空地作为一种娱乐用地。在英国，随着国家的发展，各地的政府纷纷进行了大规模的运动和娱乐场所建设，并且在 1914 年的时候，英国的公共泳池已经超过了 500 个。为使大众更多地参加运动和休闲活动，《体育培训和游憩法案》于 1973 年颁布，规定了由行政许可条例规定的运动娱乐活动。英国政府于 1939 年颁布了一项《登山法》，目的是为了鼓励民众到户外、森林地区去消遣。

1919，欧洲各国都开始采取 8 小时工作制，这就为运动消遣的出现创造了一定的时代背景。由于 8 小时工作日的法律化，相关的关于如何使用员工自由时间的问题举行了相关的国际研讨会，讨论的主题是，市民对休闲和娱乐场所的需求。这一阶段，政府特别注重发展和促进青少年运动，从建立运动娱乐场所、制定娱乐服务管理体系、提倡健康休闲生活等方面入手，旨在以运动和娱乐的形式来促进青少年之间的交流，降低犯罪发生率，实现对青少年的社会调控。可见，在这一时期，我国的休闲运动发展不是自发的，而是由国家有意促进的。此外，因为二战的缘故，这个时期参加娱乐的人员非常少。

（三）现代休闲体育的勃兴阶段（1945—1979 年）

第二次世界大战后，发达国家从战后的残垣断壁中迅速复苏，经过一个快速恢复和高速增长阶段，加速了工业化、城镇化的进程，并推动了各种形式的健康娱乐和社会福利机构建设。这些非营利机构的不断发展，为社区居民休闲运动的发展奠定了基础。

20 世纪中叶，美国倡导为"新鲜空气"而举办的露营运动，目的是让城里的儿童能够到乡下去游玩。尤其是美国室外游憩资源评价协会在 1962 年进行的一次全国人口调查中，对美国居民参加的休闲活动进行了调查。紧接着，各国纷纷展开了对国内娱乐活动的调研。英国于 1963 年出版了《体育与社区》，当时保守派当局已向英国运动娱乐团体提供更多的资金支持，到了 70 年代末，几乎每家都有一座运动馆和一座泳池，推动了二战以后英国的非营利性运动机构的迅速发展，这种自发的发展也推动了当时的国民运动休憩热潮。20 世纪 60 年代后期以来，国内外运动爱好者都在关注闲暇运动。欧洲娱乐业大会于 1970 年出版了一本名为《休憩与消遣契约》的书。在这一时期，随着大众运动热潮的出现，大众休闲运动越来越成为世界和国家的关注焦点。世界各地的运动机构举办了许多有关休闲健身活动的研讨会，提高了民众的休闲卫生观念，推动了世界范围内的全民健身运动。我国目前存在着许多与国家无关的非营利性运动团体，其社会化倾向较为突出。

（四）现代休闲体育的稳步发展阶段（1980 年至今）

20 世纪 80 年代以来，国外的一些国家已经步入一个平稳增长时期，人民的物质和心理都得到了极大的满足。运动休闲是一种可持续、有益于人类的健康、可持续生存状态，已逐渐被大众所接受。80 年代早期，西欧许多民族都倡导"重返自然"，进行诸如郊游、登山、划船、钓鱼、游泳、冲浪、滑翔、跳伞和热气球等各种户外运动。在我国城市居民的日常生活中，室外健身已逐渐成为一种新型的健身形式。同时，我国的一项社会保障制度也随之发生变化，其中以引入竞争机制、回收投资等方式推动了我国的休闲产业发展。

自 20 世纪 80 年代起，为了更好地适应和满足人民对运动和娱乐的需求，世界各地都在不断地增加对体育的投资，并在适当的时间和条件下，不断地修改和补充有关的法律和政策。例如，西班牙于 1990 年修订和颁布的《体育法》，以及美国颁布《2005 美国户外休闲政策法案》，这是第一次为发展休闲产业制定国家管制制度。在这一时期，在发达国家，许多休闲运动的行政单位都在原有的发展基础上进行了重新的改革和建设，比如法国于 1981 年 5 月成立了一个自由时务司，澳大利亚于 1983 年 3 月设立了运动休闲观光处。这一阶段，西方国家的休闲运动管理体制和经营体制基本建立、健全和成熟，健全的体制和制度保证了我国的休闲运动健康有序发展。它是一种能够适应多种人群需求的运动休闲会所，它在世界范围内迅速发展，对促进外国民众的休闲运动具有重大意义，同时也是世界各地的休闲运动发展的一个重要指标。在发达国家实施了数十年的群众运动项目，现在正在发挥作用。全民参与运动的热情不断增强，全民体质不断提升，各类新型的休闲运动项目不断涌现，全民健身气氛越来越浓。

各大运动机构将继续密切联系和协作，积极主动地推动全球大众运动的发展。"全球"体育是由世界各地的体育机构发起的一系列重大活动，反映了体育全球化和一体化发展的大潮流。

在此期间，随着我国体育休闲运动的社会化、市场化，我国的运动组织结

构呈现出多样化的趋势，政府组织、非营利组织、商业组织三方对峙，相互监督，相互制衡。

二、发达国家休闲体育的特征

（一）西方历史发展中的休闲理念

西方文化是在欧洲诞生的，它坐落在亚欧大陆的西面，西面是大西洋，南面是地中海，东南方是黑海和里海，北面是波罗的海和北冰洋，因此，古老的欧洲人把它作为一个重要的资源，开发了一种商业经济，比如海上商业。商品经济既是发展的，也是对外的，因此，欧洲的文明也呈现出一种开放性特征。希腊的赫拉克利特，主张"万事皆流淌，万变不离其宗"，他用滔滔江水描绘了世间万物的运动、变化、产生和消亡，他曾说过："我们永远不会再一次走到同样的河流中去。"

但在文化生态、自然观、宇宙观和传统习俗等诸多因素的影响下，中西方的休闲运动不但在活动内涵、活动主题、活动形式和活动内容等方面都具有各自相对独立的特点。同时，在参与理念、管理方式等方面，西方国家的休闲运动都呈现出自身的特点。

（二）发达国家休闲体育参与的理念特征

1. 享受绿色大自然

人们选择休闲体育模式主要考虑绿色、氧气和阳光等纯自然因素。享受碧海、蓝天、阳光、沙滩、森林，融入大自然，与大自然共舞，让人们找到回归自然、享受自然的路径，已成为国外休闲体育的新理念，在发达国家和自然亲密接触是一个非常流行的休闲体育方式。海水浴、森林浴、草浴、热沙浴、页岩油浴和火山泥浴等休闲健身项目，在国外也很受欢迎。

2. 喜欢户外运动

在发达国家，"动"是娱乐的精髓所在。由于物质和精神上的充实，很多人已经不能满足于终日待在"家庭单位"里的那种狭隘的世界了，他们愿意把更多的时间投入到诸如爬山、骑车等娱乐运动中去。一些室外活动爱好者，或与好友一起，在国内或国外旅游，所以，健康的室外活动是大众消遣的主要途

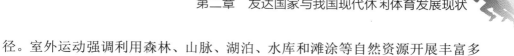

径。室外运动强调利用森林、山脉、湖泊、水库和滩涂等自然资源开展丰富多彩的体育活动，如滑雪、露营、钓鱼、冲浪、划船和游泳等。

3. 追求刺激冒险

在欧美，人们喜欢玩惊险的运动，比如：跳伞、爬山、冲浪和飞车特技等，这些都与他们的体能和激情息息相关。这种极端的项目吸引着年轻人。在不断地训练和掌握这些技巧的过程中，学生在体能和精神上都得到了很好的锻炼，并能从自身的努力与毅力中得到满足与成就感。这就是娱乐项目的魅力所在。据说，斯坦福大学附近的有一个自然攀登的地方，那里是硅谷的上层人士磨练意志和锻炼身体的地方。

4. 崇尚娱乐体验

欧美的社会发展与休闲生活的丰富，加强了人们对人文与非物质的需求，人们期望通过休闲运动来充分调动身体的各种感觉，体验更多的情绪，让自己有更多的思考余地，从而体验形象、生动、时尚、个性的休闲体育，其中"游戏"与"娱乐"是休闲运动的主要特点，是它的灵魂，即使是最危险、最艰苦的极限运动，也能让人们体验到一种与大自然融为一体的乐趣。

三、发达国家休闲体育概况

（一）认同感强，参与人数众多

在西方，人们对闲暇活动有着强烈的认同，而在日常活动中，体育运动成了一个重要的内容。有关资料显示，1980 年日本拥有 380 万海洋体育爱好者，包括 160 万潜水和潜泳的人、60 万名冲浪者和 160 万名水手及爱好游艇及汽艇的人；高尔夫球爱好者占全国总人口的 10.3%，在世界上名列前茅。美国户外运动协会公布的《2009 年户外体育活动参与报告》显示，美国的室外运动爱好者数量不断增加。在 2015 年，超过 6 周岁的美国人中有 48.6%的人参与了室外运动。美国居民出行的方式大致是在自家附近的一个花园游览，参加徒步旅行、骑山地自行车和户外跑步等的人数都出现了增长，参加徒步旅行和野营的人也在不断增加。根据澳大利亚体育锻炼的调查发现，澳大利亚居民（43.5%）养成了定期锻炼（1 周 3 次）的生活方式，这一比例高于 2008 年度。这说明更多的澳洲人从运动中获益。这项研究也表明，在澳洲，每年有 40 万

名年龄在 15 周岁或更高的成年人（约 24.6%），他们每周参加 5 次运动。根据韩国文化旅游部门的一项新的报告，韩国定期参加运动的人占 44.1%，这一数字较往年大幅增加。

（二）强调利用自然资源，重视休闲体育空间拓展

国外许多政府都非常注重自然资源的开发和利用，包括大海、高山、树林、湖泊和水库等，其中三分之一的国土和资源是由联邦政府负责，70% 是内务部负责，25% 是农业部负责，体育娱乐是最重要的用途。美国联邦拥有大量可供娱乐的土地，其中有树林、湖泊、江河、海滩、群山、荒漠和草地等，在这片土地上，人类可以进行多种不同的体育活动，例如登山、远足、钓鱼、冲浪、游泳、滑雪和野营等。

日本 378 000 平方千米的大部分地区被山地、森林和丘陵所包围，日本人非常重视郊野的运动项目，如滑雪、登山、海水浴、潜水和郊游。根据 1985 年的国家文化部统计，日本拥有 1 669 个滑雪胜地、2 054 个海洋公园和 2 316 个旅游项目。除了文部省之外，日本各省区也非常注重自然条件的开发与使用。为了充分发挥国营林区的作用，日本林业厅设立运动森林，供野营、野外活动、自行车郊游、滑雪、网球和高尔夫球等活动。1993 年的统计资料显示，目前有 2 000 多个这样的机构，使用的人数逐年上升，1992 年已经突破 2 亿人。

（三）活动载体丰富多样

1. 海洋

在美国、法国、意大利、澳大利亚和新西兰等西方的一些地区，由于其独特的地理位置，许多国家都有着丰富的海洋资源，海滩和岛屿随处可见，因此，在海上进行体育娱乐活动有着优越的地理位置，由于其地域特点，海洋体育活动在各国十分流行并迅速发展。大海有时是狂暴的，有时是平静的，这给人们带来了开放、冒险和挑战的民族个性，他们举办了各类沙滩体育游戏、冲浪、游泳和钓鱼等休闲活动。

2. 山地

阿尔卑斯山横贯意大利、奥地利、法国和瑞士，是最早也是最有名的户外运动场地。阿尔卑斯山地形奇特、结构错综复杂，滑雪、攀岩、山地自行车和

徒步旅行等都可以在这里进行。日本有很多山地，有76%的山地休闲项目有高山滑雪、登山和温泉浴等。

3. 森林

20世纪60年代以来，各国都把重点放在了保护生态环境上，建立了各种不同的自然保护区、国家公园，大力发展了森林休闲运动。美国、英国、瑞典、德国、荷兰、法国及澳大利亚都有着丰富的林业。由于其具有天然的生态环境，其负离子的特性有助于改善人体的体质，所以大部分人都会将其作为旅游和康复的目的地，利用这些天然的森林来进行徒步、露营、远足、探险、拓展训练和野外生存体验等休闲活动。

4. 公园

从20世纪90年代开始，世界各国开始大力发展城市公园体系，为全民健身提供了良好的条件。美国的公园体系结构比较完整，可以分为小型公园、街区公园、社区公园、州公园和国家公园。不同的公园都有自己的特色，社区公园等方便了周围市民的休闲和体育活动，如野餐、游泳、钓鱼和自行车等。而州立、国立公园占地广阔，是举办野营、野外生存、划船、游泳、钓鱼和骑马等大型的室外运动项目的地点。每年美国州立和国立公园都有上百万的游客参加娱乐活动。

（四）活动项目丰富，户外项目领衔活动内容

在现代社会，由于人们的日常活动和体育活动的发展，体育活动在世界范围内进行了大量的革新和发展。在都市地区，除了健身、娱乐、竞技和休闲体育之外，还有滑雪、野营、攀岩和游泳等休闲运动，都是非常受欢迎的运动。因其特有的休闲风格而被人们热衷追求。自第二次世界大战后，世界各地的室外健身活动风靡全球。在这一点上，美国是最有代表意义的。美国的休闲运动有以下几个方面：体育与锻炼、户外运动、旅行与旅游。在美国，室外运动是其主要体育项目，其基本构成了美国的体育休闲活动。除了美国以外，其他国家都非常关注户外活动的发展。英国环境部、国家文化遗产部，日本国家公园与建设省、通商业省，以及自然环境与环境厅等机构，都能满足民众各种娱乐活动的需要与兴趣。

（五）加大经费投入，促进基础设施建设

在为户外休闲体育运动开发体育自然资源的同时，发达国家仍然高度重视城市基础体育设施的建设。国外群众运动的发展非常早，人口相对较少，许多国家的多数地区已经建立了多种类型，相对完整的体育设施和场所，近年来更是增加投资，从而建立更加系统、完整和专业的体育设施，为休闲运动的发展创造了充足的物质条件。美国联邦政府和体育相关部门认为，能够推进大众休闲体育运动的关键因素是能够为人们提供宽裕的休闲体育场地、设施和器材。因此联邦政府和体育部门多次颁布相关文件和法案，通过政策上的改革为大众创造了条件优越、质量完善和数量齐全的休闲体育设施。美国尤其注重社区环境和公园的保护，公园这一媒介是休闲运动、儿童游乐场和公园的组合。有些社区公园还建立了专业的体育中心，尽可能地依据大众爱好建设了体育设施，便于人们开展多种形式的休闲体育活动。此外，社区也有一些设施，如操作简单、低成本的保龄球和高尔夫球场、游泳池等，通过免费开放或低收益的方式来推进休闲体育运动的发展。2006 年，俄罗斯政府出台了《俄罗斯联邦2006—2015 年体育发展规划》，主要是为了改善大众体育基础设施，吸引更多的人锻炼身体，该规划已经在 2015 年前，在中小城市建设了大约 4 000 个体育场馆。2008 年，日本在完善社区体育设施、创建综合型社区体育俱乐部等方面向促进大众体育普及的 337 个项目发放 64 033.6 万日元补贴，其中为完善社区体育设施补贴 13 957.8 万日元。2008 年，苏格兰完成一项对体育场地设施的投资，包括举世闻名的威廉堡山地自行车设施在内，781 904 英镑的资金将使全苏格兰的社区受益。

四、部分发达国家休闲体育组织管理机构

（一）美国

美国是典型的社会主导型社会，其发展过程中形成了政府、社会、企业三方合作、相互监督、相互联系的社会结构。

1. 联邦政府休闲体育管理组织

美国并没有一个专门的运动休闲行政当局，总统卫生运动协会和总统室外

休闲协会只是作为顾问，但是美国的各个行政机关都在其自己的管辖范围之内，担负着对运动休闲的行政管理功能。联邦政府的运动休闲服务管理机构由国家公园服务机构、国家森林服务机构、土地管理部、垦殖部等相关部门组成。

2．州政府休闲体育管理组织

就当前而言，国家的体育工作重点是室外休闲运动。美国 50 个州的 16 个政府室外运动机构负责钓鱼、运动、森林和公园，26 个州设有钓鱼和运动的统一机构，21 个州有专业的运动休闲机构，11 个州把公园和森林结合起来，17 个州和 16 个州统一管理森林和公园。另外，50 个州都有卫生和运动理事会。政府机构的职责是：制订有关室外娱乐的规章；负责管理当地的行政事务；为室外娱乐活动提供场所设备；与联邦政府部门就户外运动的相关事宜进行交流和协作。

3．地方政府休闲体育管理组织

美国的地方性行政具有多种多样和巨大差异的特征。美国统计局在 1987 年公布的数据显示，美国共有 83 166 个地方主管部门，几乎半数的州都制定了"地方性条款"，让当地民众为当地具体部门制定自己的章程。

4．商业休闲体育组织和非营利休闲体育组织

另外，除了政府的休闲运动管理机构之外，还有众多的营利和非营利的运动机构，也为公众的运动休闲活动创造了多样化的机遇。

营利性休养运动机构是以营利性为宗旨，以个人财产形式向社会大众供应运动娱乐活动。美国 20 世纪 60 年代之前，整个运动休闲业的规模都很小，特别是娱乐业中的商业娱乐会所数目很少，运动项目也很少，主要是拳击、体操、举重等运动。60 年代之后，随着网球、高尔夫球等体育活动的蓬勃发展，体育社团的数目迅速增长。

非营利性的休闲运动组织是一种非营利性、非政府、义工服务的组织。第二次世界大战之后，美国的非营利机构得到了迅猛发展，有厂家机构的规模十分庞大。美国社团的行政具有高度的自主权。美国《宪法》指出，"在自由运作和自我治理方面，拥有至高无上的权力"。由此确立了美国的非营利社团的定位。

（二）日本

日本政府把发展运动休闲作为其根本思想，通过政策引导和财政支持，鼓

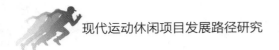

励社会团体积极参加，并对校内的体育活动进行了开放，形成了官、商、学合作的体制。近几年，由于日本的运动场所日益完备，因此，国家把发展综合性的地区运动娱乐会所作为主要目标，促进了运动娱乐的社会化。

1. 政府休闲体育管理组织

除了文化省之外，日本的休闲体育行政机构包括：通产省（体育发展）、厚生省（国民保健、体育保健和卫生等）、劳动省（体育相关的工作、劳动者的健康、安全）和建设省（体育设备的配置）等 13 个省均参与。日本文化部体育总局是振兴、普及体育与娱乐的主要行政机关，负责与县、市等各级体育行政组织、体育相关团体的联系与协调，并负责为普及和振兴体育政策所必需的体育设备的筹备工作。此外，文化部还直接参加全国体育、娱乐节和终身体育运动会的组织，组织各类体育讲座、研讨会和培训班，开展体育指导知识、技能审查工作，以及素质提升等工作。

另外，日本的文部省咨询机关亦设立卫生体育评议会，主要就卫生体育评议会进行讨论、答复，就体育整体发展、基本构想及有关的方针、政策等进行论述。比如，在 1988 年《体育振兴二十一世纪方略》中，就包含了当代体育的内涵与功能、终身体育、体育休闲与体育之间的联系。

2. 商业休闲体育组织和非营利休闲体育组织

由于大众运动在日本迅速兴起，运动产业前景日益光明，各种企业、财团、企业、私营企业等都在积极开拓运动领域，兴建运动场馆和设立运动机构。这些运动机构大都是以营利为目的，通常以用户缴纳会员卡等形式获得收益，这些机构既能为公司带来收益，又能大大推动日本大众运动的发展。日本的公司运动社团管理模式大多采用"委托式管理"模式，由相关机构（例如，运动教官培训机构）派出体育指导员进行体育训练。这个方法是最简单的。有些公司把办公室和辅导工作结合起来，从会所职员到运动教练都采用了委派的办法。另外一种方法就是由公司自行运作，它要求在公司里培训指导老师，这样比较耗费时间和精力，但是大型企业通常采用这样的方法。在日本，公司运动会所都有两个主要机构，即行政机构和实地辅导机构。政府不仅要制定行政体系，还要积极发展工业，成为体育协会的领头羊。

第二节 我国现代休闲体育发展现状

中国自经济体制改革后，无论是经济总量还是人均收入都有了很大的提升。它为发展体育休闲活动提供了物质条件。1995 年起施行的"双休日"制度，为市民的业余生活带来了充足的休息空间，也为市民的业余活动创造了良好的环境。中国近几年的 GDP 年均增速为 10%，持续超过前几年。由于有中央及地方各地的大力投入，场地设施的兴建，必然会带动游乐社团的扩充，而据一项市场调查，平均每周有 80%的民众参与到休闲活动中，加速了国内的休闲活动，使我们对休闲活动的价值观有了更深刻的认识。

在当代人类社会日益发展的今天，人类对精神文化的要求也日益提高，休闲体育将逐渐变成人类的休闲活动。体育在我国的发展和人民的日常生活水平的日益提升，其健身、娱乐和竞技等方面的特征受到了社会的广泛关注，并逐步渗入了人民的日常生活之中。有专家、学者曾经指出，中国正进入一个崭新的"休闲时代"，它将带领人民建设更加健康、更加和谐的社会文化。休闲健身是一项体育活动，它能提高人们的身体素质，同时也能促进人们的休闲活动。然而，由于我国目前的经济和文化程度尚不平衡，了解和把握当前的发展趋势，制定相应的发展策略，让各阶层人士都能积极地参加体育活动，享受到健康的休闲活动仍是亟待解决的问题。

一、我国休闲体育的现状

（一）体育消费观念的转变

随着社会、经济和文明的发展，人们对体育价值和内涵的认识不断加深，人们开始接受"以钱为本"的购物观念，并以此为载体，以娱乐的形式进行健身，以达到身体和心理的双重发展的目的，而现在，在闲暇之余进行体育休闲是一种时尚、健康、文明的诉求。通过俱乐部、运动竞赛和运动训练等方式的消费，促进自身身体素质的提升，已经成为一种普遍的习惯。

（二）体育场馆和设施有待加强和完善

在倡导全民健身和提高人民身体素质的同时，各地政府也加大了对体育建设的投入，同时加大了对体育设施的投入，使人们的身体素质得到了极大的提高，为大众的体育需要提供良好的环境。近几年，在"大众健身计划"的扶持下，我国体育部门在公园、广场、学校和专业场馆等方面进行了大量投入，其中以社会保障为主，少数以较低的收费为主要内容，极大促进了我国的体育事业发展。根据调研数据，目前的休闲健身场地及投资远远无法适应大众的需要，特别是近几年参加运动的人数呈逐年上升趋势，与国外的水平还有很大的距离。发达世界各国的休闲运动场地比国内要大得多，而且运动场地的使用水平也比较高，所以我们在运动设备和场地方面还需要进一步改进。

（三）不同阶层人群选择活动项目不同

在社会体制改革与发展过程中，新的社会阶层分化重新出现。在不同的社会群体中，人们的精神追求、价值体现和生命品质都有很大的差异，这主要体现在对体育活动的选择、参与和活动场所的选择上。

1. 社会管理层

这一群体拥有固定的经济、业余生活，在休闲体育的选择上偏向于团体、娱乐性，而在休闲体育的地方则多是大众的健身场所，他们认为，休闲体育运动不仅可以锻炼身体，还可以锻炼社交技能，拓展人脉。

2. 私企业主与白领高薪层

他们的体育休闲活动既是一种身份标志，又是一种生活方式，所以他们一般都是以高品位、高价位为目标的体育俱乐部和体育赛事为主，如高尔夫球、赛马、国际体育等。

3. 蓝领低收入层

这个群体由于受经济条件和时间的制约，更多地倾向于廉价的娱乐活动，而非高消耗的体育活动，最主要的是那些方便、负担得起的运动和场地。

4. 老年离退休层

这些群体对身体的要求比较高，休闲的时间也比较多，但因为身体条件的原因，他们一般都会进行有氧、有益心脏的锻炼。如散步、太极拳和广场舞等，即强度适中、速度较慢的体育项目，且往往在公众场合进行集体活动。对于他们来说，参与运动休闲运动，在锻炼身体的同时，也能释放孤单。

5. 知识分子层

随着社会、经济的迅速发展，人们对高科技的要求越来越高，人们大多工作压力较大，休闲时间较短，因而缺乏运动锻炼的机会。加之中国学者对"人轻武器""静态"等传统文化观念的冲击，使得其对休闲的生活方式进行了总体的"部分静态"。中国大型休闲体育发展面临的一个难题就是怎样调动群众参加体育运动。

（四）家庭体育"异军突起"

随着家庭人口的数量、质量和结构的改变，许多家庭都希望能在周末、假期和八个钟头以外的时间里聚集在一块，进行不同的体育活动，如户外运动、风筝、泳池和体育比赛等。

（五）老年人参与数量众多

在参与休闲活动上，老人参与人数显著多于中年参与人数，出现了"老人推动家族，家族推动社区"的格局。

二、中国休闲体育的需求与消费者的特征

（一）需求特征

1. 时间性与时尚性

中国居民的休闲需要呈现出一种明显的周期特征，并且以假期为主要特征，形成了一个消费高峰。近几年，工资水平持续上升，带动了人民的消费，改变了人们的生存观念。由于工作的紧张程度，人们对休闲体育的选择比较困难，因此，通常将主要精力放在了法定假期上。时尚是以某种经济基础为依托的，但更能反映社会大众的心态，从一个侧面反映了消费群体的心理倾向、个性特征以及精神诉求。休憩的需要不是一成不变的生活需要，它在一定程度上也是由社会、文化发展的潮流所决定的。

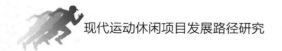

2. 不同个性与层次性

休闲消费是指个人发展需要而产生的非生命需要的综合行为。休闲运动的组织机构在休闲品牌、休闲服务、休闲产品和休闲管理等方面都要有自己的特点，以适应大众的需要，提高其在市场上的竞争能力。人们对消费欲望的追求是有差异的，而休闲运动的需求既有实际的需求也有潜在的需求，两者的转换必须以特定的经济和物质为前提。

（二）消费者特征

1. 年龄与性别

由于年龄、性别、生活时期不同，对体育活动的需求必然不同。年轻人喜爱具有挑战性的娱乐活动，比如高强度和高风险的剧烈活动，而中年人更倾向于中等程度的活动。在青年时代，人们的经济收入要比他们的消费水平高得多，所以他们拥有丰富娱乐活动的消费基础，而且他们的身体素质也很好，所以他们是最主要的娱乐活动人群。而男女之间的差别也导致了休闲活动的消费水平的差别，男人一般都比较热衷于攀岩、轮滑之类的剧烈活动，而女人则偏爱瑜伽和拉丁舞之类的娱乐活动。而且，由于男性的平均工资水平普遍比女性要高，因此，在体育娱乐方面，男性的消费水平和领域都要优于女性强。

2. 文化程度与职业

在休闲运动中，其消费特点受到其教育水平和专业水平的显著差异。高文化素养群体对休闲运动的价值及作用有更深刻的认知，因而具有更高的参与热情和更高的消费水准。而教育水平低的群体对体育活动的认识不足，对体育活动的积极性也不大，因此，对其进行适当的指导和扶持是十分必要的。工作压力大的人群更倾向于放松的娱乐活动；而智力工作者的支出范围和层次比体力工作者要宽。

3. 体质与健康状况

尽管体育活动可以消除疲劳，强身健体，康复治疗，但是任何一种体育活动都是要耗费精力的，所以，每个人都可以根据自己的具体状况，选择适合自己的体育活动，体能强、精力旺盛的可以随意挑选自己感兴趣的活动，而身体较差的，可以根据自己的身体状况，进行一些比较轻松的活动。

三、休闲体育发展趋势

（一）自然和户外化

休闲运动的本质属性和家庭属性是未来体育发展的主要趋势。它是指从体育课堂、体育场馆、繁华都市中走出来的人，到自然中去，接近自然，与自然融合。城市休闲活动的特色是空间小、群体小、付费制，而室外体育活动则呈现出多样化、群体大、不付费、空间大等特点。它打破了以往的休闲观念，在观念上也存在着很大的差别，其体育价值观相近，而在情感智力训练上的作用更为突出。越来越多的人选择远离都市，回到大自然中去徒步旅行、骑单车、登山，以此来亲近自然。室外活动是人类对自然的一种向往，也是一种人类对自然的追求。户外是都市人群特有的追求，在工作与学业完成之后，怀着一种对自然的渴求，投身到大自然的怀中，感受清新景色，享受清新的环境，感受体育的刺激。最流行的娱乐项目有：远足、野炊、激情的漂流、山洞、野营、野外求生和滑冰等。

（二）刺激和极限化

由于工作与生活的压力较大，人们常常会寻求一种释放情绪的方法，所以对于休闲运动的刺激与极限的追逐更加突出，以达到身体和心理上的极致体验。例如悬崖跳水、蹦极、攀岩、冲浪和探险等休闲活动，无不是对新事物的探求与兴奋。从国际上来看，极限运动拥有一个巨大的消费群体，美国、英国、法国和澳大利亚等国家，许多人都会进行一些充满冒险精神的运动，这已经成为一种潮流。

（三）健康和生态化

休闲体育的"健康"与"生态型"是将"生态"与"休闲型"有机地结合起来，重视"自然与人""人与人"的和谐发展，以及"人"与"心灵"的全面协调发展。它是一种既能保护自然又能保护生态的休闲活动，也是一种新的生存方式，一种新的生命观念。毋庸置疑，很多现代化的娱乐方式都是以牺牲大自然、资源和环境为代价的。近年来，我国的旅游产业发展迅速，不仅带动了国内总产值的增长，而且也对我国的生态环境构成了严重的影响，增加了水体的污染与生态损害。重视生态环境的维护，防止因休闲而引发的环境问题，提倡可持续的休闲运动已经成为国际社会普遍的共识。21 世纪初期，美国农林署制定了一个新的削减大规模收割的方案，提倡节能减排，让人可以在户外野营、徒步旅行、划水（从休息间）等新的服务中获得满足，而这一切都以可持续的环保为前提。人类通过荒野、丛林、大海等活动，可能会给生物的生态环境带来损害，而这种问题会随着时间的推移而逐渐消失，另外，一些体育设施和用品的生产对自然资源造成了一定的浪费，这一问题也需要格外注意，针对此问题，世界体育用品工业联合会（WFSGI）推出了生态体育运动，在行业内大力推动运动鞋、滑冰（滑雪）装备回收再利用。如欧洲、日本等国，为推行环保规划，制订环保教育等必修科目，以加强对运动教练、运动员、电玩业者、运动人士及室外运动人士的环保意识，并制订有关环保的指引，以促进环保运动及休闲运动的发展。

（四）新颖和奇异化

休闲体育的创新与独特，是指人们在娱乐活动中与现行的体育节目形式和方式不符，并不断进行变革、突破和创新。很多国外的休闲教育已经渗透到我们的日常生活当中，让我们明白什么是闲暇，怎样去休息，怎样去享受。此外，在西方，人们的创意观念都很出众，他们擅长发掘一切新奇的东西，并寻求与众不同的样式。所以，直到今天，国外的休闲体育发展，除了几种常见的体育项目，如篮球、体育游戏和体育观光等，都是针对体育活动的形式与内涵创造出独特的形式与内涵，以适应个人的体育需要。如澳大利亚的鸵鸟参加娱乐活动；法国的休闲运动员参加街道溜冰；日本的岩石踩踏；英国赤脚跑；瑞士投石机；马来西亚捕鱼、抓鸭子等各种娱乐项目，都是对休闲运动的创意发展，具有很强的独特性。

第三章
现代运动休闲项目发展的理论基础

第一节　运动性休闲活动的生理基础理论

在长期的体育锻炼中，人体的组织和功能会发生一系列的改变，包括对人体在运动中的功能的改变、对动作技术的发展和生理性机制的发展研究。

一、运动性休闲活动与运动生理学

（一）运动生理学的概念

1. 生理学

① 生理方面的问题。对机体的基本机能和运动的法则进行探讨的学科。

② 从生理角度来看。对人的基本机能和运动的法则进行研究的学科。

③ 体育生理。运动生理是一门从实际的运动生理理论出发，从生理的观点来探讨身体机能的改变和活动的规律。

2. 运动生理学的任务

体育生理研究的研究内容包括两大方面。第一部分是通过了解人体的生理行为，阐明运动对机体功能的作用机制，阐明运动训练、体育教学和体育锻炼中的生理机制。第二部分是运用体育生理理论指导不同年龄、不同性别和不同训练水平的人进行科学的训练。

（二）运动性休闲活动与运动生理学的关系

科技的发展和生产力的发展，使人民的生活习惯从传统的劳动为主转变为以科技为主，其可支配的经济收入明显增加，休闲活动也日益增加。人们的生存方式也随之产生了巨大的改变，人们对人类生存的要求由纯粹的物质享受转变为对精神的丰富。体育休闲已逐渐成为人们生存的主要手段，也使人类走向了一个新的休憩时期。体育休闲是以体育锻炼为主体，以健身、娱乐、探险和寻刺激为主要内容的一种社会性娱乐活动。与以竞赛为目的、以竞赛规则为核心、以运动成果为目标的传统运动不同，体育休闲运动的形式与内涵非常丰富，按照体育活动的地域和空间划分，可以分为水上、陆地和空中三大类，水上体育娱乐项目主要有潜水、溯溪、冲浪和滑水等，陆地上有登山、徒步、攀岩、滑雪和攀冰等体育娱乐项目，空中体育娱乐项目主要有跳伞、热气球、滑翔伞等体育娱乐项目；按参加强度划分，可分为大、中、小三种；在参与的时间和周期上可分为短期参与、中期参与、长期参与三种。但不论其形态、其内涵如何，从运动生理的观点来分析，不论从事哪一种体育活动，都会对人体造成不同程度的损伤，而且会因其不同的运动周期而不同。它是一种科学的娱乐方式，它涉及了科学的理论和训练方式，它可以帮助我们理解人类在从事各种运动的过程中所产生的各种生理反应和现象。二者之间存在着互补的联系。运动生理规律可以对人体健康状态的影响进行理性的剖析，从而为体育休闲的发展提供科学依据。而从体育的角度来看，体育生理学是体育中表现出来的一种特殊的体育体态，可以使体育生理学科的研究领域得到进一步的拓展，从而达到理论和实践相统一的目的。

（三）运动性休闲活动机体反应特征

1. 短期运动性休闲活动机体反应特征

短时间或一次参加体育休闲活动，身体会发生一些改变，但在短暂的休息后，这些改变就会很快消除。当休息结束后，心率加快、呼吸加速等都会缓解，回到原来的水平，这种暂时性、应答性的生理机能改变叫作应激。就像是攀爬的时候，身体会因为运动的强度、频率、时长而产生一种生理上的变化，而随着运动强度的增加，身体的新陈代谢也会相应地加速，让身体吸收更多的氧来提供肌肉和身体的氧，并将身体中的二氧化碳释放出来，并且在运动的时候，身体也会因为周围的环境而发生变化。比如攀岩，在攀登的时候，由于高度的上升，体内的血红素含量会增加，而在攀登结束后，攀岩所产生的一种身体机能会慢慢地消失，身体就会恢复到之前的正常水平。所以，参加一段时间的体育娱乐，固然会对人体产生某些改变，但这只是暂时的。

2. 长期运动性休闲活动机体适应性变化特征

长期从事体育休闲活动，可以改变人体的结构和功能、物质代谢和能源代谢，这些都是由于长期从事体育活动造成的。比如，长时间从事体育休闲运动，会引起心律失常、心室体积增大等一系列自适应改变。长期从事体育休闲活动，身体发生了适应性改变，可以改善人体的生理机能，改善身体的平衡和对外部环境的适应性。然而，人体所产生的适应能力并非永久存在，而是会随着人类参加体育休闲的循环而改变，也就是说，当身体出现此适应后，仍然需要持续较长时间，如果停下来或中断，该适应的改变就会消失。而各种体育休闲运动对人体的适应性也各有特点。比如，长期从事体育休闲活动的人，会使神经、肌肉系统发生相应的自适应改变，在功能层面上，其功能层次是平衡、柔韧、力量增加；如果长期从事户外运动，那么就会增加呼吸循环中的氧气和肌肉对氧气的吸收，同时也会增加神经系统对疲倦的忍耐度。

二、运动性休闲活动的生理功能

适当的体育休闲时间可以促进身体各个器官机能水平的提升，从而促进身体的整体素质提升。

（一）运动对呼吸功能的改善

1. 呼吸系统

呼吸系统包括呼吸道和肺部，同时包括鼻、咽、喉、气管和支气管。它的作用是使人体与周围的空气进行交换。人体在进行体育休憩时，需要持续吸收外部的氧气和释放二氧化碳，身体和周围的空气进行这样的换气。呼吸由外呼吸、血液输送、内呼吸三部分组成。外呼吸是在肺与周围的空气之间进行交换，其中包括肺通气（肺和周围的空气的交流）和肺换气（肺和肺的毛细血管的空气的交流）。空气在血液中的传输是在肺呼吸之后，血液中的氧气经过在血管中的循环，输送到组织细胞，并将其分解成二氧化碳输送到肺中。内息是指在毛细血管里，血液和组织的细胞进行气体的交流。

（1）肺活量

呼吸肌肉的舒张和收缩使胸部有节奏地活动，也就是所谓的呼吸。肺活量是一个推动肺部呼吸的力量。呼吸平稳时，吸入肌肉会收缩，胸部扩大，肺部也会跟着膨胀变大，在肺部压力降低到大气压以下时，气体会流入肺部。在安静的呼气过程中，吸气肌舒张，胸部和肺部向后仰，在肺部压力上升到大气压力时呼出。吸入和呼气的终点是相同的，肺部的压力是相同的。在进行深呼吸时，吸气肌、呼气肌和腹壁肌的数量增加，导致肺腔和大气之间的压差增大，从而增加了与空气的交流。因此，肺内压的改变对肺的呼吸起着关键的作用，即肺内压是肺泡腔中的气压。

（2）气体的能量和工艺

分压差是肺泡气与肺泡毛细动脉血流的主要动力，而分压则是由不同成分的气体在不同情况下所产生的分压。在大气中的氧的分压叫作氧分压，而在大气中的二氧化碳的分压叫作二氧化碳分压。空气的交换包括肺部呼吸和组织呼吸。在肺中，从肺动脉流出的血液经过肺泡的微管时，因为肺内的氧含量比静脉血液要高，而肺内的二氧化碳分压力要比静脉血液低。所以，氧通过肺泡进入静脉血液，而二氧化碳通过肺循环进入肺泡，经过肺呼吸后，就变为了动脉血。在人体的体循环中，动脉血通过组织的微血管时，其内部的含氧量比氧分压要大，而空气中的二氧化碳含量比人体内的二氧化碳含量要小，所以，氧通过血液传播到身体，而二氧化碳通过人体的组织进入到血液，再经过组织呼吸后，动脉内的血就会转化为静脉血。肺通气能力可以通过氧气的传播能力进行评估，氧气的传播能力是肺泡氧分压 0.13 kPa（1 mmHg）时所能传播的氧气数量。该数值的增加表明，老年人的肺部换气率较高，且长期从事体育活动者，其氧气的扩散能力会随着年龄的下降而延迟。

（3）用以测量肺脏呼吸机能的生理学参数

肺总容量、肺活量、时间肺活量、每分钟最大通气量、肺泡通气量是肺通气的主要生理参数。最常见的是肺活量和时间肺活量，肺是在最大的一次呼吸后，尽量地呼气。在中国，成年男子的肺活量约为 3 600 mL，女性约为 2 700 mL，其肺活量与年龄、性别、体表面积、呼吸肌力量、胸部弹力和常参加体育娱乐等因素有关。呼吸时肺活量是在最大吸入后，以最快速的方式进行呼气，测量第 1 s、2 s、3 s 末的呼出气体在肺中所占的百分比。第 1 s 肺活量为 83%，第 2 s 为 96%，第 3 s 为 99%，其中以第一秒的肺活量最为重要，因为这一时期肺活量不仅能体现肺部的容积，还能反映肺部的通畅性，也能更好地体现肺部的活力。

2. 对呼吸功能改善的表现

参加体育休闲运动可以提高呼吸系统的机能，但不能仅靠一次或多次的锻炼，需要长时间的定期锻炼才能达到。在第一次进行体育休闲活动时，人体会发生一系列的生理反应，在长时间的参与和影响人体内部环境的变化之后，人体就会发生相应的调整，从而在一定的程度上改善或提升身体的机能。长期参加适当的体育休闲活动可以提高呼吸机能，特别是参加游泳、徒步和登山等耐力体育活动，参与这类活动时，身体各个组织的新陈代谢会增强，氧气消耗也会随之增加，使通气肺泡的数量增多并引起肺泡毛细血管前括约肌的舒张，有利于提供更多的氧气给组织和肌肉使用。随着时间的推移，呼吸肌肉的强度增加，吸气和呼气的功能也会增加，肺部的体积也会增加。特别是在参加体育休闲运动的时候，可以更好地协调呼吸的深度和频率。有调查显示，经常参加体育休闲活动的人，其肺功能较正常的人要高。

（二）运动对心血管功能的改善

1. 心脏和血管系统

心脏和血管是人体心血管的主要器官，在人体内的物质输送和内部的稳定性中发挥着关键的作用。它有规律地舒张着，既可以让血液在体内自由地流通，也可以和其他的组织进行物质的交流，同时也可以让大血管产生弹性，让血液在血管中保持稳定的流动。血管分为三大部分，分别是动脉、静脉和毛细管，动脉是供血的离子体，静脉是供血回流的导管，而毛细管则是连接动静脉末梢的导管。在从事体育休闲活动时，人体的血流是维持人体活力的关键因素。

（1）肺循环及体循环

血液从心脏中心流出，经过动脉、毛细血管、静脉，再回到心脏，这样一个循环往复的过程叫作血循环。人体的血液循环是指按照人体的新陈代谢需求，为人体的各个脏腑供给氧气和养分，并将人体各个器官新陈代谢所生成的二氧化碳及其他产物输送至相关的脏腑。按其循环路径，可将其划分为体循环与肺循环，但两者是同时发生的。体循环，也叫大循环，它的通路是从左室进入主干，再从各个部位输送至全身的微细血管，再经过毛细血管壁与周边的组织进行气体和物质的交流，再经过各个层次的静脉，最终汇入上腔静脉，再流入右上腔静脉。体循环具有路径长、范围广的特征，通过血管血液对身体的各脏器进行营养，再通过血管将其代谢的物质输送到心脏。肺循环也叫小循环，它的通路是从右心室到肺动脉，然后经过各个分支，到达肺泡附近的毛细血管网络，然后经过肺泡和肺泡腔，血液与肺泡中的空气进行了交换，最终，血液从肺静脉排出肺部，到达了左心房。肺循环以狭窄的通道为特征，仅经肺部，从而将血液转变为富含氧气的血管。

（2）对心肌细胞的生理指标进行评估

心脏机能的强弱对体育休闲活动的选择和锻炼的强度有很大的关系。通常，测量心脏机能的生理参数包括射血分数、每分钟输血和心力的贮存。射血分数是一次心脏跳动时，从一方心房排出的血液占心脏舒张末期的血液流量的百分率，这是一种衡量心脏抽血能力的方法，一个成人在静止状态下的心脏搏动大约 70 mL，而在心脏舒张后期，一般可以达到 145 mL，所以，射血率大约在 60% 左右。在高水平的体育休息中，心脏收缩能力明显提高，而射血率也相应提高。每分钟输出量是单侧心房每分钟的输出量，也就是搏出量与心率的乘积，正常心率为 75 次/min，搏出量为 70 mL，心脏输出量为 5 L/min。心脏的输出量与身体的运动状态、新陈代谢状况有关，例如在进行高负荷的体育休闲运动时，心脏的排泄量也会随之增大。心脏输出率与身体的新陈代谢相适应，并存在一定的贮存量，称为"心力贮存"，是衡量心脏机能的一个重要参数。心力贮存分为心率贮存和搏出量贮存，心率贮存是通过心跳的增长来提高心脏输出的容量，心率贮存分为收缩期贮存和舒张期贮存，收缩期贮存是通过提高心室收缩力来减少心脏的体积。舒张期的贮存一般不多，在锻炼过程中，身体的心脏排血量会随着心脏跳动和心力贮存而急剧地增长。在进行体育休息时，随着运动强度的增大，心脏和肺泡的流量都会增大。在参加体育休闲运动时，射血分数、每分钟输入量及心力贮存都会随着运动负荷的增加而改变，且数值越高则显示心机能越佳。

2. 对心血管功能改善的表现

不同类型的体育休闲活动对于心血管系统的结构和功能的适应性是不同的，但是整体上可以使其心血管系统的功能得到相应的提高。长时间从事耐力体育和娱乐活动，会引起心脏的运动性肥胖，其主要症状是左室壁扩大，导致心肌体积增加；这是由于在进行耐力体育休闲活动中，由于其活动所需的时间比较多，心脏排血量始终保持在高位，导致心舒末期心肌体积增加，心肌纤维延长。而长时间从事力量的体育和娱乐活动可以引起心肌的运动性肥胖，但其主要症状是心肌壁增厚。但是，在上述两种体育娱乐活动中，心肌细胞的一些微小组织如线粒体、氧化酶、毛细血管、肌浆网、心肌细胞特定的分泌粒子和神经传递素含量都会随之改变。这一系列的适应改变会增加心肌力量，增加心室体积，从而增加心力贮存，增加心脏活力，改善心脏的血液循环。特别是在静止时，心脏的收缩能力会加强，心率下降，且心动徐缓有力。

（三）运动对消化系统功能的改善

1. 消化系统

消化道包括两个主要的器官：消化管和消化腺。消化管主要包括口腔、咽、食管、胃、小肠（十二指肠、空肠、回肠）和结肠（盲肠、结肠、直肠）等。从嘴到十二指肠之间的导管叫作上消化管，而在空肠下面的导管叫作下消化管，通常把食道到直肠之间的部分叫作肠道。

消化腺主要由肝脏和胰腺组成，其中包括腮腺、颌下腺和舌下腺三对。消化系统的作用是消化、吸收、提供能量、构筑细胞，最终将食物的残余物质清除。消化系统是机体的主要物质新陈代谢的场所，机体的生长、发育、更新、修复及机体的各项生理功能都依赖于消化系统的功能。

为了把摄入的食物转换为身体需要的能量和物质，必须保证被摄入的食物在体内被充分地消化和吸收。食品中包含了糖类、脂肪、蛋白质、维生素、矿物质和水等多种身体必需的营养元素。其中糖类、脂肪和蛋白质等都是大分子的有机化合物，需要通过消化液（包括多种消化酶），将这些大分子的有机物降解为更多的小分子。消化，这一类食物在消化系统中被分解成为可被吸收的小分子的一种方法叫作"消化"。消化具有两种方式，一种为物理性消化，又称之为机械性消化，这是一种将食物从口腔切开、碾碎和完全的消化液体逐渐推进到消化道的末端；另一种是化学消化法，通过消化法将大分子物质分解为较小的分子。但是，这两种方法的吸收是同步进行和互补的。人体内的水、矿物质和维生素经过消化道的上皮细胞被消化后，被称为"吸收"。

消化和吸收的第一个阶段是在嘴里，但是由于消化道各个部分的机械运动、停留时间和消化液的不同，所以消化道的各个部分对食物的消化效果也不同。在嘴里，经过牙齿的切割、咀嚼，由大块变为小块，在舌尖的搅动下与口水结成一个食团，食团由食道经过食管，经过贲门，在咀嚼时，由于对喉咙和食道的敏感部位的刺激，会导致胃底面和胃体区的平滑肌的承受力下降，从而导致胃的蠕动，使得食物和胃液完全融合，从而产生食糜，被推动到十二指肠，也就是所谓的胃排出。在整个消化的过程中，最关键的是在小肠中进行，而在小肠中则是最大的养分被吸收。在胃排出后，随着食糜逐渐向小肠推进，小肠就会产生紧张性收缩、节节运动和蠕动，使得食糜与小肠中的消化液体相结合，有利于消化和吸收。肠道没有任何的消化系统，它的作用是为消化后的残留物提供临时的贮存空间，同时也可以吸取水分。在食物残留物到达肠道后，经过肠道的机械式移动，最后由排泄的反射把大便排出。

2. 对消化系统功能改善的表现

人体在进行体育活动的过程中，需要从消化系统获取必要的养分，并为人们进行体育娱乐活动提供所需要的能源。适当的体育休闲时间可以促进机体的消化机能。比如，在适当的体育休闲活动中，心脏机能会增强，每次脉搏的输出也会增加，从而使胃肠内的血液流通加快，从而保障体内的氧和养分供应。同时，在锻炼期间，由于横膈和腹肌的活动，会对腹中的消化系统产生节律的推拿，促进肠道的蠕动。由于人体内的胃肠功能和消化腺的分泌受到了中枢神经和体液的调控，而适当的体育休闲活动可以促进机体的兴奋和抑制平衡，从而促进消化液的排泄，促进消化酶活力。同时，可以增加个人的胃口。另外，它还可以促进胃肠蠕动，减少肠内和致癌物质的暴露，从而降低结肠癌、直肠癌的发生率。另外，胆囊的活动也会影响胰岛素和缩胆囊素的释放，从而降低胆结石的发病率。适当的体育放松可以提高大肠的动力，增加胃肠的机械冲击，从而降低便秘的发病率。

（四）对运动系统功能的改善

1. 运动系统

人体的骨骼系统由骨骼、骨骼连接和骨骼肌组成，其重量在人体重的60%到70%之间。体育系统具有三大职能：一是进行身体的运动或必需的生活活动；二是形成体形，支撑体重，保持体位；三是对脑、心脏、大血管、呼吸、消化、泌尿和生殖等脏器具有一定的防护功能。骨骼是指以骨骼为主要成分的骨骼，它是在长期的生长中，以结缔组织或软骨为主要成分，它含有有机质和无机成分，它们可以使骨骼具有坚硬和坚韧的特性，但是两者的比率会随年龄而改变。幼龄时，骨骼中的有机质含量高，有机质少，骨骼具有较强的弹性，但不够坚硬。在成人阶段，大约三分之一的有机质和三分之二的无机盐，骨骼更坚固，更有韧性。随着年龄的增长，骨骼中的矿物质含量会逐渐增加，骨骼的柔韧性会降低，从而导致骨骼的脆弱性。然而，在适当的体育休闲活动中，骨骼中的有机物质和无机物质的含量或比率会有所变化。活体骨是一个有机体的组织，它的细胞在体内不断地再生，并且根据某种规则连接在一起，构成了一个骨架。此外，骨骼还有血液的作用，也是钙磷矿的贮存地。通过结合组织的特性和运动状态，可以划分为没有空隙的和有空隙的。骨连接是影响肌肉和肌肉活动的主要因素，由肌腹、肌腱、血管和神经组成。大部分的肌肉都是依附在骨头上的，在神经系统的作用下，它们会产生一种以关节为支撑物的感觉，导致身体自由活动。骨骼肌是人类身体内部最常见的部位，人体全身共有骨骼肌约数百余块，成年男性的骨骼肌约占体重的40%（女性约为35%），而四肢肌又占全身肌肉的80%，其中下肢肌占全身肌肉的50%。

2. 对运动系统功能改善的表现

人体的运动体系是人体形成体形、维持人体姿态、自由活动的关键。但是，适当参加体育休闲活动可以促进机体的机能，因为每个年龄段的机体都有其自身的运动特征，所以，长时间参加适当的体育休闲活动，其运动系统的机能会有所改善。如果长时间从事适当的体育锻炼，会导致骨质密度增加，骨骼直径增大，骨骼表面的肌肉突出，小梁的分布更为规则，骨骼小梁也会增加；还能促进骨骼的血液流通，促进代谢，提高骨骼中的矿物成分，提高骨骼的密度。特别是中年和老年人，长期从事适当的体育锻炼可以改善骨骼的形态结构和骨量，增强骨骼的抗压、抗弯曲和抗扭性能。但是，参加各种体育休闲活动对身体各个部位的作用也不尽相同，比如主要进行的是以下肢为主要的体育休闲活动时，其对下肢骨的作用更大，而以上肢骨为主要的体育休闲活动，则会对上肢骨造成一定的伤害。所以，在参加时要注意进行多种形式的体育休闲活动，以达到更完美的体形。另外，适当的体育休闲活动对人体的关节和肌肉也有一定的改善，对关节的影响主要体现在：关节面骨的骨密质和关节面软骨的增厚，从而减轻了外力对人体的冲击和震动，增加了关节的承载量。此外，适当的体育休闲活动可以促进关节囊增厚，韧带增粗，胶原蛋白含量的增加，从而改善关节的稳定性。其对骨骼肌的刺激效应主要体现在：肌细胞的体积增加，肌纤维内的线粒体数量增加以及肌内的毛细血管增加。由于长期从事适当的体育休闲活动，肌纤维中的肌原纤维变厚，肌球蛋白含量增高，收缩的成分也会增多；肌肉纤维组织发育良好，肌肉中含有丰富的肌肉纤维和养分。另外，长期从事适当的体育活动也会引起肌红蛋白、腺苷三磷酸（ATP）、磷酸肌酸（CP）及肌糖原含量升高等。长期从事适当的体育休闲活动，可以使机体发生一种自适应的改变，从而对身体的健康起到一定的促进作用。

三、运动性休闲活动的生理卫生

随着人民生活水平的不断提升，业余时间日益增加，人们开始积极投身于体育娱乐活动，以达到放松的目的。但是，在进行体育休闲的同时，要想真正体会到体育休闲的快乐，就必须要有基本的体育技术，同时还要懂得一些关于身体健康的常识，以获得更好的锻炼。

（一）运动性休闲活动前的生理卫生

由于在进行体育休闲活动之前，机体的各个功能、器官都比较平静，所以，在进行体育娱乐之前，要充分利用人体的生理特点，合理地组织好各种功能，以满足体育休闲活动的需要。首先，空腹运动和餐后立即做运动是不适宜的。参加体育休闲运动时，身体需要持续供给肌肉力量，以确保其正常的运动。所以，在空腹进行体育娱乐时，会引起机体的不舒服或出现低血糖。另外，如果在吃完饭之后立即进行体育娱乐，也会造成胃肠的不舒服，甚至会出现胃下垂等情况。由于人体在运动的时候，需要将大量的鲜血输入到肢体，给身体的肌肉提供养分，导致肠胃的血流量减少，蠕动减少，消化液的分泌减少，导致胃肠道出现抽筋现象；建议在餐后一个钟头内进行一些体育放松运动。其次，参加体育休闲活动之前要做好相关的热身或预备工作。适当的预热或预备运动能够提前调动体内各脏器的功能，以达到某种程度的运动，以克服机体的惯性；适当的热身和预备活动能使肌肉的体温升高、减少肌肉的黏性、增强韧带的伸缩力、增强关节的柔韧性，从而有效地防止运动伤害。

（二）运动性休闲活动中的生理卫生

在人体各个功能体系被调动后，可以进行自己选定的体育和娱乐活动。然而，随着体育休闲活动的开展和持续进行，人体各器官功能也会随之发生相应的改变。这时，要针对身体特点的改变，进行适当的调节，以使身体处于最优的状况，才能确保体育休闲的正常进行。例如，当体育休闲活动的力度逐步增大，人们会出现胸闷、呼吸困难等症状；这是由于体育休闲活动的密度增大，身体对氧气的需求会增多，造成呼吸速度加快，呼吸深度降低，肺部的换气能力降低等问题。这时，要适当调节身体的换气次数及方法，即采取口鼻换气方式，既可以减少肺部的通气率，也可以通过口鼻进行换气，提高肺部的通气率。不过，冬天的时候要避免开得太大，否则会对口腔和气管造成严重的伤害。增加深呼吸，增加肺部的通气效果。另外，在从事体育休闲活动期间，由于体育休闲活动的强度和时长，身体也会出现心率加快、肌肉酸软、动作缓慢、不协调和停顿等症状，这就是所谓的"极点"。这是由于人体脏器的功能惯性，导致体内的氧气含量增加，无法满足人体对氧气的需要，导致机体功能的短暂失调。同时，由于体内的乳酸累积，导致血液 pH 偏向于酸性，从而会对神经肌的兴奋性产生反应，导致呼吸和循环系统的功能失调。然而，一旦有了"极点"，就不能马上停下来了，而是要靠意志和节律来维持，同时要适度地减少活动的力度，有些身体上的不适也会慢慢缓解或者消除。在进行体育休闲时，要学会适当的呼吸和运动节律，同时要注意适时地给身体补充矿物质和水分，避免因身体缺水或体温过高造成的身体机能降低。体育锻炼时要注意适量补充水分，避免一次喝太多，以免引起胃里的水分滞留，引起不适，增加胃肠道、心脏和肾脏的负荷，从而影响到横膈肌肉的活动和呼吸；在补水的时候，可以选择含有丰富的糖分和矿物质的运动饮品。其中，体育饮品能够促进身体的迅速吸收，给身体补充能源，增强身体的活力。

（三）运动性休闲活动后的生理卫生

为确保身体在进行完体育休息后，能够很快地从静止的状态中恢复平静，并尽可能地减少因运动而引起的身体的疲劳。体育休闲活动完成后，需要特别关注。首先，体育休息后不要马上停下来，要进行适当的锻炼，使自己的身心得到充分休息。由于身体长期活动，会有大量血液聚集在四肢的血管里，引起心脏供血量的减少，心脏的排泄量会减少，血压会下降，出现短暂的贫血，还会出现头晕、眼前发黑等情况，严重的会出现"重力性休克"。所以，适度的放松可以促进人体的血液循环，避免由于体育休息突然中断引起的身体机能紊乱。适当的舒缓运动可以促进肌肉血液流动，促进乳酸的吸收，减轻肌肉的延展性疼痛，减轻疲劳。其次，体育休闲活动后，不要过量进食，要结合身体的改变，科学、合理地进行营养素的摄入。如果要补充水和矿物质，应该按照身体的缺水状况，采取少用多用的方法；尽管短期内喝大量的水，可以暂时解决干渴。但是在锻炼过程中，随着排汗和排泄量的增多，过量喝水不但会使身体失去更多的矿物质，而且还会加重心脏和肾的负荷。最后，体育娱乐后身体无法立即恢复到平静时的水平，等恢复到平时的心率、呼吸后进行适当的营养和食物的补充，一般可以在运动后的 30 分钟内吃东西。

第二节　运动性休闲活动的心理基础理论

运动性休闲心理的基本原理来源于运动心理，它与一般的运动健身运动相比有着鲜明的挑战性、刺激性、冒险性、新颖性、趣味性和艺术性。所以，尽管其心理特性与体育心理存在着许多相同的地方，但也有其自身的特点。

一、运动心理学概述

体育心理学是最早进入研究领域的一门新的科学。其基础是普通心理学、社会心理学和教育心理学，是一种适用心理学的研究方法。在外国，运动心理学被认为是一门学科，而我国则经常将其与体育运动相融合。美国奥运会代表队第一次有正式的随队运动心理学家参加，从而确认了运动心理学在体育运动中所扮演的角色。运动的身心效应是近几年的一个重要课题，它的研究范围也在不断拓宽。

（一）运动心理学概念

运动心理学是一种心理学的分支，是一种研究人们在运动过程中的心理特征和运动规律的学科。

运动心理学的重要目的在于探讨运动员参与运动的感觉、表象、思维、记忆、情感和意志等特征，以及它们在竞技活动中的功能与意义；考察不同类型的运动员在不同的体育活动中性格、能力、气质，以及体育活动对性格的作用；主要探讨体育教学与培训中相关工作人员在运动技能形成等方面的心理特征。运动心理一词最早见于当代奥林匹克运动的奠基者顾拜旦。1913 年，根据他的建议，国际奥林匹克委员会组织了一个关于体育心理学的专题大会，在洛桑举行，这是该学科被纳入科学领域的一个里程碑。1920—1940 年，苏联、德国、美国等国家对体育心理问题进行了大量的研究和探讨。从 20 世纪 60 年代起，体育心理学逐渐引起人们的关注，世界各国纷纷着手这项工作，组织了体育心理学协会，组织了各种学术研讨会，发表了许多相关论文和著作，促进了体育心理学的快速发展。运动心理的学习包括技能学习、竞争心理、运动对人的意义、从事体育活动的动力、运动员与教练员和运动员与观众之间的互动、心理培训和运动心理疗法。20 世纪早期，有关技术学习的问题主要是从学习的分配、保持和迁移等角度进行的，再到对动作的理论层面的探讨。

从 20 世纪 40 年代开始，人们对逐步发展起来的运动行为的信息程序论、层次控制论、行为系统模式论等理论学说进行了系统的分析，随着认知心理学、人格心理学、社会心理学、发展心理学和健康心理学等学科的发展，体育心理学与技术的发展密切相关。在研究方式上，也由单纯的单一运动的实验，发展为联系运动实践，提高运动效能。体育活动的发展使体育心理学的研究领域更广，涉及认识、解释和主动作用等方面的问题，即促进体育效率的理论探讨。

中国体育心理发展趋向于以高素质运动员为核心的体育活动，其社会效果显著。然而，由于缺乏对体育教学的重视，致使这方面的学科建设在体育心理整体发展上是一个相对薄弱的方面。体育教学作为一个涉及人类身心发展的整体体系中的一个关键环节，它在体育心理学领域有着重大的战略价值，需要更多的关注。拓展体育教学和大众体育运动相关的心理问题，以顺应日益增加的时代需求，是中国体育心理发展的一个重要课题。

（二）运动心理学的性质和任务

1. 运动心理学的性质

体育心理学的出现和发展是体育活动和社会整体发展的必然要求。体育心

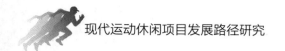

理学是心理学的一个重要组成部分,研究人在运动过程中的心理特征和运动的规律。

体育运动心理学的重要内容是:探讨人在运动中的心理活动特征与规则,探讨人的性格特征与运动之间的联系,探讨体育活动对人的精神历程及人格特点的作用;探讨运动知识掌握、运动技能形成和技能训练的心理学规律,并对运动比赛中人们的心理状况进行了分析。竞技心理学的产生与发展,正是由于竞技活动的发展和社会发展的需求而产生的。体育心理学是一门心理学学科,是体育心理学的基本理论,同时对人们在运动过程中的心理行为特征和规律进行了分析。

2. 运动心理学的任务

其首要工作有以下几点。

① 对人在运动中的思维活动特征和规则进行了分析,揭示了人的性格特征与体育活动之间的联系。例如:男性和女性在运动中是否有自信?什么因素会对人们的运动产生作用?

② 探讨运动对人类的精神历程及人格特点所造成的短期及长远的影响,例如:有氧运动对人类的焦虑程度具有何种短期和长远的影响?长期体育锻炼能否提高或改善运动员性格?运动是否能增强残障人士的自信?

③ 了解运动知识的掌握、运动技能的形成及运动技能训练的心理法则。例如:怎样才能在训练中解决高原反应?怎样运用转移法则快速地学习体育技巧?对运动技能掌握、提高的重要心理学因子有何影响?

④ 对体育比赛中人的精神状况进行了分析。例如:怎样才能在游戏中获得最好的状态?怎样辨别和评价选手的精神负担与精神疲劳?在竞赛的关键点,好选手的动作操纵重点是什么?

3. 运动心理学研究的主要领域

体育心理学在个性、动机和体育教育等方面做了很多的调查,但个性的研究相对较少,而对教练员、压力、自信心和女性等问题的重视则相对增多。然而,随着时代的发展和心理自身的发展,体育心理学的研究范围也在不断地扩展,以满足人类的发展需求。这也是体育心理发展的一个迹象。

（三）运动心理学与运动性休闲活动的关系

运动休闲最具代表性的形式是运动与艺术的结合。从最基本的步行到运用各类高技术设备的健身器械，形成了一套体育休闲活动系统。无论是古代还是现代，乃至将来，体育娱乐都将由于其自身的特点和对人类的独特影响而成为人们日常生活中不可缺少的一部分。体育休闲活动的内涵是非常广泛的，既具备了普通的体育锻炼的特点，又具备了鲜明的挑战性、刺激性、冒险性、新颖性、趣味性和艺术性，体育是其中的一种表现方式，但更多地体现在对体育的经验上。因而，参加体育活动的人在参加和接受挑战时，其心理活动的改变和运动心理学的内涵存在着许多相同之处，但又各有特色，特别是一些休闲运动能带给人们的高度感受，这是许多传统体育运动所没有的，所以，它是从运动心理学发展而来的一种新的理论，应该加以区分。

二、认知、情感、意志与个性

（一）概述

1. 认知

（1）认知的定义

认知是指从诸如概念、感觉、判断或想象等的思维行为中获得的。认知与情绪、意志是相对应的。认知又称为知识，它是人们对外部世界的了解，也就是对外部世界进行处理的一种方法。它包括感觉、感知、记忆和思考等心理活动。

美国考克斯在以往的研究中，通过对过去的一些研究，得出了一个结论，认为体育活动可以提高人们的精神状态，并在一定程度上说明了体育活动和体育锻炼所带来的精神利益。认识—行动假设的一个重要的假设是：体育活动和体育锻炼能够激发正面的思想和情绪，以对抗抑郁、焦虑和困惑等负面情绪。这一学说可以说明班德勒的"自我效能"的观点。班图拉认为，当一个人在做一件他们觉得比较难做的事情时，他就会有更好的表现。如果可以培养自己的运动习惯，那么，一个人就可以获得一种成就感，并且可以提升自己的工作效率。

近年来，随着社会认知的发展，人们对包括体育运动在内的各种运动行为整体动机的学习取向产生了更大的影响。这一流派认为，人的动力活动是人在一定条件下的认识和思考的结果。人类的思维活动与控制感、能力感、目标感和价值等因素密切关联，在激励机制中发挥着举足轻重的作用。罗伯特指出，当前，在学习动力方面，人们越来越关注两个能够产生积极作用的认知进程，这就是人们对于自身概念（如能力感、控制感）及对目的价值观的关注。

（2）意识

基于人类内在动力的认识，着重指出兴趣、能力感、控制感和主观能动性在竞技体育中的作用，以及在内在动力上的作用。体育休闲运动的主体报酬通常来源于自身，不仅是体育休闲运动的普通成员，而且职业运动员和教练员也经常会有这种感觉。

2. 情感

（1）情感的定义

情感是一种对客观现象的主观感受。即情感是人们在某种程度上对客观存在的需求是否能够使其满意而形成的一种心态。能够使人满意的东西，就会带来正面情绪。例如愉快、满意、爱好等。不能使人满意的东西，就会有负面的情绪。如愤怒、哀怨、悔恨等。人对客观的东西持各种不同的看法，从而认识到自己的爱情、憎恶、忧愁、快乐。人因对物的看法和经验的差异，会导致情绪的差异。情绪就是人们对于客观的东西与自身的需求相适应而产生的经验。

（2）情绪是对事实的一种反应

人类是一个在社会活动中成长起来的群体。在人类的思想中，体现了个体和对象的不同的客体关系。情绪是人的多种实际的联系，也就是人的主观意识和客观事实之间的相互联系。在此，"关系"的含义可以分为两个层面：一是在客体中所构成的客体之间的联系；二是对这种关系的反射或经验。

情绪作为人类精神活动的一个主要层面，在认知活动中也会随之产生。客观的东西，要让人了解，才会产生感情。由于人们在认识和改变现实的过程中（了解、理解和掌握等），会有不同的看法。人对自己心态的感受就是情绪。比如，在观看一场艺术体操的演出时，会有一种审美的感觉，这种感觉是由感官所引起的。

人都是有自己的主观感受的。因此，人们对待外在的东西时，会有各种不同的看法。有些人会持积极或消极的观点，这取决于他们与主观需求之间的关系。在接受积极的心态时，会产生爱、满意、愉快和尊敬等情感；在消极的心态中，会有怨恨、不满、痛苦、悲伤、愤怒、恐惧和羞耻等情感。

（3）情感与需要

情感与需求紧密相连。人对客观的东西有何看法，取决于它能否使人满意。当某些东西能够使人们满意时，人们会产生满意和喜悦的情感。例如，体育休闲活动的参加者，在比赛中获得了一等奖，达到了对高水平的追求，而他自己也获得了非常兴奋、愉悦和美好的情绪经验。如果参加体育娱乐的人遭遇了不幸或者挫败，导致他们的需求无法被实现，那么他们就会有一些负面情绪，比如不开心或者是烦躁。

人的需求是一种精神上的缺失。这是人类的身体和社会性需求在大脑中的体现。人类的需求千差万别。总体上可以分成两大类别：身体需求（食物、水、空气、运动和休息）和社交需求（劳动、交流、艺术和文化知识）。也可以划分成物质需求和心理需求。

（4）情感的特征

1）情感的社会性

人类的情感往往在一定的社会环境中发生和发展，具有一定的社会性。比如，原始人对狂风暴雨、洪水猛兽等自然界的种种事物都是无知的，因而对其有敬畏之心。而现代人对于自然的现象逐渐有了认识、利用和掌握的欲望。在社会中，由于阶层和需求的差异，他们的情绪倾向也是有差别的。这表明，"情感"在一定程度上受到社会和历史的限制，而且随着人们的生产和生活的发展而发展。然而，并非一切感情都具有等级之分，唯有与阶层相关的感情。

2）情感的两极性

人类的情感表达呈现出一种双重性质。我国古代所说的"喜—怒、哀—乐、爱—憎"正是这种特征的体现。情绪的两极化，主要体现在：一种情绪始终存在着两种截然相反的情绪；而人的某种情绪又同时具备两种相反的属性。比如，"爱"这个词，就包含了正、负两个方面，对社会主义国家的热爱是正面的。

情感的两极性在不同的层面上有不同的体现。

① 积极情感和消极情感。这是一种对某一事件的积极或消极的经验。前者与愉悦、满意有关；而后者与不愉快、不满有关。在某些情况下，人都会经

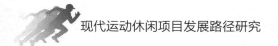

历这种复杂的情感。

② 正面情感和负面情感。这是一种情感经验，它与人们的正面和负面的心态有关，也就是所谓的增强情感和削弱情感。前者有提高、增强人的行为能力，如愉悦、兴奋等可以促使人采取更主动的行为；而情感低落也会影响人的行为，比如忧郁的情绪，让人无法采取任何的行为，而长时间的消沉、懈怠、忧郁不仅会阻碍人们的行为，干扰人们的正常的精神状态，还会引发各种脏器的病变。

③ 紧张与轻松的情感。在人类的行动中，这种两极性常常会显现。比如当遇到紧急情况或自然灾害时，会有一种压力。这样的压力会促使人们做出应激反应，从而确保身体和周围的环境达到一个平衡状态，而紧张的情绪也会因此而变得放松。

④ 激动与平静的情感。当一些重要的事件或者违背人们的意愿、意外的情况下，这种双重的情绪常常会出现。如狂喜、愤怒、恐惧和绝望等。与之相反的是一种平静的情绪。大部分情况下，人都处于一种平静的情绪中，平静的情绪会让人保持冷静，从而帮助人们更好地工作。另外，情感的两极还体现在情感的强度上，例如愤怒和喜悦，它们各自具有不同的强度。正如愤怒有很多不同的表达方式：愤怒、暴怒；喜就是喜悦、大喜和双喜等，所谓的"欣喜若狂"的意思，把人遇喜事时高兴心情，由弱到强全部表现出来了。

（5）情感的品质

情感更稳固，是人们相对于真实世界的一种相对稳重的心态。情感是经验，是回应，是动力，是行动。这是生物体的一种复杂的形态，是一种精神上的事物，需要通过某种特定的形式来表达出来。每个人都有自己的情感，但是每个人的情感都有很大的差别。比如，有人深情款款，有些人心平气和，有些人变心了，有人担心国家，有人担心失去，有人用情绪推动了行为。这种差别显示了情感质量的差别。人类的情感具有以下四大特征。

① 情感的倾向性。这是指一个人的情感经常指向什么事物或经常由什么事物所引起。以"爱"为例，有些人爱祖国，爱人民，热爱学习；有些人喜欢打扮，喜欢闲聊，喜欢到处闲逛。这是人类情感上的差异。

② 情感的深刻性。它是一个人在思维活动中感受到的深度。有些人对同样的事情有着深刻的感情认知，而另一些人却比较浅薄。比如，"爱祖国"，有些人为了国家可以牺牲自己的生命，奉献自己的全部；有些人只是不想伤害自

己的国家。都是"爱劳动"，有些人不畏脏，勤勤恳恳，不知疲倦；而有些人，却是畏首畏尾。这显示了一种深刻而又浅薄的感情。

③ 情感的稳定性。它是一个人的情感经验在一定的时期内的维持。有些人对一件事情的感情是不变的；另一些人则情感多变，情绪不稳定。

④ 情感的效能。它是一个人在现实生活中情感体验。有些人的情感可以极大地改变他们的现实生活，激发他们的战斗意志，改善他们的行为。有些人尽管情绪上很兴奋，但却不能使他们真正地行动起来。一个人的情绪若无效，他只能被动地体会自己的情绪，沉浸在悲伤或自我迷恋中，从而产生负面影响。不同的情绪素质是互相关联的，只有四种情绪特征能够结合在一起，才能形成一股真正的动力。

3. 意志

（1）意志的概念

意志是人类在完成既定目标后，主动地控制自身行为，并在行为中主动地战胜各种障碍。例如：运动员要想在竞赛中取得好的名次，就需要进行高强度的锻炼，学习策略，战胜不良的习惯，遵守规则等。意志力是一个内在的程序，通过实际的行为来坚定地战胜艰难。

人的意志是独一无二的。当人们了解了客观的事情并且感觉到某种需求之后，人们就会把自己的行为安排起来，以适应自身的需求。人类的有组织活动和动物的活动是有区别的。动物的行动，尽管也会影响到周围的情况，但是，它们的行动却是在不知不觉中进行的，并且是在它们自己身上产生的。而人类的行为是有意识、有目的、有计划的。

人在行为发生前就把行为的结果储存在大脑里，就像行为目标一样。即"意志行为"是指人们自觉地、有目的地对客观事实进行系统地改变时所产生的一种精神行为。

人的意志和行动是密不可分的，行动总是要先想好要做的事，然后再根据计划行事，力求在行动中克服各种障碍。一般将此行为称为意愿行为。意念主宰行为，并在行为中加以体现。

（2）意志过程的特征

1）明确的目的性

诸如咳嗽、眨眼等自然反应或者是下意识的行动（如行走时的姿态）都没有明显的目标。意志行为是一种通过思想来控制和调整行为的一种思维活动。意志能促使人们采取必要的行为，或阻止违背既定目标的行为。比如，一个年轻人立志要成为一名好的运动员，他的毅力驱使着他进行刻苦的基础练习。意志通过它的动机和制约功能，来控制和调控人类的行为。

没有了目标，就没有了意愿，冲动的行为、盲目的行为都是没有意愿的行为。人们越了解使命的目标，越能了解其社会性，其意愿也就越强。

2）意志以随意运动为基础

随意运动是由意识支配的一种具有特定指向的技术动作。要想达到目标，必须要有一套随机动作。任何计划、愿望，如果要达到，就需要有一个适当的随机动作。在任何一种运动中，技巧性的运动动作都是由随机运动组成的，没有相应的随意运动的熟练化，就不会出现技术或比赛。

3）意志与克服困难相联系

战胜艰难是意志行为的最根本特点。凡是自觉、有目标的行为，都会遭遇不同程度的困难。没有战胜困境的意志行为，就不能称之为意志行为。因为要解决问题的难度差异，决定了意志行为的复杂程度。战胜困境是一种很好的磨炼人的方法。竞技体育的各项训练和比赛，都是要战胜各种障碍的。这些障碍包括外在因素（条件、场景和自然现象等）和内在（生理和心理）因素。因此，运动是一种很好的磨炼人的方法，换一种说法，一个意志薄弱的人，是不可能成长为一个好运动员的。

（3）意志品质

每个人的意志品质各有不同，都体现在意志行动上。一方表现出坚持，另一方却缺乏恒心；一方可以自主决策，另一方却容易被暗示；有些人是果断的，有些人是犹豫不决，诸如此类。个人意志品质的不同能反映出一个人的意志行为的特点。

意志是克服困难，完成各种实践任务的关键。强大的人的主要意志品质是：独立性、果断性、坚持性和自制性。

1）独立性

独立的本质是由意愿行为和做出决策的本质两方面来体现的。独立性是指个体对其目标和社会含义有清晰的理解和自己的观点。其显示的是具有坚强的态度和信念，不受别人的压迫和困难的支配，不受偶然现象的影响，由自己的信念、知识和观念决定自己的行为方式。

与独立相对的坏的意愿素质良意志品质则表现为受暗示性和独断性。受暗示性的意思就是人们对他人的行为很敏感，他们的行为并不来源于他们已经建立起来的观点和信仰，而是来自于他人的影响。独断性的人倾向于一意孤行，不能从整体上思考，也不能从他人的观点中汲取教训。

2）果断性

果断是一种有毅力的人格品性，能够在困境中明辨是非，能够快速地做出决策并主动地去做。一个果断的人，在紧急情况下，没有任何耽搁的余地，他可以毫不犹豫、毫不动摇、以敏锐的智慧来做出正确的判断和选择。只要有足够的时机，不急于动手，他就能有长远眼光，冷静地做出决策，从而使得决策更加完美，更加符合现实。

不果断的人显示出犹豫不决或鲁莽。犹豫是在做出决策时犹豫不决，而动力之战无休止。只凭一次的冲动就做出了一个不考虑后果的行为叫作鲁莽。

3）坚持性

坚持性就是在做出决策时，不屈不挠，坚持不懈地战胜各种问题；能够在很长一段时间内都能有充足的能量和顽强的意志力。为了取得好的成绩，一个人要在刻苦的练习中不断努力，在竞赛中更要坚持去赢得胜利。

坚持和固执是两种对立的性质。坚持者寻求合乎情理的目标，而顽固者则寻求不合乎情理或无法达成之事。

4）自制性

具有良好的自我控制力和自我协调能力叫作自制性。

具有自制性的人能够完全自觉和灵活地控制自己的情感，能够控制自己的心情，能够控制自己的行为和说话的质量。自我控制是意志压制功能的体现。有自我约束能力的人，可以克服过度紧张、恐惧、愤怒、失望、懒惰和越轨等情绪，且有组织性、有纪律性、有团队精神、有自我意识并有自我约束能力。

一个人的意志素质，通常是相互渗透，相互结合，从而产生出各种性格。有些人做事从来不是一种冲动，而是经过深思熟虑，才会采取坚决的态度，坚决地争取达到既定目标，以无穷无尽的力量和坚韧不拔的精神，保持着自己的独立性和自我控制力，这是一种更高程度的发展。有些人只是在某些方面发展得比较好，而其他方面则表现平平甚至更差。比如有些人缺乏毅力；有些人目

标指向清晰，但却缺少坚定和自我控制的能力；有些人是果断和专横，诸如此类。如果一切意志品质在一个人身上的发展都较低，那么就可以说他是一个意志薄弱的人。

4. 个性

（1）个性的概念

个性是一种相对稳定的、带有某种倾向的心理特点。由于人们的思想行为都发生在特定的个体中，因而呈现出个体的不同的精神特点。比如，不同的人有不同的认知。有些人擅长于注意细节，有些人则忽视了细枝末节；有些人认真思考，有些人却显得马虎。情感生成的频率和力度也是不同的。有些人是个急性子，一触即发；有些人性格比较迟钝，很少发火。人类的意愿行为也有不同的特征。

（2）个性心理特征

在体育活动中，一些人具有很好的自我控制能力，而另一些人却很少独立，具有很大的盲目性和冲动性，心理特点有的属于能力方面，有的属于气质方面，有的属于性格方面，心理学把能力、气质和性格叫作个性心理特征。

个性心理特征是人格的一个重要构成因素，但是这些因素并非独立存在的，而受到个体倾向的限制。人格倾向是指需要、动机、兴趣、信仰和世界观等。倾向性是个性的潜在力量，支配人类行为的倾向支配着个体的全部精神行为。人格取向是个体行为的根本动因，也是人格构成中最为积极的一个方面。人格倾向的各个要素相互联系，相互影响。

在这些元素中，有一种元素是主要的，它控制着其他的元素。举例来说，人们对了解某些东西的需求，而这一支配倾向就会促使人们产生一种与满足需求相关的意愿行为，产生一种情感状态，促使人们的思维变得更加活跃。相反地，一个人若没有这样的需求，就会对他的行为漠不关心，而且他也不会为此而奋斗。

每个人都有不同的性格倾向。因此，人格的构成有人格的心理特点和人格倾向。人格的两面性并非独立的，它们相互纠缠，形成了个体的独特性格。

人格的构成也是"自我"的一部分。在每个人的精神状态中，不同的人格倾向和人格的心理特点并非杂乱无章。这些都是需要"自我"来掌控和调整的。人格调节是指个体自觉控制和调节人的精神行为。"自我"就是人们对自身的认知与评估。人类对人格倾向与人格的认知与评估，就是"自我"在人格的构

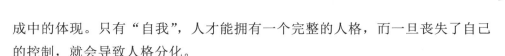

成中的体现。只有"自我"，人才能拥有一个完整的人格，而一旦丧失了自己的控制，就会导致人格分化。

个体的自我调控能力是影响个体人格发展的关键因素，而个体自身调控能力的不同则决定了个体人格素质的不同。比如：比赛成绩激励了一名 A 选手继续努力，而 B 选手则失去了理智，变得骄傲自大，故步自封。

人格倾向主要体现在认知和行为目标上的偏爱和选择，人格倾向包括需求、动机、兴趣、信念和世界观。

需求是指人们渴望获得某种事物，以达到某种特定目的或社交目的。当人们觉察到需求时，就会以一种积极的方式表达，这种需求要是人类头脑中客观实际的一种反映，而这种反映往往体现在某种特定的需求上。人类的需求，满足需求客体的范围越来越广，满足需求的方法上也在发展和改变。

个人主动性体现在对需求的满意上。人的需求的进程是：通过主动地、有目的地把握社会发展的各种活动，并根据自身的需求来调整自己的需求。比如人类交际、劳动、文化生活和科学生活等。人的精神需求、社会需求的丰裕和匮乏，都对人格的特性产生了一定的作用，而人的本性需求是否得到了充分的满足，就成为人们的行为和人格发展的一个重要因素。

（二）认知、情感、意志、个性与运动性休闲活动

人类的各种心理活动是千姿百态的，他们的相互联系也错综复杂，但是我们对此并不陌生。人在任何的行为中，都会有一种心理反应，在他的意识里，他总是能感觉到一些精神上的变化。只是普通人无法用常理来理解而已。在体育休闲活动中，认知、情感、意志和个性等构成了各种复杂的心理学问题。心理学把人的心理活动分成两大类，即人的心理过程和人的心理活动。

1．心理过程

心理学是人类的思维活动从产生、发展到完善的一个过程，具有极为丰富的复杂性和无时无刻地变化。我们可以将人的复杂的思维过程划分成几个明确的范畴，其中最常见和最容易区分的方法就是按照其形式和功能将其分为认识、情感和意志三个阶段。

（1）认识阶段

认识阶段是人们在对客观对象进行认知时所呈现的种种心理现象，也就是

人们通过了解客观事物的本质与法则而进行的一系列思维活动。举例来说，最基本的认知行为，如看见色彩，闻到、听见、触摸这些东西，叫作感知。根据感官，可以辨别出运动服的色彩，闻出汗的味道，聆听教练的请求，这些都是所谓的感知。人类大脑分析、判断感官材料，揭示事物的性质和变化的法则，称为思考。举例来说，当他们看见所有参加完比赛的选手都满面春风、眉飞色舞时，他们就知道，他们已经赢得了这场比赛。这种思考是基于感官物质而产生的。人们可以根据现有的知识和体验来想象从未体验的东西。比如，古人以古代人类学的资料为依据，在脑海中勾勒出原始时代的人类生命形象；或依据文字上的宣传性报道，勾勒出二十九届北京奥林匹克运动会的盛大场面等，这样的认知行为被称为"想象"。人们将感知到的东西、思考过的问题、想象的东西都保存在脑海里，就像"话犹在耳""历历在目"一样，这样的认知活动叫作"记住"。我们所说的知觉过程、思维过程、想象过程、记忆过程，都是认识阶段。

（2）情感过程

人们对事情的理解，不会漠然地看着，也不会无动于衷，而是会有一些内在的经验，比如：满足或不满、喜爱或憎恨、兴奋或恐惧、喜悦和痛苦，这些都是情感的历程。从这里可以看出，情感就是人们对待自己认知和对待事情的一种看法。

（3）意愿过程

意愿过程是一种通过自我意识、不断努力、不断地战胜各种障碍来达成目标的一种精神活动。举例来说，要想登上世界最高的运动巅峰，就必须要经过长时间的刻苦的锻炼和刻苦的学业，这是一个毅力的历程。认识、情感和意志三者相互关联、相互推动、融合，在人生的实践中也在发生着发展和改变。我们在认知的进程和意愿的进程中，都会有一些情绪，而做任何行为，都要基于某种认知和情绪，而人类的意愿和情绪也会对认知的进程有多种作用。例如，一个意志坚定、情感丰富的人，就会不断地对一个复杂的难题进行深思熟虑。运动员（如攀岩比赛运动员）要想在高强度的体育锻炼和比赛中保持坚韧的毅力，必须要担负自己所承担的职责和热爱所做的体育事业。

2.个性心理

在一个人的个体差别中，存在着一种特殊的心理状态，这种心理状态被称为"个体心理"。

因为个人天生的原因、生存条件、接受过的教育和实践的方式都不尽相同，因此，人们的思想行为也就呈现出了各自的特点。心理特性指的是人们在不同的心理过程中，具有重要而稳定的心理特性。人格心理由人格的心理特点和人格倾向两部分组成。

（1）人格的心理特点

同一类型的活动，有些人可以很好地进行，而另一些人却很无奈，这是能力方面的差异。有些人生性活泼，有些人动作缓慢，有些人喜欢生气，有些人性格内敛，这些是气质方面的差异。有些人心胸开阔，热情奔放，勤劳勇敢，助人为乐；有些人心胸狭隘，惰性怯懦，待人冷酷，这些都是个性方面的差异。能力、气质、个性均属于个性的心理特点。

（2）性格倾向

在需求、动机、兴趣及信仰等方面，人与人之间也存在着巨大的差别。有的人有这一方面的要求，还有的人却有另一方面的要求，表现出人们在需要方面的差异；同样的事，一个人出于这样的想法，另一个人从另外一个方面去思考，这是他们的动机差异；这个人有这方面的爱好，那个人有那一方面的爱好，此乃兴趣差异；一个人对一个真理深信不疑，而另一个人对另外一个真理深信不疑，这就是信仰不同；一个人站在这样的角度来看事情，另一个人则站在另外一个角度去看事情，这就是他们世界观差异。需要、动机、兴趣、信仰和世界观，是一个人对待真实世界的方式和行为。

个体的行为往往伴随着个体的发展，个体的心理活动与个体之间存在着紧密的关系，个体的心理是由一个人的思维活动和行为的结果所决定的。比如，人们在相同的事情上，有着不同的爱好；人们对同样的事情有着不同的感觉；人的个性各有差异，其意志特征也各有差异。

人的心理特点与人格倾向之间存在着相互联系、相互促进的关系。比如，一个人的某些才能与其在这一领域中的动机和利益紧密相关。当一个人做一件事情时，他的工作就会变得更有吸引力，他的兴趣就会变得更大，他的工作也会变得更好。

人的精神活动和精神状态是不同的，相互制约、相互融合的。

体育休闲活动的内涵和形式多种多样，参加的个人和团体的需要也各有差

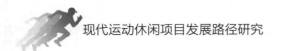

异，在此期间，体育休闲活动的参与者的学习动机是影响学生自主意识和主动性的关键。这一趋势与某种情绪有关，比如那些对运动娱乐活动感兴趣的人，不管是在体育馆里看比赛，还是在听体育电台，他们都会聚精会神，有时候会忘记吃东西。当人们的注意力被调动起来时，他们的注意力就会集中起来，他们的精神状态就会变得很好，他们的意志力也会变得更强。因此，在体育休闲活动的实践中，应注重对学生兴趣的培育，从而加强对学生情感、意志和个性的全面认识。

三、动机与运动性休闲活动

动机是一种内在的力量，它能使人的行为得到有效的激励。动力来自于需求。在人有某种需求的时候，机体内部就会出现一种精神上的压力，于是就会出现一种欲望，这种欲望就会转化为真正的行为。要想了解人类的活动，就必须对其进行动态的分析。不管是专业选手还是非专业选手，他们都要经过长时间的艰苦训练。

（一）动机概述

1. 动机的基本含义

动机是促使人们从事某项行为的内在驱力。其根本内涵是：能够引发和保持人类的行为，使其达到特定的目的，从而实现个人的愿望或理想等。动力是个人的内部活动，而其行动则是其内部活动的产物。

动力可以分为三种类型（基础职能）。

① 起动效应。动机能引发并激发个人行为。

② 指向或决定的作用。动机可以引导一个行为走向一个特定的目的或者为一个行为做出决定。

③ 强化作用。动机是维持、增强、削弱或阻止某一行为的动力。心理学从"方向"与"强度"的角度来认识"动力问题"。"方向"与个人的目的抉择相关，也就是人们为何要去做一些事情；"强度"是指人们活动的程度，也就是人们要完成某个任务时所做的工作。

动机和活动的强度主要被两种主要因素所左右，也就是人的内在需求和外在环境。内在需求是一个人由于缺少什么而产生的内在压力和不适。正像弗洛伊德的一句话："人类所有的行动都来自于直觉。"他相信生物体内，一般是处在一种均衡的状态，如果外界的刺激因素扰乱了生物体的平衡，那么生物体就会想要回到原来的平衡。直觉的功能是通过释放自己的精力，以使自己的需求得到满足，或者是把不舒服的情绪驱散，从而使自己回到最初的平衡。内在的需求是能够激发人们行动的欲望和动力的学说。动力来源于需求。外在条件是指个人以外的多种外界的刺激，包含多种生理和社会方面的影响。环境是导致激励的外在动力。这些行为可能是由于需求所致，也可能是由于内部和外部的相互作用所致。而外在因素则以内部因素为主。在特定的时间里，最大的需求是最大的动力。而最强烈的动力则是影响人类行动的动力。

2. 动机与需要和目的的关系

（1）动机与需要

动机与需要有着密切的关系。动机是一种动力的需求，需要处于静态时则不成为动机，行为并非全部由需要引起，一些并非属于需要的心理因素（如偶尔产生的某个念头，一时的情绪冲动等）也有可能成为行为的动因。

（2）动机与目的

动机和目的是不同的，也是相互关联的。动机是促使人行动的内在动力，而目标是人在行动中所追求的结果。动机和目标之间有以下的联系。

① 目标和动机是一致的。

② 动机与目标之间可以互相转化。因而，目标也往往起到激励作用。

③ 有时候具有同样的目标和不同的动机；有时候，他们有着同样的动机，却有着截然不同的目标。

就像是体育项目，有人是为了这个项目而来，有人是为了自己的爱好，也有人是因为这一运动专项有一位知名的教练。

（3）驱力与诱因

驱力与诱因是两种主要的动机。这两个观念在心理学上一直占据主导位置。驱力是一种内在的激励，促使生物体进行一种与人体的生理需求相关的运动，这是一种由背后驱动的行为，事实上，这就是前面所说的内在需求。诱因是一种诱发个人动力的因素，能够使个人的需要得到充分的外部激励。

3. 动机的种类

（1）生理和社会方面的动机及物质与精神方面的动机

这取决于所需的类型和目标。基于生理需求的动力叫作生理动力，如饥饿、

口渴；基于社交需求的动机叫作社交动机，如成就动机、交往动机等。同时，按照目标的不同，可以把它们划分成物质型（或生理型）和心理型。该分类的重点是动机和需求之间的联系，它相信需求的本质会影响到动机的本质。

（2）直接动机和间接动机

这是按个人爱好进行分类的。以直接兴趣为基础，指向活动过程本身的动机是直接动机，以间接兴趣为基础，指向活动结果的动机是间接动机。举例来说，最近几年比较流行的登山运动，有些人把自己所做的体育活动看作是一种正面的挑战，可以充分利用自己的潜能，并获得一种成就感，这种感觉来自一种直接动机，也就是引导主体锻炼自身。还有一些人并不关心登山（大运动量）的辅助训练，只把这看作是攀登顶峰所需要的一道难关，而这些单调的锻炼只会帮助他们攀登顶峰，这些锻炼的动机属于间接动机，也就是引导着锻炼的成果。在训练中，两种动机都可以激励一个人的行为。

（3）缺乏性动机和丰富性动机

缺乏性动机是指拒绝缺乏和破坏、避免威胁和逃避危险等需要为特征的动机。这包含了普遍意义上的存在与保障。举例来说，甘肃省会宁县号称"状元县"，近十年来，每年招收的会宁县大学生超过 20 万人，一所学校毕业的硕士研究生 20 余人，博士 10 余人！记者们走进教室，一探究竟，才知道，那些努力读书的孩子们，唯一的目标就是找到水源！丰富型的动力（或具有的动力）是指渴望体验、满足、理解和发现，寻求新奇，成就和创新的愿望。它包括满足和刺激的一般目的。与缺乏性动机相反，它往往趋向张力的增强而不是张力的缩减。丰富性动机受诱因激发而不是受驱力激发，力图把刺激保持在良好的状态。

（4）无意识动机

无意识动机是指人没有察觉到自己的需要、欲望、意向和目的，不知道自己行动的真实原因而获得成功的动机。有些时候，人们的决定和行动往往不是经过慎重考虑而产生的，在这种情况下，人们的行为有时并不理性。这并非说人们不明白自己行动的含义，而是人们在他的觉知中所体验到的那种冲动常常是由一种经过仔细设计的真实的、自我的认识。

（5）外部动机和内部动机

1）外部动机和内部动机的基本含义

这是按照动机的源头进行分类的。来自于客观外因的动机叫作外部动机

（外在动机），来自内部原因的动机称为内部动机（内在动机）。建立在社交需求之上，人们为了实现自身的社交需求而采取的相应的外在回报或逃避处罚。这是吸收外在力量的动机。人们的行动是由外界的行动所驱动的。

内部动机是指在生理需求的作用下，主动地参加一些特定的活动，解决不同的问题，从而展现自身的才能，实现自我价值，从而获得极大的满足感。这是吸收力量的动机。如果一个人在某项运动中获得了胜利，那么这个行为和成就就是内部动机。而内部动机则以体育为主要内容，以其鲜明的挑战性、刺激性、冒险性、趣味性和艺术性等特点，使其更为注重个人的体验。不管是否能取得胜利，都将为体育休闲活动带来新的感受。

总的来说，参加运动的人的目的很有可能既为了内部奖励，也为了外部奖励，即他们的行为会被两个方面所影响。两者在体育休闲运动中都有一定的作用。但是也应当注意，体育休闲运动之所以日益流行，不仅是由于其自身的魅力，更在于其能够让人在面对生理上的挑战时感到激动和满足。在这种情况下，内部动机可能起到更大的作用。

2）外部动机和内部动机的关系

外部动机对内部动机的作用有正、负两种，其作用机制的差异很大，它依赖于外在动机的激励方法以及受试者对内外动机的重视。在适当的报酬下，外在的奖赏，乃至小型的处罚都能促使受试者做出适当的行动，促使外部动机转变成内部动机；反之，则会削弱内在动机，产生反作用。

研究者发现，把学习动机分成内外两部分，还远远无法反映出学生的学习动机与学习的基本特点。而对个体的自主与控制才是其自身动机与调控的重要因素。自主性是指自主行为的人的意志，特别是自主行为和义务的自由。控制是在一定的压力下倾向的具体的行动。报酬是制约人们自主的一种社会制约方法。

（二）运动性休闲活动的动机培养和激发

1. 满足参与者的各种需求

马斯洛的需求等级理论认为，人的最大需求水平就是实现自身的需求，即将自身的潜力转化为现实的行动，而实现自身的愿望，实现自身的潜力。充分地了解参加休闲活动的人的实际需求是实现动机的重要因素。

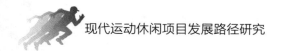

在体育休闲活动的各个方面，各有其特定的要求，强调接受刺激、追求乐趣、归属群体的需要、展现才能和实现自身的价值。

（1）对快乐的渴求

运动的一个迷人之处在于它既有趣又富有挑战，又能把人的身心结合起来。这是一种娱乐，但也是一份辛苦的工作。体育运动是一种娱乐，它的主要形式是体育和艺术，但是，在进行运动和娱乐的时候，要求太多，太重，会让人失去兴趣，从而降低他们的学习动力。体育休闲的特征在于其本身的娱乐性，不需要太多条条框框和约束，能使人在身体和精神上得到充分的休息和娱乐。如果在进行一项体育活动时，充斥着太多的命令、组织的混乱、经验的单调，这些都会降低人们参加这项活动的积极性。所以，不管是老师、教练或是业余活动的组织者，都要把枯燥乏味的训练变成有趣的活动，同时也要让学生们在训练和参与活动中获得更多的兴趣。

① 使参与者的能力适合练习的难度。一个人若老是输，就永远也不会对体育感兴趣。所以，要自觉地促进受试者的成功经验。

② 培养学生的运动方式。有的参与者回馈，他的教练会使活动参与者笑着累倒在活动场地上，这样的教练很可能是优秀的教练。

③ 使每个人都能积极地参加进来。

④ 按照受试者的特征在实践中分配工作。这给了他们一个在工作中获得快乐的时间。

⑤ 给选手更多的时间进行自主培训。

（2）对归属感的需求

也许每个人都有一种归属感（也就是从属群体的需求）。有些人甚至为了加入体育团体而参与体育活动，他们也想加入到一个能够给自己增加闪光点的团体里去。归属他人，为他人所接纳，是他们参加体育活动最重要的动力，他们的首要目的是要使自己满意，而非获得荣耀。

（3）展现才能与自身的价值需求

感到自己有价值（有才能和成就）是体育运动中最常见和最迫切的需求。运动员或体育休闲活动的参与者按其归因特征可以划分为两大类型：成功定向的运动员或运动性休闲活动参与者、失败定向的运动员或运动性休闲活动参与者。不管是运动员还是参加体育休闲运动的人，他们最看重的就是自己的价值。

展现自己的才华，让别人认可你的价值，只要你觉得自己有价值，有能力，你就可以做到。竞技体育中的各项工作无时无刻不在考验着人的力量，所以身为一名教练或赛事的策划者，一定要尽力去维护运动员的尊严。

针对那些不合格的运动员或体育休闲项目的选手，教练或项目组织者应该协助他们调整自己的学习目标，尽量让自己的行为能力和自我的价值得到充分的体现，从而促使他们主动提高自己的归属感。举例来说，当运动员或参加体育娱乐的人遭受挫败后，他们的自尊会遭受严重打击，应该协助他们重新设定实际的目标，把他们的成就归功于他们的才能（成就），以及为他们设计一个有效的培训方案，以增强他们的自尊心。

2. 激发动机的直接方法

（1）依从方法

依从方法是通过运用外在的奖赏与处罚来激励学生的学习动力。比如，攀爬的速度越快，第二天的训练就越好，如果没有完成，那么第二天就必须继续坚持下去。这种方式可以作为激励引擎的一种行之有效的方式，尤其是对一些行为习惯不健全、自我意识薄弱的人。

（2）认同方法

认同方法是通过运用与运动员的相互联系来激励运动员的行为。这是一种隐性的服从法律。为了有效地运用身份识别方法来调动运动员或选手的体育积极性，教练或赛事组织者和运动员之间要建立一种友好的联系，让他们感到他们应当遵守规则，要明白过度依靠处罚和负面激励的教练或组织者，很可能会和运动员或选手之间有一种疏远感。

（3）内化方法

内化方法是一种激励内在动力的方式，它可以激励人们的信仰和价值。举例来说，教练在赛前告诉选手："我们训练很刻苦，为这场竞赛做好准备，你应该对自己的训练非常高兴，而且我确信你一定能把自己的能力完全展现出来，不管是什么成绩，你都会以此为荣。"

在采用直接方法时，有几个需要特别关注的问题。

① 在技术发展初期，由于选手尚未发育完全，采用顺从和身份识别两种方式是最好的。

② 当你年纪大了，心态也变得更好，更适合于内化的方式。

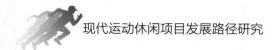

③ 对那些不适应或不接受内化法的人来说，激励他们的动力是由目的决定的：若主要目的是赢得比赛，那么就应该完全依赖并使用服从和认可的方式，这样更省时、更容易、更高效。若以训练运动员成长为主要目的，尤其是训练其精神上的成长，进而形成正面的自我认识与价值观。

④ 运动员的归因控制点的差异，采用了直接方法来刺激运动员的运动动力：内控归因的运动员更适宜采用内控归因方式。而在外部控制因素方面，采用顺从和认可的方式更好。

3. 激发动机的间接方法

通过改变教学和培训环境，可以间接地促进和激励学生的体育学习。这种情况既有物理的，也有精神的。比如，训练场地的变化，训练器材的改进，这些都是训练的物理环境。再比如，没有人参加的时候，进行训练，去掉负面评价，调整选手的组合，调整训练方式，这些都会影响训练者的锻炼心态。

4. 保持运动性休闲活动的趣味性和启发性

对运动员和体育休闲参与者需求的充分发挥，是促进体育锻炼积极性的重要因素，因此，教练员和体育休闲活动的组织者应合理地安排每次训练和竞赛，以达到激励的目的。

5. 因材施教及区别对待

因为不同的家庭背景、个性特征、需求、归因特征和文化程度等因素，在训练和激励体育教学中要注意不同因素的影响，从而达到因材施教的目的。在竞技体育中，没有一种既适合所有人，又适合所有情况的办法，因此，教练员和组织者要根据具体情况，灵活地使用不同的教学手段，以达到较好的教学效果。如果只是条条框框，只会起到反作用，要具体问题具体分析。

四、运动性休闲活动中的心理学问题

讨论事物之间的因果联系，是人类的一种普遍的心理趋势，它能够给自己的行为找到一个合理的理由，不管是运动员，或者是一般的体育休闲运动的参与者，只要具备了一定的人格素质，具备了一定的精神素质，就能够在体育活动中表现出应有的水平，增强他们的精神活力，从而在体育和娱乐活动中表现出正常或卓越的水平。

（一）运动休闲活动的归因问题

1．社会认知的归因理论

归因是一种对别人或自己的行动进行剖析、判定、指明其本质或推断其成因的一种方法。它是一种随时随地、自然而然进行的一种思维活动，它涉及人类社会生活的方方面面。就拿刘翔来说，他是奥运会、世锦赛和世界纪录的保持者，吸引了世界各地的目光，谈论他的胜利秘密，也推动了中国一大群的田径运动选手的进步。

如果一名选手没有按时完成培训，那么，他本人和别人都必须向他说明或者问他为什么不按时参加。尤其是赛后教练员、运动员们在做比赛的总结时，更多地关注着比赛的成功和失败。近年来，不少社会心理学家针对这种常见的心理问题进行了深入的探讨，并得出了各种不同的原因。

（1）海德关于"归化"的论述

海德相信，人类必须对自己所处的位置进行掌控，并且能够预测到别人的行动。唯有如此，我们方能适应这个复杂而又充满变化的世界。所以，大家都会努力去寻找人们行为的因果性解释。海德将这种现象称作"朴素心理学"。朴素心理学理论是预测别人的行动和对周围的情况进行有效的管理，是对别人行动和事件进行的成因剖析。

海德认为，一个人的行动是有其理由的，这是由其所处的环境和所受的主观因素所决定的。一个个体行动的基本动机是由外部因素引起的，比如个人的周围环境，外部的奖励或惩罚，运气成分，任务的难度等，我们称之为环境归因；海德的归因说的中心思想是：要想对个人的行动进行有效的调控，必须先弄清楚其产生的根源究竟是内部归因还是外部归因。

（2）韦纳关于归因论的研究

韦纳等指出，在对别人的行动进行因果关系的研究中，其稳定性是次要的。人们对于成功和失败有四种不同的理解：能力、任务的难度、努力和运气。这四个方面构成了两个维度：内外向和稳定性，这就是最初的归因模式。

韦纳等的一些研究显示，不管是成功还是不成功，都会对他们的情感经历和未来工作的动力产生很大的作用。他认为个人的工作成功与否取决于能力、努力程度、运气和任务的困难程度。总的来说，人们认为自己的成就是因为自已有很好的实力，而不是因为自己够勤奋，他相信，自己一定能做到。反之，那些想要逃避的人，常常会将其归咎于运气好、认为容易等外在的原因。因为那些逃避者将成功的原因归咎于他们自身不能掌控的外在条件，所以他们不太可能重新获得胜利。那些寻求成功的人认为，他们的成功取决于他们自己的勤奋程度，这样的人在下次挑选工作时，仍然能够胜任比较困难的工作。归因论注重个人的自觉性，认为勤奋能使人感到振奋和自豪，而不会使人感到愧疚。

2. 改善归因的具体建议

归因问题如此之重，能否借由培训及教育来改善，其重点在于内部控制，让选手更多地参加体育运动、提升比赛的表现，让参加体育娱乐的人，能调整心态，让他们更好地进入到比赛中，主动地去适应新的环境。随着人的成长，其性格特点会随着时间的推移而趋于固定，不经过专门的培训和教育，很难使其发生变化。尽管儿童的可塑性大，但归因特性的变化并不是那么简单。然而，因为教练对选手的影响力很大，其影响力可能会超越家长。所以，这个影响加上他自己坚持不懈的工作，也就有了变化。教练的一项主要工作是保持和提升每位运动员的自我意识。在教练看来，如果有什么贬低选手自尊的话，那就太不理智了。

（1）进行积极的反馈

① 尽可能地给予运动员或从事体育娱乐项目的人更多地正面的反馈，例如："这一脚的角度很好"，而非"这种想法挺不错"，以及持续的反馈（在对待运动员的时候，要注意不要时好时差）。

② 要让运动员或参加体育业余运动的人知道，尽管他们有不足之处，但是他们仍然完全地被集体和教练员所接受和喜爱。

③ 改变体育和娱乐项目运动员的心态，由"这不怪我"转变为"我的职责"。

④ 尽可能使用非言语交流的方法，例如：抬大拇指、微笑和拍拍肩膀等，以表达对运动员的欣赏、满意、认同、关心和接受等积极性情绪。

⑤ 在失败时避免使用讽刺或侮辱的语言。这并不是说要恭维和鼓励运动员或体育休闲运动的人，而是要给予恰当的评价。结果表明，在进行正面的反馈的时候，有时会有一些批判的影响，这要优于单纯的正面的反馈。

（2）增加成功的体验

一个人对自己和别人的观点是很难改变的。这个观念自幼便已经形成，并且在一生中持续增强。只有当你拥有某种成就感时，你就会形成一种"我能够掌控自己人生"的心态。因此，运动员可以根据年龄、技术水平和身体素质进行分组，进行培训和竞赛，从而增加运动员获得胜利的概率。

（3）制定适当的成败准则

每个人都有自己的成败准则。要让人更有自控力，就必须根据特定的个人和特定的动作选择出适当的准则，以判断成败。"成功"是一种相对而言的准则，但是其准则应该是明确的、富有挑战性的、能够给你带来持续胜利体验的。

（4）确定不同的控制因子

在一些案例中，运动员或者体育休闲项目的参加者没有能够自觉地察觉或者明确地识别出哪些是可以控制的，而哪些是不能控制的，从而使他们无法做出合理的规划。教练应该指导运动员或者体育休闲项目的组织者，把各个要素的控制力区别开来，并时刻提醒他们，重点关注哪一个可以控制的要素，而忽视不可控制的因素。

（5）设定清晰而明确的目的

设定明确的目标有助于选手承担自己的职责。对于体育锻炼的个体而言，具有良好的自主化能力和自律力，对于自身的成就和未来发展承担起个人的责任。对于有针对性的选手来说，这样的练习可以使他们更加清晰地认识到设定的目的、付出的努力、达成的目的之间的因果联系，以及在自己的工作中能够完成或局部完成自己的目的，因此提高对事情的把握力度和自信心。

（6）强调个人努力

通常情况下，教练应该避免使用外在原因（如困难和幸运），以说明糟糕的表现和未能实现期望的目的，因为它可能造成无助感，从而让运动员或体育娱乐项目的参加者感到无力去改变现状和未来的结局。重视体育锻炼和竞技体育的个体力量，有利于提高体育运动员或体育休闲运动的内部控制和激励取向。

（7）对参加体育和娱乐项目的运动员或人进行仔细的对比

对运动员或者体育休闲项目的成员进行研究没有任何问题，但是要小心地运用使用客观的标准和恰当的期望。若使用操作性的、具体的评论来说明运动员或体育休闲运动的缺乏，可以帮助那些技术水平低的选手或从事体育娱乐的人清楚地认识到他们应该为提高技术而做出的工作，而又不会感到失望

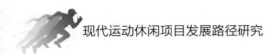

和惭愧。

（8）要讲实际

从教练或体育休闲运动的组织者和运动员或体育休闲运动的参与者的自我评估来看，他确实是在竭尽全力，但是却没有得到任何回报。此时，将精力归因于指导选手是不合适的。一些运动需要选手全力以赴，不然就无法完成任务，比如马拉松、铁人三项等。在这个时候，有些外在原因的影响也比较关键，如对方的水平很高。盲目地使用工作归因，会导致归因不符合现实，从而导致运动员或体育休闲项目的参加者对教练或体育休闲项目的组织者有一种不信任和抗拒心理。

（二）运动性休闲活动的情绪调节

1. 情绪与动机的关系

在体育活动中，人们往往会将情感视为一种干扰因子，而忽视了情感对于人类活动起到的积极作用。

（1）情绪心理学的观点

情绪心理学非常注重情感与动机之间的联系及情感的激励功能。以下几个要点概括说明了这个趋势。

1）需要的意义

情感和动机之间的紧密关系可以从需要的满足（推动个人的行动的内部驱使）来加以解释。情感就是人们对客观事物与自身需求相适应而形成的一种情感经验，而这种情感又恰恰是基于人类生理需求与社会需求的。

2）传统的情感学把情感看作是一种动力或能量

就像我们平常所了解的，情感与我们对这个世界的感知有关，以及我们怎样在我们认为很有意义的情况下采取的行为有关。我们的期望也许是正面的，也许是负面的。所以，我们在完成自己的心愿时，会感觉到生气和害怕。这个情感的境界必然是一种力量层次的改变。激动意味着更高的精力，沮丧意味着更少的精力。没有动力就没有行为，而情感则是一种极度的动力—精力。可以说，激励的机理是情感的生成。

3）中枢神经系统活动状态的意义

若从中枢神经的运动状况入手，就可以对这两个问题分别给出一个完美的诠释。在现实生活中，情感和动力是不可分割的。从生物学上讲，有利的行为是由周围的刺激和身体上的改变引起的，这些影响在大脑中产生，同时也包括了两个方面：一是环境，二是生理学。因此，神经元功能的改变就构成了中央运动的中心。随着感官输入的影响发生变化，中央活跃的状况会增强对外界的影响。中枢性的活跃可以很好地解释情感研究中的一些问题。比如，长期以来，我们一直相信，情感是通过外在的激励和内在的激励来实现的，而从大脑活跃的角度来考虑，二者都是通过中枢神经系统的活动来实现的。

4）情感激励功能

大部分时候，情感都是活跃的，因此会引发动机。在潜移默化中，我们的行动受到了影响。比如，它会帮助我们做出一个抉择：是耐心忍受，改变现状；还是坚决地去做。情感动机的作用取决于生理因素。人们通常把情感看作一种杂乱无章的东西，它会瓦解、干扰人们的行为，而事实上，它是一种有动力和感知功能、组织、维持和引导行为的一种正面的动力。可以把情感的进程看成激励行为的动力，使行为具有特定的导向性和连续性。举例来说，假如我们激发了对某个人的爱意，那么这种特殊的行为就有很大的可能性被强化，并将其维持在一个具体的目标上。在这种情况下，越是激发情感，越是容易产生行动。

5）个性结构与情绪和动机

情绪是人格形成的主体动力体系。每个情感的主观经验都赋予了一个独特的认识和清晰的激励特征，可以引发更多的回应。通常，上述的反应都是适应性的。例如：爱好（一种基础动力）可以帮助我们集中注意力，刺激探究，害怕和内疚能促使自己进行自我调节。正情感指的是情感系统与其他子系统的协调，从而使人的精力得以充分发挥。正面的情感能推动人保持高效能和创造力的行为。反之，负面情感是指个体的各个子系统彼此不协调，使个体的功能发挥不出来，从而妨碍了人们的日常活动。

（2）情感在体育活动中的激励效应

第一，情感具有激励、组织、维持和引导等功能。

第二，情感是一种既会对其他系统产生作用，又会受到其他系统作用的体系。

体育情感的经历具有鲜明、强烈、多变的特点。这种特征导致了体育活动中的情感和动力之间的联系具有一定的特殊性。情感激励在运动中的影响最为显著。体育活动中最常见的两个基本动力就是对成功的渴望和对失败的恐惧，它们最初都受到情感经验和认识的影响。成功后的快乐和挫折感、愧疚感，都会在人的认知体系中形成深刻的烙印，让人不由自主地想要获得胜利，从而规避失败。比如，身为中国女子排球队的一员，就会有一种自豪感和荣誉感，这种情绪必然会激励球员们为了捍卫自己和团队的尊严而奋发图强。

正确理解运动员的情感动机和情感因素，对于运动员、教练员来说都具有重要的意义。

首先，这个认知可以让我们对某些行为的动力成因有更深入的了解。其次，它有助于我们发现如何培育和激励人们的行为动力，并能从调整情绪的状态中培育出崇高的情感，从而有效地调控人们的行为。比如，在比赛开始之前，将自己的情绪经验调整到最好的水平，这样可以增强自信，增强获胜的欲望，让自己更加刻苦地去争取更好的结果。通过对情感在体育教学与比赛中角色的认识，可以加深对情感的认知。因为情感具有激励的功能，所以它可以对体育的行为进行组织和引导。例如，运动员或体育娱乐项目的参与者，如果能激起他们对团体的喜爱和骄傲，即使没有教练或体育娱乐项目的组织者，他们也会竭尽全力地捍卫团队的尊严。

2. 赛前情绪与动机表现

（1）正向情感与运动表现之间的相关性

研究表明，正面情感与良好的社交和工作表现有很大的关系，例如：正面情感可以使人变得慷慨，另外，正面情感可以帮助人们从回忆中获取正面的信息，从而对人们的判断和决定起到正面作用。在竞技运动中，运动员的正向心理状态是决定其运动表现的主要因素。与中立的情感比较，正面情感有助于提高运动员和体育休闲活动的整体能力，并提高人们的积极情感、提高学习新技能的速度、加快写作速度。此外，正向情感能改善学生对作业表现的期望。

（2）比赛前的心情和竞技状态

当情感状况是影响动作行为的一个主要因素时，对动作环境中情感问题的分析就显得尤为必要。在比赛之前，在比赛中，在比赛之后，每个人的心情都可以用完美来形容。竞技心理对情感的认识大多停留在比赛前，其成因有4个。

① 运动员在比赛前的心态会对后续的比赛结果产生一定的影响。

② 运动员在比赛前可以对自己的精神准备状况有相当的控制力。

③ 在比赛之前，研究者更有可能会使用书面测试和心理生理学测试来进行调查，而在比赛中进行这样的调查是非常困难的。

④ 当特定的情绪在赛前和竞技成绩之间存在一定关联时，可以通过心理调整使其处于最佳的心态。

在体育心理方面，对"唤醒""焦虑"和"应激"等情感问题做了很多研究，并经常引用芬茨和易普斯丁的理论，认为刚开始练习的运动员，随着距离越近，他们的焦虑和恐惧感就越高。与此相反，有丰富经验的跳伞者在训练前出现了紧张情绪，随后又慢慢地降低到比赛之前的心态。这时，他们的焦虑程度只略高于基本数值。研究结果显示，在不同的运动水平下，临战时的紧张情绪表现出了明显的差异。在比赛中，高强度的运动员在比赛之前的紧张情绪会降低，而在比赛之前，训练量不大的选手会出现紧张情绪。滑翔伞、悬崖速降和攀岩等休闲运动与以上所列运动相同，其紧张程度与以上个案相近，因此主办单位或教练要给予特别照顾。

另一项调查发现，在参加竞赛时，参与者的自信心和运营绩效都与最大潜能相近，而在参加过的赛事和在大赛上取得好成绩的运动员，其自信心和工作能力都较强，自身的潜能也会有所提升，在赛前也能专注于目前的工作和相关的资料，能较早地从失误中走出来。

在比赛中，运动员和参赛者在面对困难的时候会有一个很好的心态，比如现在流行的登山，在高纬度的地方，会给人带来巨大的压力，对于运动员和参赛者来说，都是一种巨大的压力，但这是一种与天敌搏斗的残酷考验，在紧张、恐惧和困惑的情况下，很难在比赛中做出正确的反应，而在赛前，心态积极的选手可以更好地应对各种情况，并对自己的发挥抱有信心。

（三）运动性休闲活动的社会心理学问题

1. 运动休闲活动社会化作用

（1）社会化的定义

社会化是一个发展的进程，它是一个连续的、经历许多阶段和变动的一个个体与另一个个体的互动过程。社会化可以从个体和群体的视角来看待，也可以从一个特定的社会内部来看待，也可以从导致人们显著差别的角度来看待。社会化是指个人在一定的社会和文化背景下，形成与之相匹配的个性，并能获

现代运动休闲项目发展路径研究

得社会认可的行为模式。

人的社会化是由个人与社会条件的交互作用而形成，是一个极其复杂和长期的过程。每一个来到这个世界的人，都必须处于一种特定的社会制度之中。

适宜的条件可以通过多种途径来影响人类。因而，个体对于社会需求的认知和把握可以是自觉的、积极的、无意识的。换句话说，个体的社会化，有时候是自觉而有目标的，有时候是无意识的，潜移默化的。

从个人视角来分析，社会化就是对社会的作用和伦理准则的认识。一个人要从一个学生变成一个社会人，必须要社会化，不然他就是一个"狼孩"。从社会视角来分析，社会化是维持社会与文明的一种途径与形式，社会化地引导或"强制"孩子或成年人从事一些必要的活动，以便让他们的社会活动能够顺利进行。

（2）社会化的特点

个人的社会化具有一定的特征。第一，个人的社会化取决于个人的遗传素质。第二，个人的社会化是由个人和与之相关的群体的互动来完成的。能够对个人产生影响的其他个人或团体，尤其是各种社会制度、文化等，是促使个人社会化的动力。第三，个人的社会化具有共性和个人化的特点。同一国家、同一民族、同一宗教的人，其精神取向常是相似的，但即便是同一社会，由于性别、年龄、智力、性格和体质等因素的差异，其行动的范畴和使命的需求也不尽相同，而人类对自身活动也有着积极的选择，因而其社会化的内容、程度、形式和结果都不一致，属于个人化。第四，个人的社会化是一个持续的过程，它是一个人生命中的一个连续的进程。在生活的各个时期，社会化的内容、观念和要求也各有差异。

（3）体育和娱乐在社会化进程中的角色

社会化的内涵包括个性发展、社会性发展和社会态度的养成和社会作用的获取。社会化又分为政治、民族、法律、性别和道德等。它们体现了社会各层面的特点。体育运动是一种广泛存在于大众生活中的一种非生产性劳动，是一种社会发展到了某种阶段后，对体育运动进行再认知所形成的一种新型的形式。

1）民族社会化

民族社会化是把自然人变成具有民族意识的人。民族社会化的产物，使得

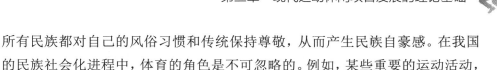

所有民族都对自己的风俗习惯和传统保持尊敬，从而产生民族自豪感。在我国的民族社会化进程中，体育的角色是不可忽略的。例如，某些重要的运动活动，总会引起国民的自豪感。

在 1959 年，中国选手容国团在世乒赛上为中国赢得了首个男单项目的金牌，此后，中国选手先后获得数十项世锦赛金牌，这大大激发了中国国民的自信心，使乒乓球成为"国球"。

北京在 2008 年成功地举办了第 29 届夏季奥林匹克运动会，并获得金牌总数第一名的好成绩，使国人都充满了骄傲和激动。再比如，近来，由于全民健身热潮的兴起，跑步变得更流行，中国各地的许多城市纷纷举行马拉松，除了全程马拉松和半程马拉松之外，还增加了 10 公里、迷你马拉松等多种活动，以推动民众的热情，除了北京马拉松、上海马拉松及广州马拉松等一些著名的比赛之外，还有一批二线城市也加入进来，充分融入当地的政治经济，比如四川、西昌环邛海湿地马拉松及都江堰马拉松等，这些活动充分融入当地的旅游特色，既提高了该城市的知名度，提高了民众的骄傲，也推动了该城市的经济发展，以体育运动带动经济，充分实现了体育和工业的融合。

2）超民族社会化

科学是没有国界的，体育更是没有国界的，这一点在奥林匹克运动的宗旨上体现得尤为明显。而体育休闲运动也是一样，透过对运动的热爱，可以互相学习。在比赛中，朋友之间可以互相合作，每个人的潜能都很有限，但是，每个人都可以不断地提升自己的潜能，不管是成功还是失败，都是短暂的，唯有勤奋，就像是林书豪在 NBA 掀起了一场"林旋风"，让那些生活在最底层的人重新焕发了活力。如果我们肯付出，一定可以创造一座新的世界。四川省是全国乃至全球著名的山区，每年都会吸引大批的国内外登山选手前往四川进行登山和攀冰挑战，高原、低气温、低氧环境对参赛者来说都是一种挑战，但即便如此，挑战者们依然不畏艰难，他们享受着征服大自然的乐趣，享受着团队协作和战胜自己的快乐，而且参与的人也越来越多。

2. 运动休闲活动团体凝聚力

（1）凝聚力的含义

团体凝聚力是一个集体的精神纽带，主要体现在两个层面：一是群体对群体的吸引，使其自发地参加集体的行动；二是团体对成员的吸引作用，使团体

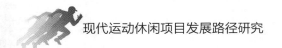

能够主动地进入团体活动中去。因此，集体凝聚力既体现了集体的团结力，同时也体现了个体的精神情感。在这些情绪中，还有以下几点。

① 认同感。在一个高度团结的组织中，每一个人都会对重要的事情有一个共识和看法。这些认同感常常会彼此产生作用，而且会在不知不觉中产生，特别是在个体对外部环境一无所知的时候，个体的情感焦虑时，群体中的其他成员会对此产生更大的影响。

② 归属感。每个团体成员在情绪上加入团体，作为团体的一员，具有"我们"和"我们的"这种情感。在团队获得胜利或遭遇挫折时，团队的人都会有相同的感觉，而另一些人则会因他人的成就而欢欣鼓舞，并从情感上去关爱他们所在的组织。

③ 力量感。在集体高度集中的状态下，如果某人的行为与群体的期望相符，那么团队就会对其表示赞同和激励，以此来支撑他们的行为，进而增强他们的自信心，增强他们的意志力。

总之，团体凝聚力主要体现在知、情、意三个层面上。认同感能给予群体认识与资讯，而归属感是社群会员的情绪基础，而权力感能给予社群会员动力，是团队会员持续进行的行为。

（2）凝聚力的测量

凝聚力的测量是指团队中的成员之间的联系，如果人际关系密切，人与人之间互相选择、互相吸引、互相关心的人数多，就代表了团队团结。由此，可以用群体成员的联系来衡量群体的团结程度。群体之间的联系被称为社会性度量。

1934 年，莫雷诺率先提出了社会性度量方法。其根本思想是：群体中人与群体的联系与组织是一种相互吸引或排挤的机械张力，而通过这些相互影响而构成的组织则具有稳定性。由此，可以用来衡量群体间相互吸引或排挤的数量或程度，从而反映出群体中的人际关系和群体的组织架构。

它和竞技运动的性质完全不同，它区别于那些以高、快、强的，以自我为核心的运动，更注重体验，特别注重团体精神，注重个体的英雄气概，更注重团队协作，实现最大程度的资源分配，通过高效的组织和计划，让参与者在享受"畅"的同时，也能享受到运动的快乐。要想在体育休闲中获得真知、领悟、创造和改变生活。也就是说，人类对读书的六个根本追求是：追求刺激、追求休闲、追求信息、追求知识、追求思想和追求美感。从低级到高级，体现了人的文化程度、修养状态和价值观。

1）刺激需求

在普通人的心灵世界里，总是存在着试图去打破宁静、寻求新奇、寻求刺激的一面。由于没有太多的理智因素，这个需要更像是一种心理上的需要，而非精神上的需求。当需求被激发时，不良的东西就会产生和发展。这也是人类本性的一部分。

2）休闲娱乐需求

根据这个需求，创作出一些比较放松的作品，如花卉、鱼虫、时尚、幽默和故事等。休闲娱乐的范围最广，非但有闲的人可以通过业余活动来消磨时间，职业人士也经常参加。

3）信息需求

在现代化的今天，人们需要更多的信息。生命也与信息密不可分，一条信息就能决定一项决定，挽救一家公司，或是让一人发财。因此，信息产业发展成了一个单独的产业。

4）知识需求

知识是人类在对这个社会进行改造过程中所得到的认知与体验的集合。粮食、蔬菜和肉类使人从小孩变成强壮的人，而学问使人变得有智慧和能力。

5）审美需求

人爱美之心人皆有之。从原始时代起，人们就知道如何去寻找美。随着人类文化的发展，人类的美学要求越来越高，人类社会也越来越重视文化和艺术，文化也在一定程度上成为人类美学活动的媒介。

6）思想需求

人类心理需要的最高层面就是思维的理性化。刺激是一种精神上的满足，一种精神上的放松；信息是人捕捉到的事物的信号，知识已进入到认识的总结，只有思想才能进入到理性，进入到规律和方法的把握，是人们对客观世界的更深刻的认识。这种需求，促使人们去研读理论学术书刊，去通过具体出版物的形象、素材思考问题。

体育休闲需要注重目标与水平。可以将它大体分成两种：第一种是为即时效用而设计的消费产品；第二种是长远和根本性的提高。第一阶段为消费阶段，

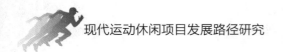

第二阶段为累积阶段。一个民族除了要进行生产经营之外，还要有能源、交通等基础设施。唯有努力累积经验，方能使生活发生变化，成就辉煌。

第三节　运动性休闲活动的营养基础理论

一、运动营养学的概述

（一）运动营养学的概念

1. 营养

营养是人类从外部环境中摄取、消化、吸收和利用食品和养分的综合性的过程。一些学者相信，食物可以提供持续供应身体所必需的养分，使其正常生长发育，并提供热量，维持健康，修复身体机能，这就是所谓的营养。营养对人类产生了很大的作用，大致可以归纳为两方面：第一，如果营养无法达到机体所需，就会导致营养不足；第二，如果人体摄入的养分不均衡或者过量，对人体的健康也是有害的，严重的还会引起一些病症。营养素是人类健康成长的一个关键因素。其作用机制不但对机体各个器官的机能状况产生一定的作用，对机体的形态也有一定的作用。举例来说，与 50 年前相比，日本人的身高增加了 15 厘米。专家指出，这是因为他们调整了自己的饮食习惯，确保了他们身体所需的卡路里和摄入了足够的蛋白质，从而满足了他们的健康需求。

2. 合理营养

（1）科学的营养学观念

合理的营养是指食物中必须包含人体所必需的多种营养素，这些营养素可以被人体消化吸收，具有增进食欲的作用，并且对人的身体没有危害，并且对不同的情况（如年龄、性别、生理状况、劳动负荷、健康状况等）都适用。按照现代营养学的观点，我们需要的是营养包含蛋白质、脂肪、糖类、无机盐、微量元素、水、维生素和膳食纤维 8 大类。对不同养分的要求既要满足一定的数量要求，又要保证各个养分的合理比例。由此可见，营养和身体的健康息息相关。适当的营养是促进身体健康、防治疾病、延长寿命的一个非常关键的外部环境因子。诺贝尔奖得主、美国营养学家莱纳斯·波林斯说，"适当的营养素可以增加 20 年的生命"。但是要指出的是,"合理营养"与"科学营养"并非仅仅指高标准、高水平的膳食。

营养素是最好的康复方式,合理的营养素能够明显改善运动员身体的功能状态。反之,如果营养素摄取不适当,则会导致身体机能失调,使身体机能降低,从而造成身体的病痛与外伤。如果没有足够的营养,就会导致营养不良或其他疾病(肥胖和动脉瘤)。

(2)饮食的正确搭配

为了获得适当的营养,就需要科学的饮食搭配,以满足各种营养品的需要,各国就其自身的国情、生活习惯、食品生产和供给状况,向不同年龄、不同性别的人群推荐饮食供给,以此来评估人体的合理营养状况。中国人主要食用谷物,并有很好的利用大豆和其他产品的历史,经调查证实:谷豆混食时,含有丰富的蛋白,能补充人体的营养,有利于人体的生长发育。在食品加工上,中国自 20 世纪 50 年代初期开始实施标准米(九五米)、标准面(八五面),经实际检验,这种方法对于预防脚气、维生素 B 缺乏症是有效果的,所以精白米、精白面是不能吃太多的。另外,中国人的饮食结构含有较多的淀粉、较少的单糖和较低的脂肪,这种饮食方式会对中国人的身体和一些与其相关疾病的发展起到一定的作用。

不同人群的合理营养究竟怎样做才算合理,目前正在兴起一个研究合理的食物结构和膳食指导方针的热潮,人们普遍认为食物多样化,是取得合理营养的物质基础。

(3)合理营养的功能

① 提高体育锻炼人员的体能,确保体育活动的品质。

② 在锻炼后,确保体力快速回复,消除疲劳。

③ 在锻炼后,能加速代谢,并排除体内的有毒成分。

④ 帮助达到特定的体育目标,保障特定群体需要。

⑤ 保持身体的正常生理机能,有利于身体的生长和发育。

⑥ 增强人体的劳动能力,增强抵抗力,增强免疫力,为防治某些病症提供有益的帮助。

3. 运动营养学

运动营养学是营养科学的一个重要组成部分,它是利用营养学的基本原理，结合生物化学的方法，对运动员的身体进行代谢、营养状况的分析，为身体的康复和锻炼提供科学的营养支持，在竞技体育和休闲体育中占有举足轻重的地位。各种营养对体育的作用也不尽相同。运动营养学与运动生物化学、运动训练学、运动生物力学、运动员选材学、病理学、临床医学、营养与食品卫生学、食品化学、中医养生学和烹饪学等有着密切的关系。

运动营养学是从人体营养学的角度出发的一门科学，它涉及营养的基础知识、合理营养的基础知识、合理营养的基本要求、运动员和健康人群的营养需要等。

当前，在高校和医科大学普遍开设了运动营养课，并受到广大大学生的青睐，那么，怎样才能更好地发挥这个教学平台呢？如何拓展与优化教学，构建以一般营养学为主，运动营养学为主要特色的运动营养学课程，在教授学生营养健康的基础上，全面提升其综合能力和职业能力，是体育营养学的重要研究方向。

近几年来，我们的运动技术进步很快，在国内外比赛中都有很好的表现。体育营养学的应用和教学方法在体育教学中具有无可取代的地位。在社会和体育领域不断发展的今天，体育营养研究的发展必然更加深入，对指导社会文明，促进人民健康，提高国民素质起到重要作用。

4. 运动性休闲活动的营养

运动性休闲活动是指以运动作为娱乐目的而进行的一项运动。是指在当今快速的工作与居住条件下，人们通过休闲的方式主动、随意地体验以体育为载体的各类娱乐健身过程，是人体的一种必要的休闲活动。最常见的体育和娱乐项目有：步行、骑行、慢跑、游泳、轮滑、滑冰、滑雪、驾车、登山、野营、攀岩、蹦极、定向越野、野外拓展、漂流、溯溪、跳绳、瑜伽、健身舞、韵律操、啦啦操、普拉提、体育舞蹈、街舞、武术、太极拳、八段锦、气功、五禽戏、钓鱼、射击、射箭、飞镖、击剑、风筝、铁圈、陀螺、踢毽子、举重和马术，以及各类球类（篮球、足球、排球、网球、羽毛球、乒乓球、棒球、垒球、台球、保龄球、手球、曲棍球、橄榄球、沙狐球和高尔夫球）。体育娱乐的强度可以分为低强度、中等强度和高强度三种，不同的强度需要不同的体能和营养物质。

（1）运动性休闲活动与运动营养的关系

其共同特点是都能提高人体生长、保持身体健康、增强体质（目标）。

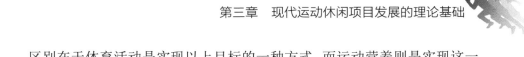

区别在于体育活动是实现以上目标的一种方式，而运动营养则是实现这一目标的物理依据。

（2）运动性休闲活动人群的膳食营养

针对增强肌力的运动休闲人群。法则：① 热量；② 糖；③ 高质量蛋白；④ 促进合成减少分解；⑤ 维持适当的荷尔蒙含量。饮食的营养分配：① 饮食的配比和成分的合理分配，采取"日食午餐法"，运动—补充营养—休息等；② 多食用酸性食物；③ 正确应用各种营养素，包括肌酸、乳清蛋白、大豆蛋白、增重粉、增肌粉、谷氨酰胺、肌力皂苷和牛磺酸等。

针对增体重的运动休闲人群。坚持：① 保持饮食习惯，饮食均衡；② 充分的休息，在睡觉之前进行高卡路里的膳食摄入；③ 膳食的合理搭配；④ 要有良好的情绪，适当的坚持锻炼。饮食的合理搭配：① 选择蛋白；② 选用碳水化合物；③ 多吃富含脂肪的食品；④ 可选用适宜的减肥食谱。

（3）运动性休闲活动与营养膳食平衡

在进行体育活动时，应留意以下几种饮食均衡的规则：① 氨基酸均衡；② 卡路里养分组成均衡；③ 不同的营养素摄入均衡；④ 酸碱度均衡。

（4）营养对运动性休闲活动的作用

① 体育休闲对人体的多种营养素代谢产生规律的改变，对体育和娱乐活动的发展具有一定的指导意义。

② 可以提供给体育和娱乐活动的参加者"建议每天饮食中的营养摄入量"。

③ 营养介入与运动量之间的相关性：合理的营养素介入可以使运动员的运动量得到更大幅度的改善。

④ 增强物质对消除运动性疲劳和促进运动后机体恢复的效果。

⑤ 体育和娱乐活动的参与者在增加或减少他们的重量时所涉及的营养问题等。

（二）运动营养学的研究意义

1. 运动营养学的研究内容

（1）运动中能量需要量的研究

目前测量能耗的手段有很多，有直接测定法、气体代谢法和心率间接推法等，而最近研制出的双标技术，可以更加精确地检测出能耗。在运动中，能量均衡并非终极目的，而在运动中，有关体能均衡的知识也并非单纯地用来指导运动。它的目标是让运动员尽可能地获得最佳的体型，身体成分和能量储备，以获得最佳的竞技水平。要让运动健美者取得良好的身材，就必须要有特殊的、精确的、易于应用的、能证明能量摄取量低的生理学和生物化学参数。

（2）运动性锻炼过程中糖类及脂类的新陈代谢

目前，我国体育工作者对健康饮食的认识还不够丰富，而对糖分的摄取不足建议的三分之二，乃至四分之一。健身人员减少饮食以达到减轻体重或维持身材的目的，会对锻炼和身体造成不良的后果。肌糖原是人体内最主要的能量来源，因此，其量及其分解速率是决定其是否达到最好的训练效果和运动表现的主要条件。因此，肌糖原在体育营养学中的应用越来越受到重视。20 世纪60 年代发展起来的肌组织切片技术使得肌糖原可以被用于直接的检测。在1991 之后，MRI 作为一种新的、非破坏性的评价手段，使这项工作有了更多的可能。运动锻炼能够增强机体对脂肪酸的氧化和利用。数据显示：以$70\%VO_{2max}$的强度锻炼 1 小时，75%的热量来源于油脂，增强脂代谢后，可以减少肌肉中的糖原的消耗量，增加体力。适当的热量供给应该是每天热量的25%～30%，主要是以非氧气为主要成分的运动，应该将脂肪的供给控制在20%到 25%之间，过量的油脂会对运动员的身体造成一定的阻碍，从而导致肌肉中糖原和糖的贮存及使用。

（3）关于运动学和蛋白的代谢性

近年来，除了对运动员的蛋白质需求进行了大量探讨之外，更多地关注了蛋白质、氨基酸的补充与肌肉的生成之间的联系。大致可以归纳如下。

饮食中的氨基酸成分会对抗性锻炼后的肌蛋白平衡做出反应，仅当需要的氨基酸被摄取时，肌肉的合成会出现净增加，同时也会产生与细胞中的氨基酸供应有关的剂量作用。此外，也有一些细胞中的氨基酸可以调控肌肉蛋白质的生成以及肌肉蛋白质的平衡。

由于摄取的蛋白质种类和性质的差异，导致血浆中的氨基酸含量升高指数和升高的持续期也不尽相同，从而导致了不同的综合效应。近几年，对多肽类物质的吸收率及促进肌体的合成代谢性等方面的研究逐渐受到重视，并在体育锻炼中得到了广泛的运用。在抗性锻炼后，摄取的氨基酸会使肌肉积极合成，而在持久性锻炼中则未必如此。

蛋白摄取与锻炼之间的相关性。其他营养物质，包括碳水化合物、脂肪等，以及食物中所含的总热量，都会通过多种途径，对肌肉的蛋白代谢产生一定的作用。这几个要素在体育项目中也很关键。运动员的蛋白代谢问题尚待进一步探讨，应从分子机理出发，揭示不同途径的蛋白质摄取对运动员运动能力、身体成分及肌体蛋白质新陈代谢等方面的影响。

（4）运动与水和电解质的研究

一个经常锻炼的人，一旦缺乏水分，就会给以后的锻炼带来危险。在过去的十多年里，人们对运动之前的超水合做了一些探讨。有的使用高浓度钠盐（>100 mmol/L），或使用甘油，以提高人体水分停留时间，达到锻炼身体的作用。但是，也有一些研究指出，服用甘油会带来一些不良反应，并没有什么实际好处。美国体育协会建议在锻炼之前 2 小时内饮用 400～500 mL 的水。运动后复水化作用的主要影响因子有水分摄取量和组成。在训练后补充高剂量的纯水可导致多尿、脱水、血浆渗透压及钠盐含量急剧降低。要使身体保持较佳的水分，必须在锻炼后补液多于汗水。

（5）维生素和无机盐与氧自由基清除的研究

目前，许多非酶性的抗氧化活性物质及各种维生素及无机盐已逐渐被人们所重视，有维生素 E、维生素 C、β-萝卜素、铜、铁、硒和锰等。维生素 E 能阻止游离基在生物薄膜上的过氧化作用；维生素 C 是一种具有双重功效的抗氧化物质，能清除过氧化物、羟化物及过氧化物等过氧化物，并能使维生素 E-游离基团恢复成还原态。特别是当存在可以转化的铁、铁、铜离子时，高含量的维生素 C 具有促氧化作用，而其具有的抗氧化力来自其与两个键联的长链状结构。与维生素 C 相似，维生素 E 具有抗氧化剂和辅助氧化剂的功能，在氧分压低于 100 mmHg 的情况下，证明其对游离基的清除能力；而当高氧分压（超过 150 mmHg）时，它的抗氧化性也就随之丧失。

（6）运动员强力营养素补充的研究

按照功能的目的，一般将强力营养素分为 3 大类别：增加合成代谢和肌力的强力营养素、促进能量代谢的强力营养素、抗过氧化物的强力营养素。

1）增加合成代谢和肌力的强力营养素

这种营养物质的机制是：通过营养物质的补充，提升人体的睾酮、生长激素、胰岛素及相关激素的含量，以达到最好的荷尔蒙状态。主要有：水解产物、

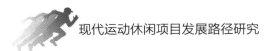

肌酸、某些游离氨基酸（如谷氨酰胺、精氨酸、鸟氨酸、亮氨酸、牛磺酸、α-酮戊二酸和β-甲基丁酸盐等）、卵磷脂、亚油酸、结合亚油酸、亚麻酸、某些微量元素（如铬、锌、硒和硼等）及某些维生素（如维生素 C、维生素 E 和泛酸等）。

2）促进能量代谢的强力营养素

在体育竞赛中，提高人体的能量代谢和提高身体活力的营养素已成为人们普遍的研究热点。其中有 1,6-二磷酸，FDP，肌酸，L-肉碱，丙酮酸等。

3）抗过氧化物的强力营养素

除以上提到的强大营养成分之外，还含有维生素 E、维生素 C、辅酶 Q10，以及某些多糖类、皂苷等物质。

4）运动员特殊营养保健品的研究与应用

过度的运动量会导致身体内部的不平衡，导致某些疾病的出现。医疗问题是一种逐渐恶化的现象，初期没有任何症状，但是一旦有了症状，就很难再回到平时的训练水平。在竞技体育日益激烈、全民健身活动日益普及的今天，体育营养与运动营养生化工作必将成为人们关注的焦点。在现代科技飞速发展的今天，运动营养生化的研究与利用将会迎来一个新的发展阶段。

2. 运动营养学的研究目的

运动营养学研究有四大目的。

① 了解营养的基础理论和基本需求，了解营养在锻炼中的作用和规律。

② 了解不同项目、不同年龄、不同性别运动员在比赛期间、特殊环境中的营养学特征及营养管理等方面的状况。

③ 了解营养与运动、与慢性病控制之间的联系和膳食控制措施。

④ 掌握营养状况的基本方法，全面评估人体营养状况，并制定相应的防治对策，以期达到改善竞技水平，改善人体营养状况，增强体质，防治疾病，改善健康，改善生存品质的目标。

3. 运动营养学的研究意义

饮食与人类的身体状况息息相关，饮食是维持人类的生活的最根本的物质基础。适当的锻炼与营养对促进人体生长发育、提高身体机能、防治疾病、延缓衰老及运动员获得优秀的运动效果有着十分重大的意义。体育营养是体育科学、康复医学和预防医学中的一门学科。运动生理学、运动生物化学、康复医学和体育训练等都与体育生理学紧密相关。

体育营养的研究具有以下方面的重要作用。

① 具有评价、管理和指导人类营养状态和饮食营养的能力。

② 实施膳食营养指南，防止普通和与营养有关的慢性疾病。

③ 具有调查和分析食品营养现状、开发和评估营养食品开发能力的高职高专应用性专业技术人员。

④ 在休闲活动中起到促进身体和确保身体健康的正面效果。

（三）运动营养学的研究进展

1. 运动营养学发展的历史回顾

在早期体育比赛中，人们只从优胜者的饮食习惯中推断出运动的营养素，并没有得到科学的认识。在现代科技的飞速发展下，体育营养学已成为当今世界各国研究和探索的热点。瑞典科学家们通过使用肌体病理学和高强度锻炼来推动对人体内糖原库的认识。美国和欧洲的几个国家在生理学和营养学方面进行了紧密的协作。我国的体育营养研究是从 20 世纪 50 年代末开始的。北京医大体育学院体育营养与生物化学实验室是国内首个建立和发展体育营养与生物化学实验室的机构。体育营养研究所是国家体育总局于 1987 建立的，致力于把体育科学与运动员专用保健产品的研发相结合，开创了体育营养学科发展的新途径。

2. 运动营养学的研究现状

运动营养学虽然在最近几年有了长足的进步，但是与其他相关的学科比较还相对比较落后，其中一个主要的因素就是体育营养学领域的专家缺乏，这个问题亟待解决。

（1）我国运动营养学的研究现状

1）我国运动营养学的发展概况

关于营养、运动和健康的历史由来已久。《食医心鉴》《食经》《饮膳正要》及《食疗本草》等经典的养生理论，从饮食之间的辨证联系入手，以"食医同源""医膳同功"的唯物论为基础，对饮食功能和合理的营养素的健康功效进行了探讨。运动营养学在国内起步于 20 世纪 50 年代末，起初主要是针对运动员的饮食营养状况进行调查，而具体的体育锻炼则主要是热量的消耗性及维生素 C 和维生素 B1 的需求。20 世纪 70 年代，尤其是 80 年代以后，由于体育教学与竞赛的需求，体育科技的发展，体育营养学受到越来越多的关注，无论是在体育业，还是在医疗保健领域，都有广泛的应用。中国营养协会于 1989 年出版的《我国的膳食指南》提出了 8 条原则：饮食宜多样化，饥饿宜适度，脂肪宜适度，适度肥瘦，盐适度，少量食用糖，节制饮酒，三餐要适度。中国营养协会于 1997 年 4 月 10 日正式批准了中国国民膳食指导方针：平衡膳食，合理营养，促进健康。中国营养协会于 2000 年度发布了中国地区居民的饮食营养标准（DRAS），即建议的营养摄入率（RNI）已经被取消。2000 年 7 月 17 日，中国营养学分会于第 8 届全国营养学大会上发布了首个"饮食参考摄入标准"。2002 年为全国第 4 次营养学普查，采用了一种以全日称量计量法（3 天）（仅以调料为单位）进行的问卷调查，三日间的连续 24 小时的个人评价、饮食频谱。20 世纪 60 年代，陈吉棣教授创办了全国首个运动营养实验室，并领导全体科研工作者，深入全国各省、市、区青年运动员，对不同运动项目、不同性别运动员的营养需求及特征进行了调查，并制订了《中国运动员日常饮食营养素及合理饮食摄入量》，达到了促进运动员身体素质、改善运动技术的目的。

2）我国运动营养学的研究现状

运动营养学是提高人体生理功能，提高机体机能和锻炼的重要手段。随着《国家体育发展规划》的实施，我国的体育锻炼人口不断增加，而体育营养的普及和健康教育却远远落后于体育教育。

（2）国外运动营养学的研究现状

1）国外运动营养学的发展概况

近代营养学是以 18 世纪中期为依据的，19 世纪以来，由于碳、氢、氮的定量分析，以及食品成分与物质的新陈代谢理论，以及氮的均衡和等效定律的确立，为营养科学的产生和发展打下了坚实的基石。在瑞典，人们通过肌肉活体检查来提高对肌糖原贮存的认识。美国和欧洲的许多国家在生理学和营养学方面进行了紧密的协作。近年来，随着分子生物学技术在体育营养领域的应用，从大到小，从细胞级到分子级都取得了长足的进步。运动生物化学与运动生理学的相关研究为体育营养学的发展奠定了坚实的基础。运动餐食学是近年来兴起的一种应用学科，它是一种基于个人的、有很高针对性的饮食战略。1991年在洛桑举办的国际性会议上，讨论了饮食对运动的作用，表明饮食越来越受到人们的重视。

2）国外运动营养学的研究现状

近几年，国际上已对国际顶尖成人选手的营养需要与膳食结构进行了深入的调查，并提出了相应的建议。运动营养的基本知识已深入到了分子层面和遗传层面。目前我国青少年体育运动员的膳食摄入的相关文献较少，而我国的青少年体育运动员膳食摄入建议是以成人为基础的，与其自身的特点不符。一份来自瑞典的调查报告显示，22 位女性体操选手和 22 位正常女性之间的营养摄入进行了比较，结果显示，两个参与者的能量摄入都比估算的要少，但是这并不会对他们的身体产生任何不利的作用。在基础科学的基础上，日本女子运动学校 Yukari Kawano 对女性体操选手进行了 4 个多月的血液常规和饮食的营养素测定。东京大学的 Hideo Hatta 对锻炼过程中的脂肪的新陈代谢进行了调查。日本和洋学院卫生与营养学系 Shuhei Kobayashi 认为，体育食物与保健食品在"功能作用"上有其独特之处。体育运动的发展与打击兴奋剂的发展，促进了我国的体育运动的健康发展。通过合理的营养素消除运动疲劳，提高运动能力，增强体质，是对抗药物的最好方法。在体育营养方面，有关口服肌酸、重碳酸盐、咖啡因和中药等方面的应用已取得了较多的进展。运动营养的研究内容包括：运动过程中蛋白质、碳水化合物和脂肪的新陈代谢和运动能力之间的相互影响；研究运动功能与水、无机盐、维生素和微量元素之间的相关性；基于运动营养论的运动强度方法；运动员均衡饮食；饮食中的营养成分及其合理的配比问题，历来都是人们关注的焦点。

3. 运动营养学当前的研究热点

（1）体育保健品的作用机制

体育营养品是一种特殊的食物，可以添加到日常饮食中，包括维生素、矿物质、草药、植物性物质、活菌和食物成分或萃取物等。体育营养补剂具有改善机体的调节功能，其对运动员具有特别的重要性和应用价值，有望成为体育营养界的一大热点。同时，要意识到体育营养素的发展必须有扎实的基础理论支撑，并使其科学化、安全化和高效化。

以中医药为主要原料，开发体育营养保健型产品。

中国人的饮食习惯是药物和食物的结合。随着中药组分技术的突飞猛进，中药也从单一的组合物中提取得到了有效组分，并明确了其结构。为发展体育健康食品提供了有利的环境。最近研究表明，像水飞蓟素这样的单体具有显著的促进糖原酶的生成和抗氧化性，可以作为"鸡尾酒"的一种新型的运动营养成分。

抗氧化物添加剂将会是一个新的体育营养学领域。

在运动过程中，由于人体在较低水平下，细胞质中的钙离子浓度升高，儿茶酚胺水平升高，血红蛋白的自我氧化速率加快，都会导致游离基团的生成增加。要想通过锻炼来提升你的成就，就得想办法降低你身体里多余的游离基或者增强你的身体排出的能力。有一项调查显示，当你在锻炼到筋疲力尽时，你的肝和肌中的游离基会增多。随着游离基的增多，高负荷的锻炼还会减少身体中的抗氧化剂（维生素 C、维生素 E 和巯基），使身体的抗氧化功能下降，导致体内的游离基被排出体外。人体内的抗氧化剂可以通过自我调节和附加的方式来实现。要防止游离基对肌细胞造成损害，应通过增加含有丰富的抗氧化物质，降低其产生的数量，并对产生游离基的酶素进行限制。

目前，许多非酶性的抗氧化活性物质及各种维生素及无机盐已逐渐被人们所重视。比如：维生素 E、维生素 C、B-CAR、吲哚类、铜、铁、硒和锰等。此外，利用氧的清除功能作为观察指标，对 23 种蔬菜、11 种水果中 RO 的去除作用进行了研究。天津市场上蔬菜和水果的抗氧化性测试表明：莲藕的抗氧化性最强，其次是姜和油菜；在果实中，以红果为最大，其次为冬枣、番石榴、猕猴桃。

此外，美国的研究人员还研制了一种新型的"鸡尾酒"，其主要成分是抗氧化成分和增强剂。Packer 医生认为应该将 L-肉毒素添加到"鸡尾酒"的运动项目中。L-肉毒素可以将运输的脂肪酸通过细胞膜，到达细胞的能源供给点——线粒体，为生产 ATP 的原料，为身体供给充足的能源，起到增强抗氧化的效果。

（2）各运动项目训练营养的补充研究

目前，我国关于 FDP（1,6-二磷酸）的相关文献主要是关于运动和 FDP 的，而对于运动员 FDP 的补充则很少，只有击剑、摔跤、中长跑和滑雪等不同项目。运动员在使用 FDP 后，其生理、血液、化学和生物化学参数的改变，表明 FDP 对于调整和提高成人运动员的功能状态具有正面作用。本节还就 FDP 在青年田径运动员体内的生物化学参数方面进行了一些探讨。

FDP 能明显减少肌肉纤维蛋白（CK）含量，说明 FDP 能有效地保护年轻运动员，尤其是在高水平体育比赛中，FDP 具有明显的延缓其体内的糖化进程，减少其体内的蛋白含量。

（3）对微量元素的测定

微量元素对提高运动能力和抗疲劳有很大的促进效果。人体中的微量元素具有许多功能，其功能是由形成结合蛋白、酶、激素和维生素等物质组成，是许多酶的重要组成部分，具有调控酶活力的功能。盛蕾等人的研究表明，高负荷的运动会导致人体内某些微量元素如铁、铜和锌等的流失，因此必须要补充充足的微量元素。还有报告指出，缺乏这种微量元素的营养品可以增强身体机能，所以推荐吃一些含有丰富的微量元素的食品，以达到身体需要。对于那些觉得膳食中缺乏足够营养的人来说，补充维生素 D 的剂量不得超出 RDA（推荐膳食允许量）。

（4）营养师的培养与发展

饮食是保障运动员身体所必需的营养和维持身体机能最主要的物质基础。周丽丽、杨则宜、陈吉棣等对中国运动员饮食中的营养情况进行了研究，发现中国运动员饮食结构失衡，包括摄入糖、蛋白、脂肪和某些维生素不合理，三餐热量分布不合理，钙、铁和锌等摄入不均衡，运动中脱水、补液不合理等。究其原因，在于经营者、大厨缺乏体育营养的相关常识，以及烹饪方式与食品的合理调配。加强科学合理的膳食营养，保证训练效果，提高运动成绩。所以，有关方面应该充分关注营养学人才的发展。

（5）对运动员饮食、食品安全、运动饮料等进行规范化的探讨

由于各个运动的特性，运动员在日常训练和竞赛中的能量消耗情况也是不一样的，其出现的时间和强度也是不一样的，运动员的康复方式也是不一样的，所以运动员的饮食时间、饮食种类及营养补充品的选择等都要考虑到运动员的年龄、性别等因素。针对不同年龄、不同性别的运动员，在饮食规范化方面的研究较少，因此，要积极地进行有关方面的调查，以推动我国体育营养学科的发展和运动员的健康水平。

4. 运动营养学研究的发展趋势

（1）生物工程技术用于运动营养学研究

在生物技术的发展下，对于生物的了解将会越来越深入，从而可以从植物

中提取出有益于人体的元素，甚至是某些养分的分子结构，从而为人类提供更多的营养。同时，利用生化技术改善了体育营养的作用，而中草药营养的最佳作用是对机体的新陈代谢进行调控。当前，在体育保健中要强化神经、内分泌、免疫系统的调控功能，不仅要利用多种自然的植物资源，还要利用萃取技术来提高营养物质的含量。利用生化技术，可以制造出更好的自然活性成分，如多肽、氨基酸等，或者利用遗传学方法，制造出具有良好的新陈代谢调控作用的产物。

（2）应用先进的食品加工技术

随着食品技术的不断发展，食品的生产将发生根本性的变化，如特殊食品、强化食品等，可以简化饮食程序，让经常在户外锻炼或参加竞赛的选手吃上一顿富含各类营养物质的饭，并能降低营养物质的消耗。

（3）纳米技术在运动营养研究中的应用

通过对人体基因的分析，可以开发出更为高效的营养素。通过纳米技术，将营养素结合在一起，可以提高人体的吸收能力，提高人体的运动能力，消除运动疲劳，保证运动员的身体健康。此外，还可以研制一种能够在皮肤下嵌入的微小的生物晶状体，能够在正常的身体里，通过葡萄糖的检测来监控身体在活动中的血糖，并在适当的时候，通过适当的时间来分泌糖等，从而保持身体在运动期间的血糖，从而达到改善身体的效果。

（4）利用基因技术进行体育营养的研究

现在，通过基因工程技术可以生产各种高含量的蔬菜和水果。在医药方面，可以将有价的蛋白质基因导入家禽、家畜受精卵，收集血液、牛奶、尿和腹水中的基因，以便获取更多有意义的蛋白质。通过这种技术，可以开发出适合于运动员的特殊膳食或体育补品，或者是将某种特殊的营养物质导入到身体中，从而为运动员提供充足的营养。目前，把遗传信息引入人体生殖系统，对人体的化学成分进行修饰仍是一个巨大的挑战。所以，利用遗传技术将基因导入人类体内来增强运动员的运动性，仍是一个很长的路要走。

（5）计算机科学在运动营养研究中的应用

利用电脑技术，构建一种运动身体仿真体系，通过对运动员均衡饮食的分析，达到均衡饮食均衡的目的。并在此基础上，建立了一种用于运动员饮食的软件，以达到科学实用的训练理念。

（6）基于营养基因组学的新视点在运动营养学中的应用展望

在竞技体育、全民健身及卫生领域，进行营养功能基因组学的探索，体现了运动营养学与现代生物学的发展趋势，旨在为促进营养与预防营养不良的发生提供科学依据；通过对营养基因工程技术的研究，可以有效地改善我国的营养和健康食品的品质，从而推动体育食品的健康发展。

为此，体育营养学必须以创新性为基础，吸收生物化学、分子生物学、食品科学及计算机科学等新理论、新方法和新技术，建立新的营养理论，发展新的运动营养物质，并在世界范围内逐渐提高其在世界上的影响力和位置。

二、运动营养学在运动休闲中的应用

（一）营养素与运动休闲

1. 糖类与运动休闲

（1）糖类在运动休闲中的作用

1）运动休闲中碳水化合物的作用

人体的糖原分为三大类别：肌糖原、肝糖原和血糖，一般只有糖原才会被肠道所吸附，然后通过血液循环，通过糖原的方式贮存在人体的肝、肌中，1 g糖原可以产生 4 kcal（16.8 kJ）的热量。体育活动的能量来源是糖，它的第一个作用就是肌肉中的糖原，它可以帮助锻炼的人增强有氧和无氧的能力。研究显示，低聚糖有助于锻炼。补充糖能有效地减缓运动性疲劳。在锻炼之前摄入过多的糖分，可以减少因锻炼引起的白细胞、中性粒细胞及淋巴细胞的增殖。

碳水化合物例如黏多糖是构成软骨、肌腱等的主要组成成分，在日常生活中发挥着主要的功能，可以预防运动对骨骼、软骨等造成的伤害。在这种情况下，脂肪分解代谢的中间产物乙酰辅酶 A 必须与葡萄糖的代谢产物草酰乙酸结合进入三羧酸循环，使其完全被氧化，从而降低了机体的生成，为人体补充能源。大量的肝糖原，产生的葡萄糖醛酸会帮助清除酒精等化学性毒药所致的毒素，从而达到保护肝的目的。

2）运动和糖类饮料

在休闲活动中，大部分都是以氧气为主要成分，1 分子糖全部氧化能生成38 个 ATP，比糖酶高 19 个百分点，因此，人们大力倡导体育和娱乐。一些体育爱好者长期进行锻炼，会导致人体的糖分水平降低，从而降低机体的功能，适当的参与体育和娱乐可以增加肌肉中的肌糖原和肝脏中肝糖原的贮存，所以，锻炼前后的血糖水平能够体现出人体的能量消耗状况和糖原储量。过剩的糖分会通过一系列生物化学作用转变为油脂，并被贮存在油脂中。

（2）在运动和娱乐活动时注意添加糖类

1）作为食品中的糖分

人体中的碳水化合物是通过身体中其他养分转换而来的，其中大部分来自谷类、薯类等，参与体育活动的人，摄入的糖类应该是不会缺少的。谷物不但价格便宜，味道鲜美，还具有良好的生理作用，人体易于吸收，不易消化，同时谷物中含有丰富的蛋白质、维生素、矿物质和膳食纤维，因此建议食用谷物。

如果摄入过量的糖，或者是过量的食物，会引起身体中的激素增加，从而引起酸性的堆积。玉米和面粉等淀粉类的多糖不但可以供给人体所需的能源，同时也富含丰富的蛋白质、维生素、矿物质和纤维素。为了减肥，体育休闲人士要减少或避免摄入"精制糖"，例如：糖、各种甜食和糖饮料等，这样不但不能缓解口干舌燥，还会使水分摄入更多。如今，许多人都爱吃糖，却往往少吃或者不吃饭，或者增加运动，以维持身体健康，这是正确的饮食习惯。

2）运动休闲中糖类的择时补充

锻炼之前要补糖：锻炼之前摄入糖能减少低血糖的发生，锻炼后2小时可以提高肌肉糖原储备，也就是糖池；在锻炼的3日内要吃一些高糖分的食品，这样才能保证一次长期的锻炼。在锻炼过程中，以低聚糖和单糖为主，而以果糖为主要原料，其作用比蔗糖和葡萄糖更好，且速度更高。此外，甘蔗会导致龋齿和近视等疾病的发生，所以不建议使用蔗糖。比如目前的业余马拉松场地提供免费饮品点。锻炼后及时补充糖能帮助缓解疲倦，促进糖原的恢复，2小时内补糖50 g，6个小时内即可恢复正常。

2. 脂类与运动休闲

（1）脂类在运动休闲中的功用

脂类包括脂肪和类脂两大类。脂肪是人体最大的能量贮存和功能性的物质，而类脂则是由细胞质和膜层构成的。主要的脂肪酸是一种只有在食品中才能得到的人类必需的脂肪酸。而过高的胆固醇会导致血管堵塞，使其血液的黏性变得更弱，从而对人体的功能产生不利的影响；花生四烯酸属于人体内的一种不饱和脂肪酸，具有调整血液循环的作用，是人体制造前列腺激素的主要成分。在进行体育放松治疗时，适当提高脂肪摄入可以达到事半功倍的目的。

1）类脂的作用

磷脂是神经细胞的主要构成成分，细胞膜的渗透率与其流动性密切相关；胆固醇是合成维生素 D、胆汁酸和类固醇激素等物质的主要成分。除动物激素外，还有一种叫作"麦角酮"的物质，它可以帮助人体产生钙质，比如维生素 D2，同时可以帮助老人和骨质疏松症的病人在锻炼和休息的时候要多加些这种物质，防止发生骨折

2）脂肪的作用

脂肪密度大，产能高。1 g 脂肪可以被氧化和降解为 37.656 kJ（9 kcal），是碳水化合物和蛋白质的两倍，对那些需要大量体力的人来说，脂肪可以降低食物的容积，减轻身体的重量，减轻胃部的压力，是滑雪和登山爱好者必备的。长期的低密度体育活动，是通过脂肪的氧化和代谢提供能量的，其中 25%～50%的二氧化碳都是由脂肪酸产生的，可以节省碳水化合物，增加体力。

运动休闲可以通过调整人体内的环境，保持身体的体温，避免游泳、滑雪和露营等引起的不良反应，另外，在皮下、肌肉表层和关节内等器官中，还可以减轻机械的摩擦和撞击，从而避免在锻炼时受伤。

（2）运动休闲与脂类代谢

在低水平的体育活动中，人体内的脂肪组织是最重要的能量来源；在适度的运动和休息期间，油脂的新陈代谢最为旺盛，同时也会有甘油三酯的作用。

脂肪被化学分解（消化腺排出的消化液体）转化为微小的分子，被十二指肠和空肠所吸收，而这些油脂可以与糖形成糖脂。在脂肪酵素的影响下，它会被转化为甘油和脂肪酸，再被氧化为二氧化碳和水分。此外，在安静的时候，脂肪是心肌、骨骼肌的重要能量来源。

在氧气充足的情况下，进行长期的体育活动，身体的能量来源是肌肉和肌外的脂肪，由于脂肪进入到肌肉中的过程比较缓慢，所以身体素质比较高的人，可以更好地发挥自己的作用。人体正常饮食所需卡路里的 20%～30%来自油脂，所以长期进行适度或更高程度的体育休闲活动，其体内的脂肪水平相对要低。

患有肥胖、高血脂等疾病的体育休闲者，其参与运动的目的就在于减少体

内的油脂生成。当人体从食品中摄取脂类，特别是脂肪时，脂类不久就会被贮存在身体里，变成身体的油脂。当摄入过多的糖分和蛋白时，它们也会转变成油脂，并被贮存。脂肪肝、肥胖等都会对人体造成一定的危害。所以提倡有动力、大肌肉群体育休闲人士参加的体育活动，应该在饮食中添加更多的油脂，或在控制自己的重量时，适度地延长锻炼的次数和力度。

（3）需要量与摄入量

1）类脂

脑、神经组织、肾上腺等组织中含有大量的固醇性养分，还有大量的肝脏、肾脏和皮肤组织。以前经常说，吃"脑"补大脑，但实际上，类固醇是最重要的。另外，体内大多数的胆固醇都是自身的代谢产物，很少一部分来自于饮食，血液中的胆固醇水平一般是 102 mg/100 mL～250 mg/100 mL。有菜籽油、玉米、小麦、玉米和芝麻等食物中都含有丰富的植物胆固醇。在蛋类、肝脏、大豆中含量丰富，它们对于脂类转运和代谢有重要作用。

2）脂肪

饱和脂肪酸主要见于鸡肉、牛肉、猪肉、鱼肉、乳制品、热带可可油、鸡蛋、橄榄油、植物油和花生油等。关于油脂的摄入，全世界都以脂肪的摄入量占总能量的比例为基准。我国的规定是 20%～30%。然而，根据这个庞大的指标，参加各种社交活动或在不同的时节建议摄入的食物数量也不尽相同，体育休闲人士的摄入应该低于 30%。

为了减肥，需要了解一个最重要的调整法则，即提高能源消费，明确控制自己的能量摄取与消耗量之间的关系。然而，对于减肥的人来说，一周减少 0.9 kg 就成了一件令人头疼的事情。确切地说，一周三到五次，一次 30 到 60 分钟，锻炼的力度要达到一个临界点（VO_{2max} 50%～85%或 VO_{2max} 60%～70%）。

3. 蛋白质和氨基酸与运动休闲

（1）运动休闲对蛋白质的影响

机体在锻炼过程中，当体内的糖原足够时，仅能提供 5%的蛋白质能量，而在缺乏的情况下，则会增加到 15%。在耐力体育和休闲活动中，蛋白的降解增强，尿氮和汗氮排泄量明显增多；在体力体育和娱乐活动中，蛋白质的产生会加快，肌肉会更强壮。

在体力体育和娱乐中，人体蛋白质中含有的支链氨基酸会被破坏，从而对运动员的运动量产生一定的负面作用，所以，有人认为，补充外源性的支链氨基酸可以帮助保持人体的氨基酸含量；体育活动能提高人体内的支链氨基酸，提高生长荷尔蒙，有助于人体的成长和脂肪的分解，因此，体育锻炼要从小开始。

（2）运动休闲中蛋白质的摄入

成年人的蛋白质约占人体体重的 18%，体育休闲运动的人应该在饮食中添加蛋白质，优质蛋白应至少占摄入总量的 1/3，成人运动员蛋白质供给量为 1.9 g/kg 体重左右，青少年运动员为 2～4 g/kg。摄入过多的蛋白会造成以下的伤害：加重肝脏和肾脏的负荷；导致身体脱水、脱钙和痛风；会导致泌尿系统、心血管系统病变等疾病的发生。

在体育活动中，蛋白质的含量、消化吸收的速度以及被吸收的速度，是衡量蛋白质含量的重要指标。

因为食品中蛋白质的品质很难测量，而其氮的含量相对稳定，因此通常使用的方法就是采用测定出含氮量乘 6.25。有调查显示，豆类、肉类、坚果和蛋奶都含有丰富的蛋白质。在消化性方面，通常采用饲料中的氮素与粪便的差异来计算其消化量，这个计算方法并不十分准确，但非常可靠，也就是所谓的蛋白分解速率。研究表明，大豆可以通过加工制成豆乳和豆奶来增加其消化能力。衡量蛋白质利用率的方法是通过生物价格来衡量的，普遍认为水中的生物价值比空中飞行的鸟高，地面飞行的比地面上的要高。

在减肥过程中，体育爱好者应该确保每天的蛋白质摄取，否则，由于蛋白质的摄取不足，会导致肌肉等器官出现蛋白缺失，从而降低其机能；而吃得太多，反而会对身体造成伤害，大部分高蛋白食品都含有大量的油脂。有些体育爱好者为了增强自己的力量，可以通过服用蛋白质粉或者一种氨基酸来增强和恢复肌体。

4. 维生素与运动休闲

（1）维生素与运动休闲中的相互作用

维生素的种类很多，但需求量很小，对身体的作用也有很大的不同，主要有脂溶性和水溶性维生素，这些都是可以用作某些酶素的辅助基团。

维生素是人体的一种补充物质，它可以改善神经系统，减缓疲倦，增加锻

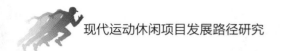

炼的次数，使人们锻炼得更开心。缺少维生素，参加体育和娱乐的时候，会出现疲劳、便秘、易怒、抵抗力下降和食欲下降等症状。缺少 B 类维生素可降低红细胞的运氧功能，而维生素 E 对那些喜欢在高原活动的人来说是有益的。

体育放松会加快维生素的形成，因为在运动过程中，肠胃的消化能力会降低，同时会导致尿液、汗液和粪便中的维生素流失。例如，耐力体育活动对维生素 B_1 的需求比较高，而体育活动则是对维生素 B_1 的需求较高。

（2）运动休闲中维生素的科学摄入

多种维生素与其他营养物质的联系十分密切，例如：一些维生素的不足会导致身体中其他维生素的正常发挥，例如：硫胺素、核黄素等。维生素的营养状态和锻炼的耐受性有着很大的相关性。维生素的来源有胡萝卜、菠菜、蛋、奶、蘑菇、酵母、柠檬、橙子、菠萝、石榴、菠菜、鸡蛋、牛奶、蘑菇、酵母、柠檬、橙子、菠萝和石榴等。

1）缺少或摄入过量的维生素

相比维生素过多症而言，其缺乏很是常见。由于受地域、文化、宗教和经济因素的影响，维生素的供给相对较少；因运输、加工和烹饪等不科学导致的维生素摄入被破坏、丢失；病者、老年人代谢速率较低，各种机能较差，导致体内营养缺乏；在特定的社会条件下，如运动员和孕妇，缺乏营养；维生素的不足主要是由于饮食习惯和生活习惯不正确造成的。

脂溶性维生素能在脂肪中溶解，过量的话会在身体里积聚，很有可能导致中毒，如果摄取量是正常情况下的 3 倍，就会导致中毒，如果摄取量太多，就会导致身体虚弱。水溶性维生素在体内的贮存能力比较弱，过量时会随着尿液排出，并没有什么毒性，但是是过量的。

2）不同维生素的科学摄入

水溶性维生素：据有调查显示，当给予维生素 B_1 5 mg/天后，游泳者的体力会增强，所以，我们国家运动员的最佳摄入剂量为 3～5 mg；纯素食者很可能会缺少维生素 B_{12}，建议摄入 2 μg；同时，运动人士也要多摄入维生素 B_6，避免对身体的糖原代谢产生不利的作用。

脂溶性维生素：在高地上做一些娱乐的时候，可以适量补充一些维生素 E，这样可以降低氧气负债和高反的概率，最好的摄入量在 30 mg 以内；在服用维生素为 1 500 μgRE 后，可以增加射击等项目。

5. 矿物质与运动休闲

（1）矿物质在运动休闲中的意义

钠、钾的功能：钠、钾能调节体液的酸性，对运动中的神经和肌肉的兴奋性有一定的影响，如果是轻微的缺钠，会导致消化不良、食欲下降和肌无力等不良的症状，长期的锻炼会导致身体出现头痛、恶心、心率加快、低血压、体力低下、容易疲劳和肌肉抽筋等。钾不足可导致神经反射减弱、血压降低、心电图异常和脉弱等。

人体内的酶活性、肌组织收缩和神经传导等都需要镁元素，它还具有调节人体体内酸碱性的作用。在人体内，它的含量是仅次于钾的，缺少它会引起反胃，在锻炼时会出现痉挛和不稳定的感觉。

许多喜欢运动的人由于缺少钙质而"抽筋"，而钙质是维持肌肉收缩和神经兴奋的关键因素，如果长时间的缺少钙质，很可能导致骨质疏松、骨折。

很多人都有不良的生活方式，尤其是学生，体内的铁质含量太少，容易出现贫血，就像是大学生经常会出现贫血。

缺锌会影响到身体的正常发育，会造成肌肉的生长迟缓，主要是因为缺少了锌，会造成骨骼肌的 RNA 含量降低，从而造成骨骼肌的 α 肌动蛋白的表达不充分，造成蛋白质的合成速度降低。

（2）运动休闲对矿物质的影响

体育休闲对钠、钾代谢的作用：休闲活动时钠离子会随汗流失，尤其是夏季和热带地区，钠含量显著升高，从而对人体的内部稳定产生不利的作用。钾与钠类似，由于身体活动而大量出汗，造成体内钾的损失，尤其是在耐力体育活动中，其血液中的钾素含量明显降低。另外，大量的钙质丢失也与汗水有关。

体育活动对镁质的作用：高水平的短期体育活动增加了血液中的镁量，而在耐力锻炼中则减少了镁量。这主要与血液体积的降低、体液的酸化、肌肉细胞的萎缩有关，如果长期运动，则是因为体内的血液中有大量的 ATP 和红细胞，所以要充分地使用它。

除与汗水一起排泄之外，女人体内的矿物质也会随着月经一起丢失。长期从事耐力体育锻炼的人体对铁的吸收能力是正常人的 1.2 倍，当肌肉活动时，血液中的血液会增加，所需的铁含量也会增加，这是由于一分子珠蛋白和四分子亚铁血红素所构成的。此外，由于运动过程中的挤压、摩擦等因素，会引起

红细胞的伤害和溶血性。

体育活动能加速锌代谢，降低吸收率，增加排泄量，从而增加锌的需求量。经调查发现，造成这种情况的原因有：锻炼造成的肌肉损害和细胞内的锌外溢；再分配锌，增加了骨骼肌肉的消耗。

（3）运动休闲中矿物质的摄入补充

在长期锻炼之后，可以适量补充钠，根据出汗量来进行补充，如果出现了轻微的流汗，则不需要再进行补充。我国的标准是：普通的运动员在锻炼时摄入的钠不超过 5 g，而普通的体育饮品中所含的钠是 10～25 mmol/L，其中还包含着钾。

我国建议运动员每天摄钾量为 3～4 g，体育爱好者要结合自己的肝脏和肾脏的情况进行调整。钠的摄入相对来说很容易，主要是蔬菜、水果、鱼肉、猪牛肉等。体育休闲人士男性镁的摄入应该在 350～450 mg 之间，而女性在 300～450 mg之间，取决于不同的项目和程度。干豆、坚果、粗粮、绿叶蔬菜、菌藻类等都含有丰富的镁元素，但如果摄入过多的话，就会对人体的镁产生一定的抑制作用。

俗话说，"要补充钙质，就要多喝牛奶。"奶中钙易被人体消化，因此，对不能耐受的人，应该适量多摄入，或者添加一些乳糖酵素。体育休闲人士的最佳钙摄入标准是 1 000～1 500 mg，可以参照国内的标准来调整。

鉴于目前铁缺乏的情况，为了防止出现事故，体育爱好者应该定期检查，适当补充铁元素。中国的运动员每天摄入大约 20 mg 的铁质，而妇女则需要更多。瘦肉、肝脏、鱼、鸡蛋等都是含铁丰富的食物，另外木耳、坚果、芝麻和干果等也都含有丰富的铁。维生素 C 和蛋白质能促进人体对铁的摄取，所以在烹调时要充分发挥三种营养素的作用。一些体育爱好者（身体虚弱）在进行预防性补充时，要少量多次，但是不要长时间使用药物（多于 3 个月）。

中国的体育健儿锌的每日最好摄取量为 20 mg，而海产，动物的肉、内脏中含有丰富的锌，蛋类、燕麦、花生、豆类及谷类胚芽中也含有丰富的锌。而对于业余人士来说，如果过量的锌会抑制铜、铁等微量元素的吸收，如果盲目地补充，会导致腹痛、恶心等中毒症状。

6. 水、植物化学物与运动休闲

（1）水与运动休闲

1）水在运动休闲中的供能

体育活动可以加速人体水分的新陈代谢，提高排出的汗水，同时也会带来更多的新陈代谢垃圾。长期的锻炼，不补充水分，会导致内环境失调、胃肠道消化速度下降、脱水症等生理功能紊乱，需要保持水的平衡，才能够进行锻炼和放松。水是一种重要的生物化学过程，它可以分解人体所需的各种物质，而人体内的许多生物化学活动都离不开它。

而且，在静止的时候，人体的身体会产生热，而在活动的时候，肌肉和肌肤会产生热，在身体里会积聚很多能量，当水分被带走后，通过汗腺或者尿排出体外，一升的汗珠可以产生 2.4 MJ（575 kcal）的能量。在体育和娱乐中，关节、肌肉和体腔内的水分可以避免由于机械动作而造成的伤害，如果没有足够的水分进行体育锻炼，会导致血液流动速度减慢，血细胞流变性会变差，从而导致慢性疾病等疾病的出现。

2）水的摄取

在轻微的脱水状态下，人会感到干涩，这时就会对锻炼的人产生身体上的损伤，所以在口干舌燥前要补充水分，也就是所谓的"主动补充水分"。如果一次大量的补充水分，会导致血糖过低，导致内脏的负荷增加，会导致腹痛、呕吐、胃下垂、低血糖等症状。如果有运动的人，可以通过大剂量的饮水来补充水分，虽然会让身体感到舒适，但也会让身体变得更加虚弱。

运动之前可以根据天气、运动项目和个人情况来确定补充的水量，运动之前 2 小时喝 400～500 mL，运动之前 15 分钟喝一点，运动之前喝的水要多，否则会加重身体的负荷。在锻炼时补充水分，建议在 15 分钟内补充 250 mL，如果是比较激烈的体育活动，可以适当增加摄水量；锻炼后补水要看运动员在训练中流失的水分，或者适量补水，对身体健康有利。摄入的水可以来自自产的液体或者是科学的体育饮品，运动饮品中含有蛋白质、矿物质等成分，通过喝运动饮品可以补充身体所流失的营养。

（2）运动休闲与植物化学物

1）运动休闲中植物化学物的功用

除了蛋白质、糖类、矿物质等之外，还可以补充一些能够提高机体免疫力的植物化学物，防止心脏疾病，防止肿瘤等的发生，对癌症、慢性病等患者进行体育活动和娱乐活动有很大的帮助。

比如：类黄酮、多酚、酚酸和单宁等酚类物质，苹果、洋葱和橙子等都含有类黄酮，具有抗氧化性，能降低体育活动对身体造成的不良作用。栎皮素可以降低空气污染和抽烟对肺部的伤害，白藜芦醇和橙皮甙能降低心脏病、血栓、肿瘤及中风等疾病，所以经常锻炼的人应该多吃些。它是一种具有降血脂、提高免疫力的萜烯类物质，尤其适用于长期从事体育锻炼的人。类胡萝卜素具有延缓衰老、降低糖尿病并发症、降低心脏病和中风的发生率等作用。

膳食纤维可以促进消化、防癌、预防胆道疾病等多种生理机能，尽管不能作为人体的身体器官，也不能为人们的娱乐活动补充能量，但能增强人的饱足感，又不至于长胖。因此，运动型的人应该多吃一些。食物纤维可以通过吸收大量的果胶、纤维素等来促进肠道的蠕动，减少肠道压力，防止便秘和痔疮的发生。另外，由于排泄物的柔软与更多的氧结合，能降低由厌氧菌所制造的致癌物质如亚硝酸盐，从而防止肿瘤发生。

胆固醇与胆汁酸结合，会形成不能被身体吸收的东西，胆固醇太高会导致肝硬化、心血管疾病，从而预防冠心病和胆结石。经常用纤维在口腔和牙床上来回地磨蹭，可以促进牙床的血液流通，也可以清洗牙面，降低蛀牙的概率。

2）植物化学物的摄入

在人体所需的食物中，经常会出现一些植物化学物质的情况，例如：普通的蔬菜中含有0.1%的酚类物质，黄豆、豆腐中的皂苷的含量都在0.3%左右，每日摄取类胡萝卜素约为6 mg，而成年人的日常饮食中所需的总纤维为20～30 g，其中以蔬菜和瓜果为主。

7. 能量和食品饮料与运动休闲

（1）能量与运动休闲

运动爱好者养成科学的饮食结构，可以保证运动前、中、后物质的新陈代谢和能量的正常运转，对身体的康复和运动的改善都是有益的，可以起到运动康复和保健的作用。

体育休闲人士总的能源消费，由四个方面组成：基础代谢、运动耗能、食物热效应和适应性生热效应。食物热量作用是指食物在消化、运输及代谢等过程中所产生的热量；适应性生热是由于机体对环境温度、应激等条件的变化而产生的应激效应。

ATP是体育活动中第一个也是最直接的能源来源，然而，它的肌肉中ATP的数量很少，大部分来自糖和脂肪。通常来说，它首先是ATP-CP，然后是酶，再然后是氧化能。在运动量不足最大摄入氧的二分之一时，脂肪的能量消耗最多，所以民众要进行体育休闲活动，不可操之过急，要坚持。1 g 食物分解后产生的热量叫作食物的热能，脂肪的热值要比蛋白质和碳水化合物高得多，而脂肪消耗的氧气更多，这也就是所谓的"肥胖的人，在锻炼和休息的时候，很可能会出汗，不能耐高温"。

因此，怎样才能在体育活动中衡量和估计能源的消耗，首先测量安静状态、运动状态、恢复期的氧气消耗量（A）及所生成的 CO_2（B），并计算各个时期的呼吸商（换气率为 B），得到氧热价，再乘上各个时期的耗氧量，减掉相同时段的能耗，就是该运动的净耗能量。

众所周知，参加体育和娱乐活动可以促进身体的新陈代谢，在运动过程中，可以达到 2～3 h 的能量消耗。另外，当人们出现情绪激动、烦恼等精神问题时，体内的能量代谢也会加速，因此多参加体育和娱乐活动对缓解精神紧张是有益的。然而，如果摄取的热量不够，肌肉力量就会下降，而体重就会减轻。不管从什么方面来说，经常检查身体的重量，并对皮肤下的肥肉（也就是皮肤的皱襞）进行简单的测定，都会带来许多益处。

（2）运动饮料与运动休闲

1）运动饮料的概述

运动饮料是一种针对人体内环境变化和物质代谢机制而开发出来的一种健康饮品，它可以促进人体内环境稳定，促进身体恢复，提高心脏输出功率。运动饮品可以补充水分、矿物质、三大能量物质和维生素等，而随着对人体的深入了解，它的营养成分也越来越丰富，在体育和娱乐领域有着广阔的发展空间。

参加体育锻炼的人应该尽量避免饮用酸性的饮品，因为酸性的饮品会影响到胃部的排空率（也就是胃部对小肠的吸收速度）。体育休闲人群在锻炼时应该选择无气体的饮品，也可以分为高渗、等渗和低渗，以体液的渗透力来进行比较。

2）运动饮料补充与展望

在服用运动饮品的同时，要遵守下列原则：① 根据体内水分流失的速度估算，过量或减少都会导致副作用，同时要留意这种饮品的渗透性；② 补充的水分应当被贮存起来，以供吸收和新陈代谢；③ 碳水化合物的补充依赖于水分和糖的摄入量，在冬季进行的体育活动中，假如没有足够的水分时，可以

适当地补充热量；④ 高质量的体育饮品应该含有大量的矿物质、氨基酸、辅酶和肌苷等，但目前市面上几乎没有这种饮品；⑤ 体育休闲爱好者的喜好，使其主动补充体液，目前体育饮品行业还需要进一步的探索。有文献报道，肌肉中的糖原在 2 h 内产生，这个时候补充糖分可以促进体力的复原。大强度的间歇式和中等程度的耐力体育休闲都能喝到，而在短期高强度的运动中，运动饮品的作用还不明确。

运动饮品的主要组成物质及其含量是：钠含量在 20～25 mmol/L，糖含量在 4%～8%，而运动饮品主要是低渗或等渗，而等渗是 280～330 mmol/L。老年人强化饮料、高能饮料、维生素强化橙味饮料、鲜橘汽水、电解质等渗饮料、豆奶饮料、番茄果汁和强化清凉饮料等是目前国内外比较流行的体育饮料。

（二）运动营养学在不同运动休闲项目中的应用

1. 在球类运动休闲项目中的应用

球是一种具有高力量、高耐力、高速度的体育项目。不同位置、不同活动的运动员，其消耗的能量和营养物质代谢的特征不同。有的时候，高水平运动会持续很久，尤其是现在的业余赛事越来越多，双方的竞争也越来越大，所以喜欢运动的人们都会消耗大量的精力。另外，糖类和油脂是球类能量的来源，因此，在运动过程中要注意多吃蔬菜、水果，但也要避免吃得太多，在运动过程中多喝一些富含维生素 C 的果汁、糖类及电解质运动饮品，有助于机体的功能和运动。

（1）足球

足球是一项非周期性的、持续时间长、强度大的体育项目。在激烈的运动中，如在业余的时候，足球运动员会进行 10 到 12 m 的短跑，一场比赛下来这些短跑的总长可以达到 10 km，大部分运动员每天需要消耗 20 930 kJ（5 000 kcal）的能量，而在整个过程中，大部分人的能量都来自 ATP-CP 的无氧和糖酵解。

足球赛的营养学特征及需求是：因其高的速度和耐力，故常参与足球的人应该多吃含糖食物，并保持充足的糖原量。每天的饮食应该包括 60%～70% 的热量，13%～15% 的蛋白质，22%～25% 的脂肪，另外，要选择高品质的蛋白质，注意饮食中的脂肪和碳水化合物的摄入，注意早餐的品质，特别是在早上踢足球，由于跑步的速度很快，所以要在运动开始之前 90 分钟左右，而消化能力差的人要在 120～150 分钟内完成。据调查，长期从事足球运动的人摄入适当的钙，可以有效防止骨骼和肌肉的损害，从而改善人体的功能和运动能力。饮食要保持均衡，食品要优质，要有多样性，比如谷物，蔬菜，水果，牛奶，肉类，鱼类及菌类等。

（2）篮球、排球

篮球是一种对抗式的体育活动，它包括短时间的冲刺和爆发性的跳跃和投掷，是一种以间歇式的非氧能量供应为主要内容的体育活动。打篮球一般都是在户外进行，或者是在不通风的室内健身房进行，这样会导致体内氧气缺少，从而导致产生大量汗水，肌糖原、血容量、心输出量降低，心血管系统发生病变。

篮球、排球运动的营养特性及营养需求如下。

据刘宏和陈永清等人统计，每天进行篮球、排球运动的平均能耗为 17 816 kJ（4 256 kcal）。篮球比赛需要大量的糖原储备，在运动过程中可以多喝少量的活性肽型运动饮品（高品质的饮品中包含低聚糖、牛磺酸、大豆肽、矿物质和维生素等），在运动后可以吃一些小蛋糕、能量棒和水果等富含糖的食品；在篮球运动中可以加入蛋、奶、菠菜和木耳等，补充维生素 E 和维生素 B_1，虾皮、豆制品可以补充优质蛋白。补充维生素 B_1 可以帮助神经功能和能量代谢，维生素 E 可以帮助人体的血液供给，增加蛋白质的含量。

2. 在水上运动休闲项目中的应用

水的浓度、压力和热传导率，加之周围水温一般都比较冷，而且随着潜入水中压力愈大，心脏的结构愈趋稳固，肺活量愈大，而因浮力作用，身体几乎无静态运动；因为凉水的刺激性，可以促进肌肤的血液流通，而且还会快速地流失掉体内热量。根据研究，人体在地面上 1 小时所释放出的热能仅在 12 ℃的水温下持续 4 分钟。脂肪可以起到保持身体温度的功能，所以在游泳时要注意多吃一些脂肪类食物，避免患上风寒和肠胃方面的问题。

游泳项目的营养特征及需求如下。

在游泳的时候，不同的速度、不同的姿势、不同的距离，所消耗的能源不同，对于运动员来说，每天的碳水化合物需求是 674.2 g，蛋白质是 180.3 g，油脂是 124.3 g，适量的维生素 A 可以起到保护肌肤的作用，如葡萄、石榴和胡萝卜等，防止在水里出现痉挛的情况。建议按照游泳选手每天三餐的饮食结构来选择：① 早饭：每天摄入的能量占总量的 30%，同时提供高质量的蛋白和少量的脂肪；② 中饭：应该是三餐中最多的一顿饭，最好是每天 50% 的能量。要确保糖类、蛋白质、脂肪的供给；③ 晚饭：每天 20% 的能量摄入，多吃一些容易被消化的、易饱的、高蛋白质的及高脂肪的食品，避免引起身体脂肪积累。

3. 在冰雪运动休闲项目中的应用

中国的北部和西部都很流行滑雪，不过在南部也有超过一公里的地方，虽然价格昂贵，却依然热闹非凡，由此可见参加这种活动的重要性和好处很大。滑雪是一种流行的体育项目，在寒冷、低氧条件下，体力消耗很大，营养物质大量流失。

滑雪的营养特征及需求如下。

由于卡路里的能量消耗大，而且持续时间也很久，大部分滑雪场地都是靠着天然的氧气来提供能量的，而且大部分滑雪场地都是在高海拔地区，呼吸的速度和呼吸的深度都会提高，交感神经会活跃，从而导致尿液的量和水分流失。所以，在运动前、运动中、运动后，要多注意补充能量和糖类，提高体内的糖原储量。补充大量的蛋白质和铁质，可以促进人体内的血红蛋白和血容，促进呼吸酶和血液的流通，比如瘦肉、蛋类、绿色的蔬菜等。多吃含有丰富的不饱和脂肪酸的脂肪，可以缓解肠胃的压力，提高排空率，其中脂肪的作用是 30%～35%，补充足够的维生素 C 和维生素 B，有助于清除体内的酸性，提高身体的活力。谷类、薯类等都是富含碳水化合物的食品，麦胚油、橄榄油、玉米油和米糠油等都是富含维生素 E 和必需的氨基酸，它们对预防心血管疾病、延缓衰老及清除自由基等都是非常重要的。此外，绿茶、大蒜、黄瓜、番茄、韭菜和油菜等具有极好的抗氧化能力，在滑雪时要多加适量。补充维生素 C、维生素 B_6、烟酸和泛酸等，可以改善人体的耐受性，可通过食用如维生素制剂、动物肝脏和蔬菜水果等进行补充。

4. 在智力运动休闲项目中的应用

智慧型体育是一种很有特点的体育活动，包括围棋、象棋和桥牌等，参加比赛的人相互竞争，是一种很受欢迎的活动，既能发挥想象力，又能发掘人的智慧。

智力活动中的营养特征及需求如下。

饮食中的某些营养物质，在大脑的生长发育、记忆力、想象思维等方面起到了很好的作用。人体一天的需求量为 116～145 g，人体的细胞数量在 2 万到 30 万，营养不良会导致身体发育迟缓，脑的输入和输出能力也会降低，在进行智能运动时，会消耗更多的糖和蛋白。可以从牛肉、黄豆、大米、奶酪及动物肝脏中提取。锌和铜对智力发育有影响，铜缺乏会导致脑组织的缩小，可以通过牡蛎、肉类、核桃及花生等来补充。

5. 在时尚运动休闲项目中的应用

网球是一种比较有爆发力的体育活动，需要有很强大的上肢和腰肌力量，是一种适度的体力活动。

以下是网球的营养特征及需要。

多吃高糖分的饮食，能减缓疲倦；膳食中含有丰富的支链氨基酸，能弥补蛋白损失；能提供充足的 n-3 和 n-6 不饱和脂肪酸，对大脑、视网膜、皮肤及肾脏有显著的改善；通过饮用体育饮品或进行体液的补充，能够有效地控制人体的温度，维持体内的稳定状态；在网球比赛中，脂溶性和可溶性维生素都是必需的，但在身体贮存方面存在很大差异，应注意"过补"对身体的伤害。维生素 A 能改善视力，使运动更加准确有效；补充维生素 C 和维生素 B_2 能减少体内的酸性成分；缺锌会对敏感体质和各种代谢速度产生一定的负面作用。对于青少年来说，打乒乓球的三种主要能量成分应该是：含 50%～60% 的碳水化合物，14%～16% 的蛋白质，25%～30% 的油脂。打网球的人应该多吃谷物、蛋白质、膳食纤维和维生素的膳食，鱼、禽、蛋和瘦肉都是高质量蛋白质的主要食物。倡导饮食平衡和多元化，如全谷类、坚果、鱼虾和时令蔬菜等；早餐要有充足的热量，最好是吃一些低脂牛奶、鸡蛋等；不要喝汽水和凉的食品。

6. 在户外运动项目中的应用

（1）健走的营养特点和要求

中医有"走为百炼之祖"的说法。健走是一种介于步行和赛跑的体育项目，提倡采用低投入、脂肪肝和老年痴呆的有氧锻炼方法，同时还能减肥、塑形和减压。有报告显示，适度的有氧锻炼（如步行）可以显著降低血清 TC、LDL-C 和载脂蛋白 B 的水平，LDL 对动脉硬化有较强的促进作用，步行健走也能提高骨质。

运动的人应该多加点钙和维生素 D，长期在阳光下的人不会缺少维生素 D，尤其是那些中老年人，要加强骨骼的话可以采取"快步快，速度慢"的方法，多食用西兰花，能够为身体提供大量的维生素 K、维生素 B 族和维生素 E。

（2）登山活动对营养素的需求及特性

登山是体育活动中体力消耗最大的一种，它对人体的循环和体力都有很高的需求，如高反、恶心、中暑等，对人体的消耗和营养都是一个极大的考验。在登山过程中学会正确饮食和增加野外锻炼的经历是很好的。在登山的时候，身体素质和精力都会随着体力的增长而增长，人体所需的营养物质的摄入，已经不能够完全维持身体状态，导致摄入的脂肪过多，而糖类供应不足。在攀登 1 500 多米的时候，消耗的能量是 20 570 kJ（4 914 kcal），其中需要 770 g 的碳水化合物、175 g 的蛋白质和 126 g 的油脂。登山运动员需要 11 g 的糖、2.5 g 的蛋白质和 1.8 g 的脂肪。然而，缺氧等因素导致的能量供给相对较少，导致维生素 C 和维生素 P 需求的提高（维生素 C 能增强身体的氧化和还原作用，维生素 P 能为身体补充 ATP）。

（3）单车运动所需的营养素特征与需求

单车是一项节奏很高的运动，如今骑行的人也在不断增加，单车运动主要是以有氧代谢为主要内容，短程或高速时，会伴随着无氧代谢，长途骑行可以减少 1.8～3 kg 的重量，60% 的碳水化合物供应，15% 的蛋白质和 25% 的脂肪。如果是以植物油脂为主，那么可以选择适量的动物脂肪及乳酪，即饱和脂肪酸、多不饱和脂肪酸与单不饱和脂肪酸的比率是 1:1:1.5。鱼虾，牛奶和鸡蛋都富含高质量的蛋白质。在骑车时要注意适量的补水，每次 15～20 分钟要补水 150～200 mL，这要看气候和其他情况。大部分的骑手都喜欢长途骑行，适当补充钙、磷、铁、钾、钠和维生素，可以帮助缓解疲劳，饮食中要多吃一些酸性的水果和蔬菜，在长途旅行时可以吃糖、运动饮料、零食和巧克力等。运动后 1 小时是最好的选择时机，因为人体的各个功能还在，但能量损耗却大大减少。

（三）特殊人群的运动休闲营养特点

1. 青少年运动休闲的营养特点

青少年处于生长发育、细胞增殖和器官组织完善的时期，身体内部存在大量的软骨组成，骨骼密度小、硬度低、弹性大，在体育活动中容易发生弯曲和扭曲；肌张力低，容易疲倦，但很快就会复原；由于大脑皮层的神经功能不全，其激动的进程比压抑的进程要多，因此，在活动中，注意力易被分心，动作不协调和不稳定。

在进行体育娱乐活动时，要适当地限制体育活动的力度，主要是动态锻炼，定期进行短期的间歇，要注重营养食品的供给，养成良好的生活方式，避免对身体和心理产生影响。青少年长期从事体育和娱乐的卡路里消耗量为 14 651～18 418 kJ（3 500～4 400 kcal），碳水化合物需要 481～605 g，蛋白质和脂肪需要量为 117～147 g。除了定期进行体育活动外，还应保证充足的蛋白质、矿物质、维生素 B_1、维生素 C、维生素 A 和维生素 D 等营养元素。关于脂肪摄入，可以根据个人情况选择合适的食物。多吃鱼、豆制品、骨头汤、虾类、蔬菜和水果等，这些都是健康的。

2. 中老年运动休闲的营养特点

中老年人群，尤其是老年人，会发生不同程度的退行性变化，骨质、韧带、肌肉和代谢等都会有所下降，中老年的体育休闲活动可以选择步行、健走、慢跑、太极和气功等，尽量不要过度锻炼。

中老年运动休闲时心率等于 170 减去年龄，运动强度点到为止。世界卫生组织建议，老人的蛋白质摄入应在 0.6 g/kg 以下，而不能摄入 50 g/kg 的油脂，不能多于 10%的卡路里，每个国家的合适需求量都不一样。体育休闲除需要补充必要的不饱和脂肪酸外，还可以与动物油交替使用。另外，补充钙和维生素 D 对老年人有预防骨质损伤的作用；维生素 E 的摄入能够减缓老化，增强机体的新陈代谢；多吃一些含维生素 B_1 的食物，可以促进食欲，改善肠胃的循环。

以有氧和极小的强度锻炼为主，主要包括游泳、步行、慢跑、骑行、太极拳、有氧操和时尚休闲等。

3. 慢性病运动休闲者的营养特点

慢性疾病与不良的饮食习惯、不规律的生活习惯密切联系在一起，缺乏锻炼的娱乐活动会导致慢性疾病的发病率增高，而且很容易导致遗传变异，从而诱发身体的敏感。

饮食不当（油炸、烟熏和腌制等）会导致运动型人群摄入过量的能量，增加口腔和胃肠道癌症的发病率，而体育锻炼的人则要避免饮酒，否则会导致新陈代谢失调，损伤肝脏。

高血压病人的血压与摄取的钠含量成正比,钾、钙含量均为负,而镁、锌则能起到一定的防护效果,但与蛋白质及膳食纤维摄取之间存在显著的负相关性。骨质疏松症主要是由于缺乏维生素 A、维生素 C、维生素 D 和钙,导致人体内钙素含量降低。

第四节 运动性休闲活动的环境基础理论

人的所有生活都与环境息息相关,包括空气、水、土壤、植物、动物和微生物等,以及以观念、制度和行为规范为主要成分的物质要素;它包含了自然和社会两方面的内容;包含了无生命的形态和有机体的形态。环境与特定的对象有关,环境的大小、内容等也因其对象的差异而异。体育休憩是一种以体育为主要形态的社会性休憩,与环境密切相关。

一、体育环境学概述

(一)体育环境的概念

1. 体育的概念

要了解运动,就需要了解它的由来和发展,对它进行全面的、历史的剖析。"体育"一字的意义有一个演变的历史进程。当第一次被引入到我们国家时,是一种以"体能"为主要内容的教学,这种教学是与人体的维护与发展相联系,符合"体育"的世界性概念。随着时代的发展和运动的发展,运动的目的和内涵已远远超越了传统"体育"的范围,运动这个词也有了"广义"和"狭义"两种含义。泛泛而谈,泛指体育,包含体育教育、竞技体育和体育健身三大部分;体育运动是一种以身体和智能为基础的综合社会和文化现象,根据人体生长发育、技能形成和功能提高等方面的综合发展,提高身体素质和教育水平,增强体质和运动能力,改善生活方式和生活品质。然而,在人类的发展中,体育运动的观念也不再一成不变,而对运动的理解也将发生新的变化。

2. 环境的概念

环境一词是,意为"环绕"或"包围"。就字面意义来说,是指身边的东西。从哲学的角度,环境是指某一中心或主体相对的客体。某一中心事物有关的周围事物，就是这个中心事物的环境。在对象与对象之间存在差异的情况下，对应的对象也就是"情境"的意义也就不同了。从广义上讲，是对生命产生一定的作用，而所谓的"生命"，则是指"人"。环境是由人构成的外在的世界，也就是人们所生活和发展的各种客观的环境。在生态学中，环境通常是一个人或一组生物所处的自然环境或物质条件，其复杂的社会文化条件对个人或团体产生了一定的作用。人既生活在自然环境中，又处于技术化、社会化的人文环境之中，而这一切又构成了环境的一个基本要素。从人的角度来看，是一种"以人为本"的观念，这种观念与以人为主的环保观念、与以生物为主、以人为主体的环保观念之间存在很大的差异。

3. 体育环境的概念

体育的本质特征和它的社会性特征，使其不能独立于世界之外，它与大自然、人的社会有着必然的本质联系。体育环境是各种社会、气候、空气、岩石、土壤、动植物、微生物、社会政治、经济及人文等因素的统一体。简单地说，"一切物质、能量、自然和社会的一切事物，都对人类的运动产生了直接或间接的作用"。他们可以和体育进行物质、能量、信息的交流，并对体育活动有积极和消极的影响。体育运动是人类的一种社会性行为，是一种社会和文化的表现形式。因而，从"人本主义"的观点来看，运动的环境是围绕体育进行的，其外在的条件是其生存与发展的自然与社会条件及其相互之间的联系。包括山川河流、大气、土地、生物和噪声等；社会性条件是指人们在物质生活、政治生活、精神生活等方面的总称。

体育运动是一种社会生活中最主要的一种行为，也是一种社会文化的产物。在体育运动中，个人或团体的行为，不但与其本身有关，更与其所处的物象、社会性、时空等因素密切相关。体育环境学主要是以体育为核心的环境，通过对体育与环境的相互影响、把握其发展的规律、调节体育与环境之间物质、能量和信息的交换，揭露体育与环境之间的冲突，寻找方法和途径，优化环境，促进体育与环境的和谐发展。

（二）体育环境学的产生与发展

1. 体育环境学产生的动因

20 世纪 80 年代以后，我国的体育发展迅猛，出现了许多新的专业。这是由于运动与其他领域的相互渗透、优势互补，才能更好地推进新的课程建设和发展。但是，新的科学理论的产生与发展必须经过"动机—预备—成长—上升—确认—扩散—发展"的复杂过程。新课程的产生具有内部驱动力和外部驱使作用。它的内部动因是新的学科的萌芽与孕育、崛起与发展的重要因子，而外部的力量为新的研究创造了合适的环境。同时，内外作用力的交互作用可以使新的科学研究成为新的发展动力，进而推动新的科学研究。因而，与其他学科类似，新的运动生态学的产生有着自身的内部动力和外部动力。

（1）运动生态学的内部原因

在经济全球化和体育国际化的背景下，各种高新技术、教育思想及学术思想不断地渗透和影响着我们国家的方方面面。体育学科包含体育科学、体育法学、体育哲学、体育社会学、体育教育学及体育心理学。环境科学是一门新兴的学科，它的产生至今仅有三十余年，但同时也产生了许多交叉学科，如环境化学、环境法学、环境医学和环境经济学等。通过对运动生态学的建构，可以拓展运动科学的新的研究范围，使其更加丰富和完善。体育生态学就是以运动科学的基础理论为指导，以环境科学为指导，将运动与环境科学有机结合，从而建立起一套较为完整的科学理论。

（2）体育环境学产生的外在动因

当代世界正在迅速向"经济、技术、文化、社会"的综合发展。尤其是在我国从计划经济向市场经济和产业化过渡的今天，体育是一种复杂的伴随着人类社会发展而产生的一种日益扩大和复杂化的运动。就体育运动的起源与历史而言，它并非是与世隔绝的，它既受到自然环境的制约，也受到了它的社会环境的制约。例如，在北京 2008 年奥运会期间，遇到了许多环境问题，比如场地的选择与建造，要考虑到环境、气候、交通、信息等各方面的影响；奥林匹克体育的市场化运营应充分考量到社会的文化、生态、社会和文化等因素。然而，我们的日常活动（广义的运动）也遇到了一些与之相似的问题，在实际生活中，却没有一个能够真正地引导科学研究的理论，而这正是运动生态学研究的外部动力。

2. 体育环境学的发展

自人类文明诞生至今，人与其所处的环境密切相关。同时，由于人与环境的相互影响日益复杂化，使得"自然—人—社会"成为一个辩证统一的发展过程。体育运动是一种社会行为和一种文化现象，人们是以人为主要的参与运动，因而它和人们的生活有着密切的关系。随着体育事业的日益全球化，运动日益变得复杂。在解决体育与人的生活环境、发展中所遇到的诸多问题，是当今世界各国共同关心的问题。与此同时，在我国的体育与环保领域，也出现了大量具有深度的研究结果，为我国的体育生态学学科建设打下了良好的基础。建立运动生态学是适应时代发展的需要，它必然深刻地改变着体育的生态环境。通过对运动环境的深入探讨，体育环境科学在我国的发展中有着广泛的发展。对促进我国体育产业和生态环境的发展有重大的现实意义。

（三）体育与环境的关系

1. 人类与环境的关系概述

人类与大自然之间的联系是一种持续进化的过程，就像恩格斯所说的那样："人是大自然的一种产品，是在其周围的环境中成长的。"人类是自然界的一员，是人类在自然界中的一个重要组成部分。人们曾经对大自然充满了敬畏，对大自然膜拜，对天仰望，对大自然服从，受到自然强大而顽强的控制。当人们的智力越来越高，认识到更多的东西时，他们不再甘心屈从于大自然，而超越了大自然，更想支配、利用和控制它们。由于对天然资源的不正当使用，造成了环境的严重污染，造成了生态的损害，从而造成了人与自然的矛盾。

2. 体育与自然环境的关系

自然环境是人类的生命与发展的重要物质条件。没有什么能脱离自然界而生存，而人是自然界的演化过程，所有的行为都与大自然息息相关。体育是人类的一种社会行为，它离不开与大自然的联系，它的发展受到环境因素的极大制约。参加运动可以增强体质，培养情感，增强生活的生命力。而自然环境为体育活动的开展、发展创造了条件。从利用太阳进行日光浴、游泳，到利用森林、草原、沙漠和河流等进行越野、登山、漂流和探险等活动，利用热气球、跳伞、帆船和帆板，利用马和信鸽等生物，为运动提供了各种便利。因此，体育运动的运作与发展，不可避免地要受自然环境的影响与约束，就像联合国环境规划局的执行主席特普费尔所言，"运动与环境是息息相关的"。

第一，人们在进行运动的过程中，一定程度上会影响到自然环境。"奥运村""亚运村"等建筑的出现，以及体育人口的不断增长，对体育设施的需求量和建筑面积不断扩大，对生态系统的整体均衡产生了一定的不利作用。因而，

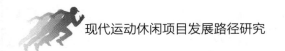

体育活动的运作与发展应尽量与自然环境保持和谐一致。

第二，空气、陆地和水等环境因素对运动员和室外活动的人员产生了负面的作用，使他们的表现下降，对身体的健康产生不利的作用。在运动场或周围的环境中，由于环境的原因，空气中的废气会导致运动员无法正常地进行运动。这项由日本、欧洲、北美洲及非洲的运动爱好者所做的一项研究表明，由于最近几年的气候变迁，很多参加体育比赛的人们都必须要穿戴长袍，并涂上防晒油来抵御暴晒。

第三，体育活动发展到一定阶段，体育设施、赛事或活动对生态环境的作用将会日益显著。比方说，奥林匹克运动会、世界杯赛和环法自行车锦标赛，数以千计的工作人员，大量采购和消费资源，生产数百万种消费产品，使用能源和水，制造固体废物，开发土地，使用大量汽车。造成能源消耗，空气和水污染，温室气体排放和废弃物增加，其中含有毒性和无毒性垃圾，还会导致臭氧消耗、生物多样性丧失和土壤侵蚀等。

3. 体育与社会环境的关系

社会性情境是与人类的生活有关的社会性要素，以及它们与人类生物遗传和心理状态的相互作用而构成的一种社会制度。社会环境的内涵是非常丰富的，它涉及社会人文现象、文化氛围、舆论环境、社会政治环境、人口环境和经济环境。社会条件对体育社会意识、体育价值观念产生了一定的影响和限制。体育运动对人类的生存具有重要的现实意义。就体育的文化环境而言，它的作用是多种多样的。在我国宗教信仰、民族传统文化、科学技术等因素的影响下，我国的体育文化也受到了一定程度的制约。从社会的角度看，由于其社会的本质，体育活动是由马克思主义领导的，是广大民众的一项共同的工作。从人口的角度看，人口数量、文化素质和构成等因素对人口数量与素质有很大的影响；从经济条件上说，发展的前提是经济条件，而发展的规模和发展的速率取决于发展的条件。体育运动对拉动国民经济的发展起着举足轻重的作用，运动可以提高劳动者的身体素质，增强劳动者的劳动力素质等。

（四）体育环境的分类

体育生态是一个综合的体系，各个要素相互依存、相互制约，共同作用于体育运动的发展。在我国，对运动生态系统进行了划分，主要包括两种类型。

一种是熊茂湘所提的以运动环境的最优因子为基础的一种新的运动环境分级法，按影响形式、涉及范围的大小、表现形式、存在形态和本质五个层面进行了划分。其作用形态可划分为内外两种；其影响的规模可分为中观环境、宏观环境和微观环境；其主要形式可划分为大众体育环境、学校体育环境和竞技体育环境；其生存形式可划分为运动的自然环境和运动的社会环境；其特征可划分为软、硬两种类型。

　　另一种是邢永根根据运动的外部环境和内部环境的作用，给出了一种对运动环境的划分，指出了运动环境包括组织环境、市场环境和国家环境三个层面，每个层面都包括了其环境的总体内涵。

二、运动性休闲活动的社会环境

（一）社会环境的概述

1. 社会环境的概念

　　社会性环境是指以自然为依托的自然物质，经过长时间的自觉的社会活动，由自然物质的生产、物质的积累和物质的文明的积累而构成的。生态系统是以自然环境为依托而形成的人文环境。这里的环境大多是人工制造的，到处都是人类的痕迹，是人类特有的。在现实生活中，除物质和组织要素之外，还有大量的体制和心理要素。

2. 社会环境的构成

　　社会情境，一般包括家庭、社区、学校、单位和政府等实体组织，以及社会的各种社会文化和体制，如风俗、伦理和法律等。社会情境就是由不同的情况、要素组成的。总之，政治、经济、社会和文化四大环境的组合构成了一个完整的社会环境。就运动而言，运动的发展史显示，运动和其他一切运动都不是一个独立的社会，其发展受一定的政治、经济和文化等因素的制约，而运动的发展又反映了运动的发展规律。体育社会环境包括体育政治环境、经济环境和体育人文社会环境。

3. 社会环境的特点

（1）差异化

　　它的内涵结构涉及了社会的所有方面和层次，其特征明显地表现为多元

化。从整个的社会情境和个人的成长所处的社会境况来分析，都呈现出多元特点。

（2）稳固性

就个人而言，社会，特别是大的环境比较平稳，政府制定的政策、法规等在相当的时期也比较平稳，这有助于促进整个社会的良性运转，促进个体的正常平衡发展。

（3）动态性

一切都在不断地运动、变化和发展中，而社会的情况亦是这样。在这个过程中，人们的生活方式发生了翻天覆地的变化。现在的形势"日新月异"，或者说"一日千里"的社会发展，都是指一种不断改变的情况。因此社会环境是动态的，它具有相应的动态性。

（二）体育政治环境

1. 体育政治环境的概念

在社会生活中那些被承认、被利用、被否定及被排斥的社会力量，其对体育所产生的种种作用，使之构成了影响体育运动发展的政治因素，称之为体育政治环境。

由于政治是最基本、最宏观的调控体系，因此，它也不可避免地对各个子系统产生了影响。而在运动中，也不可避免地会受到政治的冲击。

在各种制度的改革中，政治制度的变化与其他制度的变化有着密切的关系。它是统治所有特定体制的重要政治体制，具有决定性作用。在体制改革的本质上，其他各种特定的体制的确立与健全，必然与政治体制相协调。因此，在不同的历史阶段，不同国家的不同的政治体制都会对体育运动产生正面或负面的影响。体育体制是一种政治体制，是一个国家的一个整体，在一定程度上，国家的体育体制都有其自身的特点。所以，政治体制决定了运动的种类。

体育的价值观受其政治理念的制约。各国的政治理念各不相同，导致各国对其价值观的理解也不尽相同。比如：东方崇尚的集体主义，西方崇尚的个人主义，共同推崇的民族精神等不同形式在体育运动中展现出来。由于各个阶层在各个时代有着各自的政治理念，其对体育运动的渗透与影响也是不尽相同的，因而产生了不同的体育价值观。政治对运动的掌控通常是通过政策法规来实现的。也就是说，在这个阶级的国家，统治者们在制定体育政策和完善体育法规制度的过程中，对体育的政治生态进行了最优化。举国制度是在计划经济时代提出来的；我国提出了"大、小、大"的社会化变革；全民健身运动的基本国家政策；改善居民健身活动的居住条件的政策。

2. 政治对体育的影响

体育是由体育的政治条件所决定的，而由各种政治体制所构成的各种体育体制对体育运动的规律性和影响也是各不相同。但与此同时，体育对社会政治氛围也产生了一定的正负反作用。以其独特的手段对社会政治生态进行了积极地反馈，并从多角度对社会政治生态产生积极的影响和变化。

（1）体育运动的领导是由政治所控制的

在进入阶级社会以后，哪一个阶级在政治上掌握了政权，也就必然地要求掌握体育的领导权，就不可避免地需要获得体育的领导权，并且按照当时的政治经济体制的需要，制订体育的方针政策和制度，确定体育的目标和使命，从而形成体育的领导机关，使体育为统治阶级的利益服务。

（2）体育活动的本质和发展趋势受政治因素的制约

这一现象的产生与当时的政治制度、国家政策、统治阶级的喜好和风俗等因素有关。体育活动的目的与本质是由其政治需求所决定的。政治体制对体育发展的限制，有三种方式：一是以运动为媒介进行的政治活动；二是通过恢复与切断与其他国家的联系，增强民族自信心，增强民族精神；三是以体育为媒介，以社会保障、特殊的社会团体为媒介进行社会活动。

3. 体育对政治的反作用

体育作为社会的有机组成部分，它不仅受到政治的制约，同时它作为相对独立的，有重大影响的社会活动对政治也具有重要的反作用。

从整体上来看，它的功能主要有：增强我国在世界范围内的地位；增强国民的爱国热情；培育国民所需的人才；营造稳定的社会氛围；同上层思想的互动，加强各国之间的联系，加强友好关系的建设。

从宏观层面来看，体育既让人追求健康的体质，又能让精神愉悦，还能实现对身体和精神发展的憧憬，追求生命的价值与梦想，追求生命的目的，总之，追求个人的社会化。

政治能够利用自己的功能，利用运动作为一种独特的工具，对人类的道德、

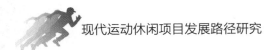

行为、思想和生活习惯进行调控，使社会安定和谐地向前发展。

从政治观点来看，这是一个很重要的问题。它对政治的影响主要体现在以下方面。① 以体育运动推动个人的社会化、政治的社会化、对人民进行某种政治价值的教育，以及与现行的政治体制相符的思想和行为准则。② 加强社会各阶级之间的交往，并参与到运动中来，从而推动纵向的政治融合。③ 体育为人们提供合理的、适度的社会排斥途径，使其成为一种有效的社会安全阀。④ 在竞技活动中树立运动员的形象，形成符合当代政治思想的思维方式，把竞技比赛作为传播媒介的最好媒介，促进民族团结、和谐、团结的进程。⑤ 以运动作为象征符号来表现民族的意象，产生强烈的共鸣和共存感，从而推动内部政治的整合。

就政治层面而言，运动具有重要的意义。在政治上，体育运动的重要性，不但体现在一国的内部，还体现在各国之间的交流中。体育运动可以作为一种在国内政治体系中发挥的功能，从而社会的政治化。尽管体育本身的表现形式是一种政治中性，并不具有显而易见的政治表象。但是，体育竞技的结果和成就却能被政治来解释或被涂上政治色彩。

（三）体育经济环境

1. 体育经济环境的概念

一国的发展方式、发展程度的不同，其发展的规模与速率也会随之发生改变。经济基础是发展体育的重要物质条件，而拥有强大的经济基础，则可以为发展体育运动投入更多的资金和资源。

在这样的大背景下，随着经济制度的变革，体育也不可避免地要进行变革。然而对于一个国家的体育发展，虽然在一定的历史环境下，可以产生短期的效果，但是，它最终还是会被强大的经济基础所束缚。所以，要对体育运作和发展进行深入的探讨，就需要对其产生的作用和限制进行深入的探讨。在影响体育运动的过程中，两国的关系相互联系，相互制约，共同发展，共同繁荣。而在我们国家，体育的运作模式也是由自身的社会和经济运作模式所决定的。在竞技运动中，经济是决定竞技运动发展的根本因素，它的发展既取决于其发展的水平，也取决于其运作模式。在计划经济体制下，我国的体育运作模式是"由政府出资，由政府管理"，其运作模式以行政指令为主。在市场经济条件下，我国的体育事业要按照市场经济的根本需求来运作，要符合市场经济的根本需求。

体育经济条件是指影响、制约和促进体育活动和发展的各种经济要素的综合作用。体育经济环境因素的构成要素、经济发展模式和经济发展程度的价值规律、竞争规律、供求规律和交换规律等内部规律的双重作用，是影响体育活动和发展的重要因素。

2. 体育经济环境构成

经济、社会条件对体育运动的影响，来自经济领域的各个方面，还包括对资源的使用和对资源的分配等各种经济问题。但是，体育经济的发展状况与其所执行的国家、区域间的经济发展程度有关。前者是指运动发展的快慢与总体水准，后者是指运动发展的特定方式。

3. 体育经济环境与体育的相互影响

经济条件是发展体育运动的重要条件。因而，我国的经济发展方式与发展程度直接关系到我国的体育活动与发展。一国的体育发展方式是由其自身的发展方式所决定的。我国的体育制度的变革是由我国的经济制度变革所决定的。多元化的经济体制不可避免地带来了多元化的运动体制。此外，不同的发展方式、不同的经济层次，对我国的体育发展情况也有一定的影响。经济发展程度直接关系到我国的体育发展速度和发展规模。经济发展的程度是决定我国竞技运动发展方式和组织方式的重要因素。在全球经济激烈角逐中，发达国家竞技运动组织的发展速度之快，让人眼花缭乱。尤其是在知识经济时代，人们闲暇的时候，体育运动的组织形式日益复杂化，运动范围不断扩展，全民运动正如火如茶地进行。同时，体育运动也会对社会的经济发展产生一些负面的作用。体育发展促进了社会的发展，体育新闻、体育彩票、体育赛事、体育团体和体育用品等都对国民经济产生了巨大的推动作用。与此同时，体育运动的发展，不但为民众增加了就业机会，提高了就业率，也促进了城镇的发展，提高了人民的生活品质。

（四）体育社会人文环境

1. 体育社会人文环境的概念

"人文"，是指在人的生活中，存在着各种各样的文化现象。人文生态是以人文传统为载体，以人类的心灵充实为目的的，也就是以人文精神、人文意识、人文品质、道德水准和文化心理品质为依托的一种社会文化氛围。"人文"是一种广义的观念：第一，它是一种与人的活动有关的、与其自身的自然地理条件相对应的社会条件。但传统上，社会文化、社会心理、政府相关的政策与管理制度都不在其中，因此，从整体上讲，"人文社会"是一个民族的文化传统、社会心理及政府的相关政策与管理制度。在宏观层面上，它是一个集体的社会。第二，它是一个社会的氛围，它有助于人们自由思考，充分开发创造性潜能。在人文社会中，文化传统是最主要的因素。体育运动是一种人类的社会性行为，各种人文要素对人们的思想品德、文化程度产生了一定的影响，从而对其在各个层次上的运行与发展起到了一定的约束作用。"体育—人文"是指以"运动为中心"为核心的多种社会文化要素。

2. 体育社会人文环境的构成

从文化、科技、教育和信息等方面进行分析。而文化环境、科技环境、教育环境和信息环境等则是较为特殊的环境体系。

在文化的引导下，竞技方式有了改进，得到了最好的发展。体育的固有价值观念、思想观念和行为规范越来越明显。这种思想层面的深刻内涵，是人们的普遍的理念。思想和文化是看不见的，而物质是看得见的。精神是引导人们进行体育运动的理念与创新，而体育教育则是引导人们进行体育多种形式创新的前提条件。

体育将三种不同的文明形态有机融合在一起，形成了意识形态、生活方式和精神物化的产物。体育的社会—文化因素包含体育科技因素、体育教育因素和体育信息因素。

3. 体育社会人文环境与体育的相互影响

体育的社会—文化氛围是运动的产生与发展的物质和动力。文化传承是终身体育运动能够形成和发展的关键。体育作为一种文化，它是一种可持续发展的文化，它在各个时期都有着自己独特的意义，而随着文化的发展，它的内涵也会发生相应的发展和改变。在体育的社会背景下，以体育的社会、文化和环境为主导，以政治为保证，以体育为基本的物质条件。

此外，体育运动对体育的社会和文化生态也产生了一定的作用。运动是人在创造物质的同时产生的。运动是人类需求的产物。但人类的需求是多种多样的，除生产性需求之外，还有生理需求、心理需求、安全需求、娱乐需求、社交需求和信仰需求等。人类在满足需求的过程中，形成了精神文明，也就是精神财富。运动的发展，不但能给人们提供物质上的满足，还能给人强壮的体魄。同时也能给人一种持续的精神动力。体育的知识内涵，体育精神，奥运精神，体育人的坚强，吃苦耐劳的精神和精神素质，都是与人民群众息息相关的。

三、运动性休闲活动的自然环境

（一）概述

1. 自然环境的概念

人的生活环境是自然界在漫长的历史发展过程中产生的，而自然环境又是人们生活的基本条件。自然界中一切能够对人类的生活、生产产生直接或间接作用的自然的物质与能源。组成自然环境的各种物质有：空气、水、植物、动物、土壤、岩石矿物、太阳辐射和宇宙中的天体物质。体育休闲的形成与发展是以自然环境为基础的，它为其运作与发展提供了场所与物质。体育休闲发展所需要的各种物质，均可通过自然条件而直接或间接地获取。自然环境限制了体育休闲的运作与发展，加快或延缓体育休闲的运作与发展。

2. 自然环境的构成与分类

自然环境包括生物体和无机环境，其中包括从内部到外部形成的生态圈。以大地为中心，可以将自然界分为大气、水圈、岩石圈、土壤圈和生物圈。这些因素构成了人类赖以生存和发展的生态环境。在这种情况下，体育休憩的自然环境，是一种与体育和娱乐的环境有关的环境，所以，体育娱乐环境的划分也是不同的，根据环境的构成，自然环境可大致分为四个子环境：有地质地貌环境、大气环境、水体环境和生物环境。这些元素之间互相影响，互相转化。体育休闲活动是体育活动的重要内容。体育运动的自然环境，是指运动场地所在的地域和气候条件，其形成于人类之前，即大气、水圈、土壤圈和表面生物圈。他们是运动形成、发展的最基础的物理条件。

3. 自然环境的特点

（1）形成的天然性

自然环境是一种自然现象，其形成、发展、分布和特征受到自然界的各种

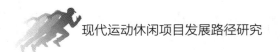

自然条件的制约。自然环境不但可以赋予人类天然的、自由的、朴素的和生态的美感，还可以调节人类的身心。

（2）地理位置的分配

自然条件具有鲜明的地域特色。从地理上讲，从赤道到极点，从海洋到河流，从湖泊到内陆，从平原到沙漠，再到高山自然环境，完全是天壤之别。各区域的生态系统在动植物种类、分布和特征等方面存在差异。

（3）时效性

受气候、时间、空间等多种因素的制约，使其具有季节性和周期性的变化，同时也会对运动员的参与时间、地点等产生一定的影响。四季的自然变迁，也会改变它的魅力。

（二）地质地貌环境

1. 地质地貌环境概述

在生态系统中，地质和地形是构成生态系统的一个主要因素。

地理学是由于地壳的内部动力和外界动力的影响而产生的。内部动力是在地底引起地壳移动的动力。这是因为地球自身的旋转不均衡，和来自于地心的热能、化学能等引起的。由于内部动力的影响，地壳发生了横向及上升的移动，导致地幔的变形，造成了地幔的褶皱、扭曲、断裂、火山喷发和地震等多种形式。比如，高山和山地，低矮的丘陵，一望无际的平原，高寒的高地和山谷。外在作用力是由地球以外的力引起的地表形状变化。它的产生是因为它自身的引力和来自太阳的能源。在大气、水、阳光、冰川和动植物等因素的作用下，地球上形成了沙漠、沙滩和洞穴等。

由于地质、地形和地形等因素的差异，导致了各种地质地貌和资源的差异。比如：石灰岩型、玄武岩型、花岗岩型、流纹型、变质型、溶洞型、丹霞型、赤砂型丹霞型、沙漠型、戈壁型和雅丹型地理位置优越，为人类的生产创造了有利的条件和珍贵的资源，为城市居民的娱乐活动创造了有利的发展机遇，为城市的发展创造了一个自然的场所。

2. 运动性休闲活动与地质地貌环境

（1）运动性休闲活动的地质地貌环境条件

地质地貌环境是影响运动文化空间的主要因素之一。不同的地形地貌会对体育休闲活动的规模产生直接的影响，而且地域上的不同也会对体育休闲活动的分布产生明显的影响。由于地质、环境的构造与形状，形成了多种地质地貌和资源，为体育休闲运动的发展创造了有利环境。例如，花岗岩是一种岩石景观，其岩性均匀、质地致密、强度高、抗风化能力强、吸水性低、耐磨损、耐腐蚀、色彩美丽、富含矿物质且岩壁险峻。石灰石景观和喀斯特景观是由结构复杂、抗物理风化的石灰石景观和名闻遐迩的石林、峰林和天坑等构成的，是人类攀登、徒步、探险、健身及疗养的最佳场所。就地理条件而言，广袤的平原地带，因为地势平坦，终年日照较多，气温较高，所以很适宜进行大型的游乐活动，比如赛马、射箭等。现场人山人海，热闹非凡。在高原上，因为地势较高，气压较低，氧气浓度较低，所以在这里可以进行高脚竞速、板鞋竞速等运动。在某些山区，地形起伏，是登山、绳索、竹竿攀爬等运动和娱乐活动的理想场所。而同一地区的海拔高度是进行体育休闲活动的重要依据，而各地区的地势高低、纬度又有差异，因而其进行体育活动的方式和时机也不尽相同。

（2）运动性休闲活动对地质地貌环境的影响

1）积极影响

在进行体育休闲活动的过程中，由于其所处的地理位置、空间及其他物质条件的丰富，体育休闲活动会对其进行更好的发展与保存。随着社会、经济和相关的体育项目的发展，对运动休闲的热情越来越高，相关的运动行业或组织也随之出现。要想更好地发展这个新的行业，就必须要有合适的场地来进行相关的活动。在此基础上，开发商将依据体育休闲活动所要求的地理位置，合理开发或改建尚未开发的地质地貌。并对其进行科学、高效的开发与维护。要继续发掘和开发原有的地理环境，使其更有应用的意义。比如，针对山地资源，可以进行山地徒步、山地自行车运动等方面的发展；在高原上可以进行一些高原锻炼、野外考察等活动。让人们在体验大自然美景的同时，也能更好地体验活动带来的乐趣。同时，对体育休闲活动进行的地理条件的发展也将促进区域交通、旅游等方面的发展。经过人类的开发和改造，将会使得原本的地质景观变得更漂亮、更实用。

2）负面效应

随着社会的发展，体育活动在全球范围内的普及，尤其是大型运动会，不仅对生态环境造成了冲击，而且对生态环境也造成了一定的负面影响，导致许

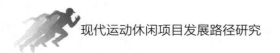

多自然地理和自然风景的生态系统受到严重损害。在进行环境发展的过程中，还会产生大量的机动车尾气、噪声污染、生活垃圾堆积和环境承载力等问题。同时，在体育休闲活动进行的地方，也会因此而建设各类不同的体育设施，从而对现有的地质和生态环境产生影响。因而，过度利用地理环境，也会使原来的自然环境遭到毁坏。

（三）水环境

1. 水环境的基本知识介绍

（1）生态系统的基本内涵

水环境是水在自然条件下形成、分布和转化的一种生态系统，是指在人口的周围，以及能够直接或间接对人的生存与发展产生影响的环境中的各种自然性和相关的社会要素。另一些则是相对稳定的自然水体周围的环境，以陆地为界。通常情况下，水体的水环境可划分为地表水体和地下水体。地表水环境主要包括湖泊、海洋、河流、水库、池塘和沼泽等，地下水环境主要有泉水、浅层地下水和深层地下水等。水资源具有自然和社会双重性质，是人类居住的一个主要因素。

在地表，水域覆盖了大约71%的陆地。全球总水量1 386亿立方米，海洋水资源13.38亿立方米，占96.5%；陆上水量为0.48百万立方米，占3.5%。世界海水为3.5亿立方米，占97.5%；0.35亿立方米的纯净水，占2.5%。除了北极和冰川之外，仅有0.26%的淡水可以被方便使用。

（2）生态系统的水环境特征

与其他环境相比较，水环境也有自己的特征。

1）整体性

不同的水体成分相互联系，相互制约。由于水生态系统是一个平衡的整体，因此，当一些水环境因素发生改变时，另一些水环境因素也会被波及和损害。

2）有限性

由于地球的空间是有限的，而形成的人的生存条件自然也就受到了限制。如湖泊生物资源有限，湖泊环境容量有限，可容纳人口有限等。

3）不可逆性

环境系统在其运转过程中，主要存在两个过程：能量流动和物质循环。前者为不可逆的，后者为可逆的。因此，当水体受到损害时，可以通过物理化学原理进行部分修复，但无法完全还原。

4）关联性

各种因素相互联系，相互影响，形成一个有机的整体。比如，在对湖水环境进行整治时，不能以湖治湖，而是要从区域总体的生态系统出发，进行全方位的综合环境管理。

5）多元化

水体的构成因素多种多样，其多样化程度对生态环境的稳定性具有十分关键的影响。随着水体的变化，其生态系统的稳定性也随之增强。

（3）水的化学成分

水是透明的，没有颜色、没有气味的。严格来说，水是一种由各种无机物，有机物，微生物等组成的混合物。水是这个地球上最丰富的化学物质之一，有约三分之二的地表都被海水所包裹。水体中的主要化学成分是钠、钙、镁等矿物质。水的硬度是由在水中的钙和镁的含量决定的。1 L 水中含有 10 mg CaO（或者相当于 10 mg CaO）称为 1 度。硬度低于 8 的水，如雨水，雪水，纯净水等属于软水；硬度超过 8 的水如矿泉水为硬水。国家的标准是：水的硬度必须低于 25 度。据英国《每日电讯报》报道，研究人员及医学专家指出，患有高血压、动脉硬化等心血管病的人，其死亡率与饮用的水呈相反关系，水质较软，则导致死亡人数增加。如果喝太软的或太硬的开水，对身体不好。我们日常使用的水有：水源（江河、湖泊、水库）水、井水、纯净水、矿泉、山泉水、蒸馏水和保健水等；也可以使用一些适宜于一些患者使用的水，如 pH 为 8.5 左右的碱性水、离子水、富氧水（水的氧含量高于普通的饮品）。这种水中所含的少量矿物质对身体有很大的影响。

（4）水的循环

水在自然界中的三态变化使得水始终保持着一个动态的平衡。在太阳辐射、重力和大气的影响下，地球的水分在固体、液体和气体的流动中发生了转变和再循环往复，但是水量却没有变化。通过观察发现，水循环是一个封闭的系统，它为我们的地球供应了可持续的水源并维持着一个持续平衡的生态体系。是水流的循环系统，使河流、湖泊和海洋在地表上流动；让水流作为运输工具，承载着大自然中的泥沙和污染物，并以水流和运输的方式创造出了五颜

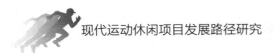

六色的自然风景。

（5）水环境的质量

水环境质量与人们的生活与发展密切相关，其中水环境质量主要有地表水环境质量、地下水环境质量和海洋环境质量。地表水环境的品质，除对水质的需求之外，还包括河流、湖泊、水库、池塘等的形状与空间的改变，水体的排、蓄和滞等防御洪水的能力，还包括水资源的供求状况，例如：人均拥有的径流或人均拥有的水量。瑞典弗肯马克提出了一个标准，那就是如果每人拥有1 670～10 000 立方米的水资源，那么在干旱季节，就会产生水资源短缺或者水质问题。如果每人拥有1 000～1 670 立方米的水资源，就会感觉到用水量的不足；如果低于1 000 立方米，就会造成水资源短缺。

（6）水环境容量

水环境容量是指当不会对水的日常使用产生任何干扰时（满足一定的功能要求，设计水文条件和水环境目的）水体所允许容纳的污染物的量。水本身具有调节、净化和维持生态系统的功能。水体的环境能力是制定地方性、专业性水域排放的重要指标。

水环境容量归纳为三个方面。

1）存储容量

通过对污水的稀释，污染物质在水中逐步扩散，最终达到参考或标准允许的水平。也就是说，水中的污染物质和它的质量指标之间存在很大的差异。

2）自净容量

污水通过对污染物质的分解或无害化处理，也就是通过其自身的净化功能而减少了污染。当污染物质是有机物质时，其自身的净化能力又被称作吸收能力。

3）输移容量

输移容量是指在水流中，污染物质被输送到水流中。

由此可见，水资源的生态容量不仅具有自然性，同时也具有社会性。其物理性质主要有：水质特征（流量、流速和水温等）、理化性质（挥发、稀释、扩散、沉降、吸附、水解、氧化、还原、pH 和硬度等）。其社会性质包含了人类对水的需求，如果对水的质量有较高的需求，则其水的环境承载能力将进一步降低。不可盲目地发展水的生态容量，也不能以水的环境承载能力为借口，将污染物质任意排入水中。水资源的环境承载能力是一个制约因素。

2. 运动性休闲活动的水环境条件

水上运动对人体有诸多好处，但在有污染的水体中运动，对人的身体会产生不良的作用。随着越来越多的人参加游泳、跳水、潜水和漂流等体育休闲项目，随着与水相关的体育项目的兴起，人们对水污染所造成的伤害应予以更多的关注。人类在自然水系中进行活动时，应尽量避开靠近工业和生活垃圾排放口的水域。由于没有经过人为的处理，含多种病毒、病菌和寄生虫的生活污水、畜禽养殖区污水、农业废水、医疗废水和生活污水等都会被排放到河流中，会对人们的身体造成严重的影响。

3. 运动性休闲活动与水环境

我国地域广阔，沿海地区绵延，河流纵横交错，湖泊和水车遍布其中。我国在实施"全民健身"项目后，兴建了许多自然与人造的水上运动场地，为体育活动的发展创造了良好的环境。与此同时，随着科技的进步和各种高科技设备的加入，使得水上娱乐活动的发展迅速。

（1）游泳

游泳就是人体在水的浮力下，在水面上有节奏地移动。水中的动作对呼吸机能的要求要大于陆地上的活动，这与水中的水压和浓度、密度都有关，因此，在水中进行多次游泳锻炼，可以增加身体吸收氧气的能力。在水上进行同样的体力活动，其能量消耗要大于在地面上同样的体力运动。

（2）潜水

潜水是指从事水下调查、打捞、修理和水下施工工作时，不带任何专门的设备。后潜水是一种以水上运动为主的休闲体育项目，它能达到锻炼身体、休闲娱乐的效果，深受广大群众的欢迎。作为一项休闲活动，潜水员通常不会去深水区，而是会潜到珊瑚区域。通常来说，这样的潜水活动，只要穿戴简单的潜水衣，戴上氧气面具，背着氧气罐，再戴上一双蹼状的蛙泳鞋就可以了。潜水的项目很多，包括水下游戏、水下狩猎及海底寻宝等。所以，潜水以其特有的魅力，深深地迷住了许多人。

（3）皮划艇运动

皮划艇最初是从独木船演变而来的，它是人们日常生活和生产劳动的一种水上运输方式。随着时代的发展和生活水准的不断提升，皮划艇逐渐回归自然，逐渐形成了一种潮流。皮划艇是指划艇者在船舱里，用一根船桨在船舷上划出

90 度角；划船的时候，划艇者的双脚弯曲，两只胳膊上拿着一把铁锹似的单桨，在船舷上划来划去。小船有一个舵柄，划艇者用两条腿控制；船体没有舵面，只能依靠船夫的船桨来操纵船头。皮划艇是一种速度耐力项目，常参与的话，可以提高身体的心脏和呼吸机能，提高身体的力量和体力。在勘探、测量、侦察、旅游等方面也具有很好的应用前景。

（4）帆船运动

美国最早的航海比赛只有二三十年的发展，但是因为其具有高度的竞技水平和极高的观赏价值，所以非常适合在不同的水上进行。帆船是一种以风为动力的船舶，它是以自然的风向为依托，以帆为动力，以人为驱动的一种水上活动。它集竞技、娱乐、观赏和探险于一身，深受广大民众的欢迎，同时也是世界各地开展海上文化的主要途径。

（5）冲浪运动

冲浪是一项以波浪为驱动的极限活动，在海洋中有一个适合冲浪的位置，可以让人趴在上面或者在上面静静等候，等到适当的波浪接近之后，再将头部倾斜，然后趴在上面，随着波浪的移动，让它有充分的时间来维持在波浪之前，而在波浪的作用下，冲浪人就会站起来，双脚自然地站起来，两膝微微弯曲，利用自己的重心、肩膀和后肢来掌控冲浪板的移动。冲浪能使人忘记一切烦恼，体会一遍又一遍地与波浪搏斗，在波涛中驰骋的感觉。因此，在全球各地，都有很多人在到处搜寻一个最佳的去处，只为了一次与波浪的完美追逐。

（6）摩托艇运动

摩托艇运动是一项很有特色、时尚的水上项目。以汽船为体育项目的一项水上竞赛项目。既能充实人的精神，又能增强身体素质，增强与自然抗争的坚韧精神。摩托艇运动是一种需要熟练掌握和适应水上运动技术的运动，需要掌握基本的航海知识，能够熟练驾驶船艇，熟练运用小而快速的引擎。汽艇体积小、重量轻、速度快、操作简便、维修容易、便于携带、不设航线、经济和实用等特点，广泛应用于国防、治安、生产建设、生产和居住等领域。此外，摩托艇运动还能与划水、钓鱼、潜水和拖伞等多种运动项目融合在一起，形成一系列丰富多样的水上运动。

（7）滑水运动

滑水运动又名"水橇运动"，是一种水上体育活动。用汽船拖着选手在水中滑，做旋转、跳跃等动作。比如，障碍滑水、花样滑水和跳跃滑水等。

4. 运动性休闲活动对水环境的影响

（1）积极影响

发展水上休闲活动，在促进水域生态平衡与保护方面起到了积极作用。随着我国水上体育事业的发展，促进了对水资源的利用，促进了人类对水的和谐理念的进一步深化；同时，通过开展水上娱乐项目的收益来资助水资源的保护；由于水上运动越来越普及，越来越受大众欢迎，将会有更多的人造水上运动场地来取代自然水体的运动场地，降低人类的环境污染；近年来，随着科技的发展，人们对水体进行了大量的处理，包括对淤积物的清理，对摩托艇、游艇等进行了环保改造。

（2）消极影响

在快速的城市化进程中，由于城市的人口过于密集、居住面积的缩减、各种污染、交通不便、机械化带来的体能锻炼越来越少，户外运动逐渐被大众所接受，回归大自然的体育活动也随之兴起，运动场所由单纯的陆上环境转向海、陆、空的全方位立体环境，竞技呈现了生态化趋势。水资源是人们赖以生存的重要物质，同时也是一些体育活动所需要的特定的自然环境。目前，一些水上娱乐活动的发展，对水环境造成了一定程度的影响，在湖岸、河边和泉点等水上活动中，如水上摩托艇、划船、踩水、游泳、钓鱼、跳水、潜水和驾驶帆船等，虽然使旅游活动的内涵更加丰富，但是对水域的生态造成了严重的影响。例如，水上摩托运动不但会冲刷海滩和海岸，还会造成漩涡，例如，珊瑚中的浮游生物、鱼儿等，并造成海水的污染，并向水中扩散有毒有害的化学成分。

（四）大气环境

1. 大气环境基本知识介绍

空气是人们赖以生存的基础，也是人们赖以生存的主要因素。大气层是一个由环绕着地球的空气所组成的"库"，也叫"大气层"，是一种无色、无味、无形的混合气，通常用距地面 1 000～1 400 千米的气压来表示其大气层的厚度。

大气层的总重量约为 5.15 万亿吨，其垂直分布非常不规则。在重力的影响下，空气的质量大部分在较低处，50%的空气聚集在距离地表 5 千米的地方；75%的空气聚集在距地表高度低于 10 千米处；90%的高度都在 30 千米之下。

按照大气气温在垂直位置上的分布特点，把大气按照竖直分布划分为对流层、平流层、中间层、热成层和逸散层。处于最底层的对流层与人的联系最紧密，但是，在最下面的大气则是干洁的空气，水气、悬浮颗粒和大气污染物，这些都是大气环境的重要特征。在干洁的空气中，除水蒸气和悬浮颗粒以外，还含有 O_2、N_2、Ar 及 CO_2 等多种气体，这些气体构成了大气中 99.99% 的气体。此外，在空气中也存在着 CO、NH_3、O_3、SO_2、NO_2 及 Cl_2 等，这些气体在空气中的浓度很低，对人们的日常生活和娱乐活动产生的影响较小。地表湿度在空气中的蒸发，会产生水蒸气，它在空气中的浓度并不是一个固定的数值，而是随着季节和地理环境的不同而改变，其变化幅度在 1% 到 4% 不等。悬浮粒子是指在大气层底部像是小水珠等的液态粒子，以及诸如工业排放的粉尘、矿物燃料燃烧的粉尘、被大风刮走的泥土粉尘、海盐的蒸发、植物的花粉等。空气污染包括自然和人类的行为。火山活动、有机物腐蚀、森林火灾、地震和岩石风化等是天然活动的主要污染源。

人的活动性污染是指由人所排放的煤烟、粉尘、氧化物。在构成地球大气层的各种不同的气体中，有稳定成分和不稳定成分。在大气层中、氮、氧、氩、氖、甲烷和氢等是在地表到 90 km 之间的稳定成分。二氧化碳、二氧化硫、硫化氢、臭氧、水蒸气，以及大气层中的空气污染都是不稳定成分。

气象与气候是两种不同的概念，它们相互关联而不同。气象是冷、热、干、湿、风、云、雨、雪、雾和闪电等多种物理现象的统称；大气辐射、大气环流、海陆分布、地表性质等多种因子共同影响着区域的多年气象特性。气象和气候不仅与人类生产生活密切相关，更与人类的体育和娱乐生活息息相关。气象因素包括气压、温度、湿度、风向、风力、云量、能见度、降水量和日照辐射等，这些都对人的娱乐生活有直接的作用。

2. 运动休闲与大气环境

空气质量与人类生产生活密切相关，同时也与人们的体育休闲行为息息相关。空气的品质与环境的好坏关系到人类的身心健康与整体的环境。地球上的一切大气环境都与人们的生活和社会生活息息相关。人类的各种行为都会对空气质量产生持续的作用，空气品质的下降对人们的生产和娱乐活动都有很大的影响。

（1）运动性休闲活动的大气环境条件

恶劣的天气会让人感到不舒服、情绪低落、容易生病，严重的还会对工作和身体造成不利的后果。舒适的天气，使人们常到户外去参加各种娱乐活动，锻炼身体，体验生活，放松身心，消除疲劳。由于大气的变化，给人们带来了各种不同的环境条件，因此，在适当的大气环境中，人们可以通过适当的方式来进行娱乐，从而获得身心上的舒适和快乐。

最近几年，国内外许多学者对此进行了大量的探讨。温度、湿度、风速和日照等多种因素的影响是由人的感官感受决定的。不过，由于人体条件的差异，每个人都会有不同的感受。在同样的天气状况下，人们因年龄、体质、身体调节机能和居住环境等因素的影响，对空气的感受也不尽一致。

1）舒适气候

舒适的天气环境是指人们在不依靠其他因素的情况下，能够满足人体的正常生理需求，进行体育休憩的一种环境。舒适的天气环境是保证体育活动品质和体育效益的关键因素。

各种气候因素对人的身体有不同的生理作用，在适应机体功能新陈代谢需求时，可以让人感到舒服，而非身体上的不舒服。一般认为，一个地区的天气适宜与否，是由皮肤温度、排汗量、热感及人体热能调节体系所承担的负荷来决定的。在这些温度下，人体的正常温度是 37 ℃，在运动或者是在炎热的环境下，体温会升高，因此，空气的温度往往是衡量天气是否舒适的重要标准。当温度在 10～27 ℃、相对湿度 80%的时候，人们会觉得周围的空气很舒服。然而，在相同的温度条件下，人的身体会产生一种不同的冷、热的感觉，这与温度、空气的湿度和风力等因素密切相关。在合适的温度下，微风会让人觉得舒服一些。有调查显示，适宜于人体的相对湿度为 60%至 70%。相对湿度是在某一特定的环境中，空气中的水分含量与其最大含水量的百分数。当相对湿度高于 70%时，人体的温度将因人体汗水的挥发而产生的水分而变得不舒服。但是，在一定的压力下，环境对人体的作用也会发生改变，在适当的温度下，人体的舒适度受到很大的影响，如果湿度过大或过小，则会对人体水分代谢和热量代谢产生影响，进而对人体的舒缓产生不利的作用。例如，温度过高，会让人的肌肤、嗓子变得干燥，会让人难以忍受。在高温高湿度的天气条件下，体育和娱乐活动是不合适的。天气不但会对人的身体有很大的作用，也会对心情产生很大的冲击。

因为人体运动导致了人体温度的上升，所以在陆地上进行各类体育娱乐活动的时候，往往要受温度和相对湿度的影响。在温度超过 28 ℃、相对湿度超过 70%和温度低于 20 ℃、相对湿度小于 30%的情况下，仅允许进行较小幅度的运动。温度在 0 ℃以下，可以让人感觉到极度的寒冷，不过这也是进行冰上项目的必要前提，冰上的温度在 −10 ℃左右，而滑雪最适合在 −20 ℃左右进行。

在进行体育和休闲活动时，轻柔的清风可以减轻体内的燥热，使人感到舒服。这是由于风可以帮助肌肤蒸发体内的水分，同时也可以将体内的热量从肌肤中排出，从而达到减轻体温的目的。然而，因为"风冷效应"的影响，也会让人体感到寒冷，在较低的时候，会产生不适。这个温度的影响是因为风力而产生的，它能有效地减少人们的感受，称之为"风冷效应"。在温度低于 0 ℃的冰雪环境中，由于风力增大，导致身体不适，进而导致冻伤。通过对体育活动各个方面影响因子的研究，可以帮助人们合理地进行体育锻炼和器材的选用，从而增强体育损伤的防治。如运动的时候，无论是在温暖的环境中，还是在寒冷的环境中，都要考虑到空气的温度、湿度、风效、运动的时间和强度、运动所需要的设备，以及天气的适应性，才能防止肌肉痉挛、能量耗尽、肌肉拉伤及扭伤等。

2）运动性休闲活动场地

在一定的气象、气候条件下进行的体育休闲活动，气象条件与气候条件的不同，会对体育的发展产生一定的不利作用。

滑冰、滑雪、冲浪、滑翔、风筝、帆船、帆板、跳伞、射箭及羽毛球等项目都是因为天气条件的变化而产生的。此外，由于天气状况的不同，对运动员的训练成绩也有一定的影响，例如：帆船比赛中的速度和泳池中水温的微小改变，都会对比赛的成绩产生很大的影响，因此，在进行滑雪时应注意天气因素。由于飞机在空中飞行时会随风而上，所以在跑道上适当的方向和速度对滑翔来说尤为关键，正确的方向对于成功地完成项目是非常必要的。没有正确的风向和风速，滑翔伞是无法起飞的，风速太低造成的拉力支持不足，滑翔机无法起飞；由于风向大，很难对滑翔伞进行有效的操纵，从而导致意外发生。选择滑翔伞的适宜天气是：天气好，可视性不低于 3 km。若选取天空飘着中层云的天气，空气没有热量对流，无法滑行至高空；若遇阴雨天气，则由于气流大，难以操纵，滑翔伞极易受损，危及人身安全。因此，每个体育活动都不适合于各种气候，因此，在进行体育活动时，一定要注意气象条件的适宜与否，而每个体育活动都要在适当的天气情况下进行，从而获得最好的体育活动。

（2）大气环境对运动性休闲活动的影响

气象要素和气候条件与体育活动具有紧密的联系，对体育活动的场地、项目的选择及活动的完成情况具有重要的作用，是进行体育活动所必需的环境因素。

1）积极影响

气候条件的差异是形成各种具有鲜明特点的体育活动的根本原因，而体育活动的发生和发展也与当地的地理环境和气候条件息息相关。就拿"导引按跷"来说，这是因为我们的祖先为了应对夏季潮湿的天气导致的各种病症。在我国北部，由于其独特的地形和气候条件，冰雪活动十分盛行。我国的民族传统体育活动的发源地具有地域特色，例如，"踢毽子"是一种源于北方的民俗体育，它的发源地与北方的寒冷天气紧密相连。羽毛球运动起源于伯明顿，羽毛球运动和当地的无风天气有很大关系。

大气的天气因素对竞技状态的影响较大，温度、湿度和气压等因素对竞技状态的影响较大；风、能见度等因素也会对各项赛事的完成和竞技结果产生一定的负面作用。适宜的温度和湿度对体育运动有益。温度的变化会对人体的神经系统、内分泌功能、血压等造成一定的影响。比如，射箭、拳击和柔道等，最适合在 13～16 ℃之间进行，而羽毛球最适宜的气温是 7 ℃，适合初学者 17 ℃，而经验丰富的老人建议 13～14 ℃。从肌肉能的表现上看，田径比赛最适合的温度是 20 ℃，而田径比赛的最低气温是 17～20 ℃。水分对机体的作用是热量和水分的代谢。在湿度较小的情况下，对跳高选手的水平更有帮助。在潮湿的环境下，短跑选手的力量会更强。风向、风速等因素对身体热量的代谢、神经、心理等均有重要的作用。风力对运动员的速度有很大的作用，在时速不到 2 m/s 的情况下，顺风可以增加运动员的速度，根据推算，当风力达到 2 m/s 的时候，运动员可以在 100 km 处奔跑，而在没有风的情况下，速度会加快 0.16 s。在风力低于 5 m/s，温度在 12～14 ℃时，马拉松赛是最佳的。良好的视野有利于提高跳伞和射击成绩。

普通的教练在进行体育锻炼时，要充分利用大自然特有的气候条件，如风、雨、冷及热等，让他们能够更好地适应气候的改变，并在比赛中取得好的表现，从而达到锻炼的目的。例如，利用顺风、逆风和雨中进行的间断练习，可以使选手的身体素质得到加强，同时也可以使他们在突发的气候条件下适应。在高原地区进行体育锻炼，主要是为了改善运动员的心脏和神经功能。

2）消极影响

a. 气温、湿度的影响

人体的工作性能随气温升高而显著下降。秋季、冬季、春季的气温变化很快，空气中的相对湿度会给人体带来很大的刺激，从而降低呼吸道的抵抗力，造成嗓子干，在锻炼时很可能会造成运动损伤。在低温的情况下，运动会使神经、肌肉的兴奋度降低，皮下组织的血液流动也会变少，暴露在空气中的肢体会变得僵硬，尤其是手指、脚趾，因为天气的原因，肌肉的黏性也会变大，不仅会影响到比赛的效果，还容易造成肌肉的扭伤。在高温下，人体的温度会上升，热量会受到一定的限制，导致肌肉的力量减弱，身体机能受到损伤，导致身体发热，导致死亡。

在体育场所温度高、湿度大的情况下，体育休闲活动是不适宜的。空气温度较高，空气湿度较高，容易发生严重的人体健康问题，如：结缔组织病、类风湿性关节炎、胃肠炎、痢疾、系统性红斑狼疮及硬皮病等。在室内空气中，由于空气中的相对湿度比较高，会影响人体热量的释放，从而影响人体的正常温度，影响人体的正常生理机能代谢，从而导致人体出现闷热、烦躁、身体疲劳及食欲下降等症状。在人体的代谢中，人体在正常温度的范围之内，会产生多种生物化学反应。但是，在正常温度的作用下，这些酶的活力就会一直维持在高水平，一旦体内酶的活力出现了改变，那么机体的代谢就会被破坏。因此，控制体温对于维持一个良好的体魄尤为关键。运动哮喘与训练的时长、环境的污染有关，会影响运动员的呼吸率，从而诱发运动哮喘。在适宜的温度和湿度条件下进行锻炼，并用鼻孔进行缓慢的呼吸可以有效控制运动型哮喘的发生。

已有的调查显示，气候条件对体育活动的作用会因气候等的不同而有所差别。适宜的天气可以提高运动员的竞技水平，相反地，会限制运动员的运动。不管怎么说，体能发挥都会受到大气的影响，这主要是因为人体的生理和化学反应。因此，在大雾天气要尽量不要进行高强度的运动和锻炼，因为大雾天气会增加人体的心脏和肺的负担，从而导致身体的疲劳。另外，在大雾天气中，空气中的水分会让人感觉窒息。另外，由于雾滴中含有酸、碱、苯和酚等有害的成分，容易造成气管炎、咽喉炎和眼结膜炎等。此外，雾霾还会加剧空气中

的有毒物质，从而在人体内部形成协同效应，对人体的健康造成不利的影响，降低了人体的运动量。

b. 风的影响

风力对一些体育活动有很大的作用，如帆船、帆板、滑翔伞、跳伞、射箭、射击、羽毛球和排球等。大风很可能会使其移动路线发生变化，增加其完成的难度。此外，由于人体呼吸过程、能量消耗、精神状态和代谢等因素的作用，会对人体的体力造成一定的负面作用。在运动中，风对身体的散热起着重要的作用，如果在合适的速度下进行比赛，可以增加身体的热量，如果将风的效果与比赛策略相配合，可以更好地促进运动员技术的发挥。如果在运动中被雨淋或者出了一身的汗水，那么就很可能会着凉。此外，如果空气流通太大，会对身体造成损害，根据医学气象调查，冬天冷空气经过时，会导致身体的血管和动脉内压力增加，造成心脏缺血，增加心肌梗死的发生率。在锻炼和休息时，要保证好的空气流通和适当的气温，可以让人感觉舒服，而且可以加快锻炼后疲倦的消除。

c. 大气压、氧分压的影响

如果出现突然降温、大风、暴雨等极端气候的时候，人体在短期之内难以迅速地调整自己。在这个时候，人体内部和外部的环境要保持一个平衡，所有的感官都需要经过大脑皮质来调整身体的机能，如果时间过短，会导致身体的一些机能出现紊乱，从而导致身体的免疫力降低。根据数据显示，80%的心血管及脑血管病病人因压力急剧降低而导致死亡，而这种情况对老人们是很有威胁的。当压力下降时，气体浓度下降，同样的体积，身体吸收的含氧量就会减少。在山地或低压区域，氧分压由 212 mbar 降低至 167 mbar（从海面至 2 000 m），血液中的氧饱和度将从 96%降低至 85%（约等于海拔 3 000 m），这将是一项艰苦的体力活动。降低氧气含量会降低人体的能量供给，从而降低运动员的运动性。

d. 大气污染的影响

空气污染通常是指在特定的区域内，由于人为的作用，使空气中的颗粒物等浓度达到一定程度后，就会对人体造成伤害，或者对周围的空气造成威胁，称为空气污染。空气污染对体育健身既有直接的影响，也有间接的影响，直接的影响是运动时吸入的污染物会对运动员的身体产生损害，间接的则是通过食物和生态系统的污染，影响到运动的质量和效果。空气中的尘埃、一氧化碳、二氧化硫和光化学烟雾等会随着人类的呼吸而侵入体内，对身体造成严重的伤害。二氧化硫是一种无色气体，常与空气中的水蒸气混合，形成具有强烈腐蚀性的酸雾。尘埃和二氧化硫被吸入肺部，通过血液进入人体各个脏腑，对人体造成的伤害很大。比如，在人体中，由于二氧化硫会和维生素 B_1 发生反应，从而导致人体的维生素 C 失衡，导致身体的代谢紊乱。二氧化硫可以通过干扰或限制一些酵素的活力，导致生物体的物质代谢失调，从而降低运动性活动中的能源供应。体育场地的选择应选用空气质量较好、环境较好的场地，以确保体育锻炼的效果。如果在空气污染严重的地区进行体育运动，可能导致中毒，甚至有可能导致死亡；当空气质量较差时，可引起急性的慢性中毒，如慢性支气管炎、肺炎等。有调查显示，长时间居住在高污染地区，孩子的肺部机能会降低 7%；成年人的气喘发生率上升 4%至 5%；中老年人群中的心血管病患病率与环境污染的严重性呈显著关系。

（3）运动性休闲活动对大气环境的影响

1）积极影响

体育休闲活动的活跃能有效地改善和提升空气质量。由于民众的身体素质得到了极大的提升，全民健身也愈加重要。为营造一个更佳的体育生态环境，各国的政府与旅游业者都会投入人力、物力与金钱，通过种种手段，来改善和提升体育场地与环境的品质，让体育活动场地与环境兼具美感与享受。

2）消极影响

体育休闲活动在一定程度上会对大气环境产生不利的作用，因此，应该尽可能地降低和抑制这种污染。现在人的运动范围已经不再局限于家中，为了更好地享受生活，他们往往会选择到环境优美、运动项目丰富、运动设施完善的场所进行运动。当然，这和衣食住行脱不了干系，空气的环境也是不容忽视的。例如，由于饭店布局不合理、管理不善及治理设施不完善等原因，造成了大量的污染物排放无法达到标准，造成了严重的环境污染问题。而公厕的粪便没有得到妥善的处置，并发出一股股难闻的气味，对周围的空气造成了一定的影响。此外，汽车、飞机、火车和游轮等运输方式不符合标准，所产生的废气将会对环境产生很大的影响。体育休闲活动也会对空气产生一定的影响。比如，在运动中，运动员在比赛中随意丢弃废物或排泄物，尤其是在高温高湿的地方，会产生难闻的气味，影响空气的质量。

第四章
现代运动休闲项目发展路径
——技能主导类项目

身体素质是所有运动的根本。但是，在身体素质较好的情况下，要获得较高的竞技水平，取得较好的竞技状态，提高竞技水平是非常必要的。所以，我们必须以身体素质为依据，将所学的东西，有机地应用于实际生活之中，从而实现自己的目标。

这一章主要从技能概念、技能特征和技能主导类的运用三个角度来论述技能。

第一节　技能主导类运动项目的基础理论

一、技能的概念

《心理学大辞典》把技能界定为一个人利用现有的知识和经历，经过长期实践而逐步发展起来的一套复杂的智能行为和身体行为模式。冯忠良等人认为，技能是一种规则的行为，是人们在不断地学习中所产生的。皮连生认为，技能是通过实践而产生的，它能够根据一定的规律或运行过程，成功地执行一些智力活动或肢体协调性的工作。一般而言，技能是通过实践而获得的一种认知和生理活动，它符合某种规律。例如，能够快速、有条不紊地、有效地思考和求解普通问题、复杂的运算。能熟练地进行拳击、自由跳水和击剑等活动。技能是一种与知识相区别的运动形式，可以是外在的展开的动作体系，也可以是内隐的简化动作。

体育技能是指从事多种劳动的人的素质。体育技术是指身体能够在特定的动作中高效地进行。这一技能是由学习和锻炼而来，而不是与生俱来的。此外，体育技能学习作为一项人类的行为活动，包括生理和心理等多个层面，包括生理和心理因素、学习动机、兴趣、情绪、个性，以及内部和外部环境因素的影响。这些影响着体育动作的快慢和质量以及完成动作的成功与否。

二、运动技能的特征

（一）动作技能是后天习得的

技能是随着时间的推移和实践而逐渐发展起来的，和天生的直觉动作相区分开来。某些单纯或非偶然的外在的肌肉的反应，如人类的眨眼反射和摇头动作都不是运动技能。只有通过学习和长期坚持的方法，可以被称为运动技能。动作技能是一种需要感觉和运动系统之间紧密配合的行为。

（二）动作技能在时空结构上具有不变性

从技能的外在构成上，它应该是一个以特定的次序排列的运动系统。所有的运动技能都有一个连续的时序和一个特定的时空构造。举例来说，在起跑线上推铅球的技术，从踢腿到转身，再到发力，都是一样的。运动的空间结构也是很稳定的，但是在原有的运动形式上却又有许多变化，比如，像篮球运球，其运动的空间结构时而大，时而轻，时而快速，时而慢速，但是，基本的运球方式并没有改变。

（三）动作技能的学习从意识性向无意识过渡

在技能的生成早期，由于神经系统发育尚处在概括性的发展阶段，大量的额外行为和失误行为出现，因此，对运动的完成要求更高。当训练的次数增多时，运动能力的神经逐渐分化，对运动的控制也由主动转向了自动。

（四）熟练程度越高，动作技能越自动化和越完善

动作技能是通过练习从低层次的感知系统与运动系统的协调关系向高层次的协调关系发展，最终达到高度自动化和完善的熟练程度。熟练程度越高的

动作技能，越能自动化地轻松敏捷且完美地完成。例如，单手投篮，随着熟练程度的提高，投篮的技能越完善，投篮的命中率越高，而且意识的参与控制的程度越少。自动化并非没有意识的参与，只是意识程度较低。事实上，在活动中，一旦遇到障碍，人就会增强意识程度来调整动作，排除障碍。动作技能的自动化成分越大，或动作技能越完善，动作就越具有准确性和越少耗费体能，即符合节省力量的原则，从而使完成该动作技能者注意分配的可能性增加，疲劳感也相对降低。

三、技能的意义

体育技能是人类通过学习获得的一项基本的技术，其内涵丰富、形态多样化并与人的身体和心理的紧密联系，对人类的生存、生活及人类的整体发展都具有十分重要的意义。

体育技术是指人们的多种活动能力的统称，它是人们在现实生活中不断进步的重要方法。体育技能狭窄限于竞技领域，是提高竞技活动效益、实现竞技目标最根本的方法。然而，竞技运动最终目标是实现人的全面发展，实现人的自由。所以，体育技能的学习意义尽管可以通过竞技技术的发展而得到直观的反映，但也不能局限于竞技技术的发展，必须从人的全面发展和人的自由的高度去理解运动技能的内涵，从而使人们更深刻地理解运动技术的内涵和教育的深刻内涵。

第二节　技能主导类运动性休闲项目

为了便于读者较为清晰地了解和认识技能主导类运动项目，归为表现难美性项群。所谓"表演难美性"，就是高难度运动动作与展示运动美和人体美的最大程度的体现。表演难度类别包括水上、陆地、冰上和空中等不同的比赛，包括徒手和双手握着的运动。例如：体操、艺术体操、跳水、花样游泳、花样滑冰、技巧和武术等。

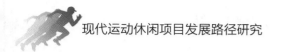

一、艺术体操

（一）艺术体操的起源

《青少年体操》认为：体育要让人愉悦，体育锻炼要让人身心得到充分的发展。受这一思想的启发，德国的杨氏创造了一种以运动为基础的杨氏体操，旨在以活泼、自由、快乐、诚实为宗旨，赢得了"德国体操之祖"的美誉。瑞典体操运动流派的奠基者佩尔·亨里克·林曾在其《体操的一般原理》中根据运动训练的作用将其划分为教育、军事、医疗和美学四大类，因此，艺术体操的美学特点得到了更广阔的发展。

19 世纪中期，德国运动家阿·施皮斯将杨氏体操融入到了学校的运动项目中，他认为，在小学阶段，应该关注孩子们的成长，男女学生都有自己适合的体操课，而体操课则是为了锻炼自己的体质，让自己的情绪得到放松。法国舞者弗·德尔沙特创造了一种表现方式，旨在提高演员们的表现能力，这种体格锻炼方式与新的舞蹈方式相结合，它具有优美的动作和生动的面部表情，欧洲运动得到启发，他们迅速采用了这种系统，但其目标并不是表现，它的目标是让人们感受到自由自在的运动，从而获得健康，这就是艺术体操产生和发展的原因。

（二）艺术体操的发展

1962 年，在第 41 届国际体联大会上，艺术体操成了一项独立的运动，1963 年，第一次在匈牙利首都布达佩斯举办艺术体操比赛。那时，这项新的体育活动被称为"现代体操"，并打算两年举办一次。1967 年末，国际体协成立了现代韵律体操协会，1972 年改名为现代韵律体操，1975 年改名竞技韵律体操，1998 年，竞技韵律体操被重新命名为韵律体操。1963 年第一次奥运会上，只有单杠一项，后来又增加了一个项目，到了 1973 年，有了最后一个器械杆，五种器材被列入体育协会的常规比赛。1971 年取消徒手动作比赛，1981 年国际体育联合会为实现 5 项运动的平衡发展，将单人项目的器材按规定顺序排列，以绳、圈、球、棒、带的顺序两年进行一次的轮换。团体比赛在 1967 被纳入第三次世界杯赛时，由 6 人团体参加。在 1995 年，为参加奥运而裁减了参加比赛的人员，这次比赛只有 5 人。团体计划初期采用相同的器材，1971 年以来，两种器材被同时采用，1987 年以来，每个团体都要进行两组比赛，一套是同种器械，另一套是两种器械。

（三）艺术体操的特征

1. 节奏感与韵律性

艺术体操是一种以有节律、各种自然动作为核心的舞蹈。但是，节拍可以让各种不同的舞步或体位在时空上实现动态协调。由此，在节奏的改变与掌控中，呈现出不同的人体姿态与运动之美，配合着音乐与节拍，充分展示了艺术体操特有的节奏感。通过对艺术体操动作基本原理的掌握及对动作的调控，使其各个动作与表演都变得更加流畅、自然、富有韵味。

2. 自由感与空间性

在艺术体操表演中，演员的各种自然的运动与音乐常常给观众带来一种轻松自在的感觉，让观众与音乐融为一体，体会到一种无拘无束的感觉。但在演出中，演员们却能充分地运用空间，在静态、动态、流动等空间中，通过改变速度、方向、路线、轨迹和运动表面，将不同的美感表现出来。

3. 美感与艺术性

美是人类在接触到美丽的东西时所会有的感觉。艺术体操运动员的运动姿态美、服饰色彩美、动态美、空间美、画面美和音乐美，都能体现出艺术体操的艺术性。

二、跳水

（一）跳水的起源

在宋代之前，有一种叫作"水秋千"的潜水项目诞生了。运动员利用"秋千"让自己的身子腾空而起，然后在做了几个不同的动作后，就一头扎进了水里，动作非常的惊险和优雅。

（二）跳水的发展

欧洲的花样跳水在 17 世纪才流行起来，而我们比欧洲早 600 多年就已经出现了高水准的跳水项目。在国内，跳水比赛是一种竞技体育，应当追溯到宋朝。然而，世界范围内的大型潜水赛事，却是在 1904 年奥林匹克奥运会之后才正式拉开帷幕，那届奥运将设置跳水比赛：跳高和跳板。在 1908 年的第 4 届奥林匹克运动会中，跳水比赛的规定被确立。自 1912 年至今，我国已将跳水项目划分为花样跳水和 10 米跳板运动项目，并首次出现了女性运动员参加的项目。自第 9 届奥运后，10 米跳板的标准动作项目被废除，并增设了女子跳板项目。从那以后，每一次的跳水比赛，包括跳台。此外，在奥林匹克运动会上，也举行了世界杯的跳水和世界游泳锦标赛。但是，当代跳水包括实用跳水、表演跳水和竞技性跳水。跳水比赛是在跳台上进行的。跳高选手可从 1 米、3 米、5 米、7.5 米、10 米跳台跳下。跳水项目需要具备空中感觉、协调、柔韧性、优美、平衡感和时效感。

（三）跳水的特征

1. 难

在跳水比赛中，经常可以见到向前跳、向后跳、向内跳、翻身跳、立跳、翻腾和旋转等。在跳水技术发展的今天，人们对技术的要求也在不断提高。

2. 高

跳水运动的品质在逐步提升。而高品质的起跳和高质量地完成动作可以帮助竞赛取得更好的成绩。也是所有人都想要的。因此，参赛者在技术和运动方面都会有较高的要求。

3. 稳

在跳水项目中，对成套动作的稳定性要求很高，而且在整个过程中，参赛者必须要有一个稳定的步伐，在困难中寻求稳定，以减少错误，从而获得更好的成绩。

4. 美

在跳水比赛中，不管是起跳、翻腾、旋转还是入水，都需要一个连贯、优美的动作，才能够达到一种赏心悦目的效果。

5. 小

"小"是指运动员最终与水的接触，在进入水中时，必须要有较低的压力，以反映进出水技术的精湛。让所有人听见清晰的入水声，只看到干脆流利的身影和微微的水花。

三、武术

（一）武术的起源

在人类发展的初期，原始人基本过着一种半人半兽的生活，他们的生存都是依靠打猎来完成的。狩猎不但让他们拥有了许多尖锐的工具，还训练了他们的战斗技能。如刀、斧及箭等基本格斗技能，还有刺、击和闪等基本格斗技能。在奴隶时代，社会生产力相对提高，私有制应运而生。在这个时代，人类为了获得粮食，不仅要与大自然进行抗争，而且人类与人类的战争也日益激烈。人类为了争夺资源和领地，经常会爆发大战，让人类与野兽之间的战斗技能快速演变成人类之间的战斗技能。所有的战斗技能，武器的运用，空手的搏击等，都从生产中脱离出来，经过了战斗，发展成了一种单独的技能，武术正式形成。

（二）武术的发展

自 1840 年鸦片战争至 1949 年这 110 年间，中国的武术发展经历了一系列的波折。在此期间，由于军阀纷扰、政治动乱、思想斗争、土洋运动和连年战争等因素的冲击，使其发展受到了极大的影响。但从整体上讲，中国的武术仍然具有一定的发展趋向，并且随着中国特殊的时代背景而有所改变。

1909 年，霍元甲创办了上海精武运动学堂，1910 年改名为精武运动会，其宗旨是"提倡武术，研究体育，铸造强毅之国民为主旨"，广收各地的武术名家，训练各种技艺，并融各家之长，消除门户之见，运用多种形式传播推广武术。随着武学的普及，越来越多的民间组织开始崛起。现代体育运动的兴起，使武术逐步进入竞技状态。1907 年江南首次联合运动会在南京举办，比赛分为三个项目：击剑、刺枪和柔术。1910 年 10 月，首次国家体育大会将功夫列入了正式的竞赛。1924 年第一次全国大运会将武术动作作为一种节目，并制订了一些简易的打分方法，如按手眼身法步等打分。1933 年、1936 年，在南京、上海举行的第五、六届全国体育大会中，都设置了男子和女子武术比赛。受全国运动会的带动，全国各地、省市相继举办各种体育活动，包括各种武术表演和竞技活动。

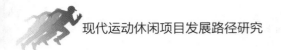

（三）武术的特征

1. 攻防技击性

套路运动是中国传统武术的一种特殊表现，尽管风格迥异，有些还带有一定的地域特征，但不管是什么套路，其基本特征都是以踢、打、摔、拿和刺等攻守为主。

2. 内外合一、形神兼并的民族风格

注重动作形态的规律性，注重精、气、神、外的统一的体育观念，是中国武学的一大特点。在技巧上，尤其需要将身体的内部精神和外在的身体动作相融合，达到"手对眼""形"和"意"的衔接，使意识、呼吸、动作协调一致。这一特征，充分体现了中国古代哲学、医学和美学思想对武术的深刻影响，并在漫长的发展过程中，逐渐发展成为具有鲜明民族特色的体育锻炼方式和训练方式。

3. 广泛的适应性

武术运动中的运动项目种类繁多，训练方式多种多样，但其动作结构、运动风格、技术和运动量等方面的需求也不尽一致。此外，武术训练不受场地、器材、时间、季节和环境等因素的影响，而且适合不同年龄、不同职业、不同性别和不同体质的人们参加。因而，由于其广博的适用性，易于被大众接受和传播，从而形成了一种全民健身活动。

第五章
现代运动休闲项目发展路径
——体能主导类项目

身体素质是从事所有运动的根本。体能是身体的基础运动能力，包括力量、速度、耐力、协调、柔韧和灵敏等运动品质。体质的强弱与身体形态特点和功能特点有很大关系。本章主要从体育活动中的体能概述、体能主导的体育活动的运用等几个角度来论述体育活动的体能。

第一节　体能主导类运动项目的基础理论

一、体能的概念

从根本上说，体能是一种身体素质的力量和身体运动的基础。人体在运动、劳动、生活中所具有的各种功能的总和，如抵抗阻力、快速动作、持续运动、协调运动、敏捷和精确动作等。因此，身体素质既是人类身体的基本功能，又是人类工作与生活的基础。从体能的角度来看，它包含两重意义：一是与身体健康相关的基本运动技能；二是完成一项体育的基本技能。依据体育的特性和需求，运用特定的手段和方法来培养和发展基础体能，这是一个很好的指标。掌握体育技能的基本内容包括速度、反应、爆发力、灵敏性、协调性和平衡性等。

二、体能的特征

体能的特征包括身体形态、身体机能和运动素质三个方面。

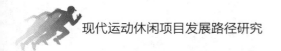

（一）身体形态特征

身体形体特征是：身高、体重、胸围、下肢长度、大小腿围、膝盖关节围度、脚长度和足弓高度等。身体形态因人而异。躯体外形就是从外表到内在的外形特点。身高（身高、坐高及足弓等）、长（腿长、臂长、手长、头长、颈长及足长等）、围度（胸围、臂围、腿围及腰围等）、宽（肩宽、髋宽）和饱满度（体重、皮脂厚度）等。心脏纵横肌、肌肉形状和横截面等是表征内脏组织的重要参数。

（二）身体机能特征

身体机能特征是身体最基础的动作性能。

所谓身体机能，就是人体的正常组织和活动的规则。人体的结构很复杂，功能也很多，主要包括心脏、肌肉、神经、视觉和听觉等。

（三）运动素质特征

运动素质特征包括力量、速度、耐力、灵敏和柔韧等，是人体最基础的运动技能，是人类在进行各种动作时最重要的属性。这种功能与人体形态结构、机能水平、能量物质储备和新陈代谢水平有关，是人体机能发展水平的一个重要指标。

三、体能的意义

一般来说，身体可以分成两大类别：与健康有关的体能和与运动技能有关的体能两大类。与健康有关的体能主要有：心肺耐力、肌肉力量、肌肉耐力、柔韧性和身体成分等。与运动技能有关的体能主要有：速度、爆发力、灵敏、平衡、协调和反应速度等。另外，也有人认为，身体素质与其他两种体质不一样，身体素质是无法用运动来体现的，而是要经过特殊的检测。而人体的运动能力与人体的生理健康状况有着密切的关系，并且在生活中的运动强度也会对其产生很大的作用。

发展体育是提高人民身体素质的重要目的，也是落实"健康第一"的基本方针，而体能是身体素质的重要内容之一。在改善人类的学习、生存和适应性等方面起着举足轻重的作用。而体能的提高，对防止受伤、提高体育活动的生命起着重要作用。

第二节　体能主导类运动性休闲项目

以体能为主的体育休闲运动为特征，主要有速度型和持久型。快速力量运动是运动员运动的最大特点，如举重、铅球等。速度型是反应和移动的最好体现，如短跑、速滑等。持久类型是以耐力为基础的运动能力，如长距离划船，长距离游泳等。

一、长距离划船

（一）划船运动的起源

船作为人类生产和交通的工具，已经有上万年的历史了，然而世界最古老的小船——原始人的独木舟是现代皮划艇的祖先。划船是以赛艇和皮划艇为交通工具，由选手用两只手划水，推动划艇向前。在赛艇中，选手的拉桨需要力量、节奏和持久能力。早期划船运动在罗马诗人 Virgil 于公元前在他的史诗《埃涅伊特》中描述之前就存在了很长时间。在那个时代，人们的技术进步主要来源于外部的各种因素，比如生存，民族的繁荣，冒险经历和战争。

（二）划船运动的发展

在埃及，划船是一种很流行的运动。根据历史资料，4 000 多年前，在尼罗河上，年轻人就已经开始举办赛艇大赛了。1715 年，以色列的一名男艺人托马斯·道格特创立了每年一次的划船大赛，从伦敦桥一直到切尔西，还给冠军发了一笔奖金。由道格特创建的竞赛至今仍被人们所熟知。这项运动在埃及于 1971 年重新开始，但是它的大部分内容都改为正规的赛艇比赛。赛艇是一种被誉为古代文化的体育项目，其发源于 18 世纪欧洲的一种简单的划船比赛。近代的赛艇比赛起源于 18 世纪初在英国泰晤士河上的水手，19 世纪后期盛行。18 世纪以后，随着划船运动的发展，比赛的各项规则得到了改善，各种划船赛，各种社团层出不穷。与此同时，这项体育的发展也在不断地深入到人们日

常生活中成为一种健身、休闲娱乐的好活动。

（三）划船运动的特征

1. 浮力特征

因为划船是水上项目，而且水中还有一定的浮力，因此船只能靠着浮力在水中飘荡。一个被液体或气体浸泡过的东西垂直地被抬起来的力量称为漂浮。由于是中空的，重量比水要轻，因此可以漂浮在海面上。划桨正是运用了这个物理学规律。

2. 阻力特征

因为水流的流向和流速，因此划艇也是一种抗阻运动。

阻碍一个目标的移动的力量叫作"阻力"。当一个物体在水中移动时，它会被水流的力量所影响，从而降低它的速度。因此，划艇也是一种对抗阻力的活动。

3. 风速特征

划船运动是一种户外运动，在水上运动中，风力对运动也有很大的作用。风速是指在特定位置上，大气在地球上的移动速度。风力是有强弱的，也是有方向的，因此会对船只的移动产生影响，顺风的时候可以节省体力，而在逆风的时候，风力会增加，侧向的风力也会增加。

二、长距离自行车

（一）自行车的起源

自行车，拉丁语的"Bicyoletta"，意为"快"或"步行人"，中文翻译为"自行车"。1815 年，法国首次发明了一种没有中心轴和踏板的脚踏车，骑手就像走路那样，靠着踩地的力量把轮子往前推。1869 年，法国人玛金把踏板装在了前轮上。1890 年，一位英国的医师将固体轮胎换成了充气的。在科技进步后，自行车在经历了许多次的改造后，逐步发展成了现在的样式。

（二）自行车运动的发展

自从自行车问世以来，由于技术的进步，自行车已经成为一种主要的交通和休闲工具。最早期的骑车竞赛始于 1868 年法国圣克劳德公园。1893 年，第一届国际业余自行车比赛举行。第一届国际自行车比赛在 1895 年举行。1896 年奥林匹克运动会将自行车骑行纳入了正式的竞赛。1900 年，国际自行车协会的建立，使自行车在全球推广和提升。法国的专业骑行者在 20 世纪 50 年代就开始在山区骑单车，这也是山区骑车的一种形式。20 世纪 70 年代，第一届山地自行车比赛在美国旧金山举办。第一届国际山地自行车锦标赛于 1991 举办。这项运动于 1996 年被列为奥林匹克竞赛的一种。

（三）自行车运动的特征

1. 周期特征

自行车的蹬踏是一种经常性的反复循环动作。

在一个事物的发展和改变中，某些特征重复出现，它所经历的两个连续的时期叫作循环。自行车在骑乘时，必须反复踩踏板，因此为周期性运动。

2. 阻力特征

自行车在运动过程中要不断地对风速进行抗阻运动。

三、中长距离游泳

（一）游泳的起源

据现存史料考证，古人在江、河、湖、海生活时，出于与水的联系，在水里捕获水禽、鱼食，经过长时间的生产和与自然界的搏杀，才能掌握水性。近代的游泳起源于英国。在英国很多地方，17 世纪 60 年代，人们在这里进行了大量运动。英国于 1828 年建造了利物浦乔治港的首座室内泳池，而 1830 年以后，英国的主要大城市也陆续有了这样的泳池。1837 年，世界上首个游泳团体在英国伦敦诞生，英国首次举行了游泳锦标赛。1869 年 1 月，在伦敦，大城市的游泳队联盟（现在是英国职业游泳队的前身）已经建立，成为一种特殊的体育活动。随后，它又传播到英国殖民地，然后传播到整个世界。

（二）游泳的发展

在我国，游泳已划分为两大类别：实用型和竞赛型。实用游泳分为：侧泳、潜泳、反蛙泳、踩水、救护和武装泅渡；竞技游泳分为蛙泳、爬泳、仰泳和蝶泳。在 1896 年的雅典第一届奥林匹克运动会中，男子游泳被列为 9 个比赛项目之一。1908 伦敦奥林匹克运动会，国际业余游泳联合会创立，并确立了当时的世界纪录，制订了国际性的比赛规则。1912 年第五届奥林匹克运动会上，女子游泳项目被官方确定。第二次世界大战之后，世界各地的游泳运动迅速发展起来。1952 年，世界游泳协会将蛙式与蝶式划为两种体位。自此以后，比赛游泳就有了 4 种体式：蝶泳、仰泳、蛙泳和自由泳。目前，游泳运动已经是奥运会上最受关注的一项运动，从第 1 届到第 26 届奥运会，游泳比赛由 3 个项目发展到 26 个单项，6 个团体，总共 32 枚奖牌，是继田径之后第二大运动项目。在科技进步的同时，游泳技术也在不断进步，教学和训练模式也在进步。除了奥林匹克运动会之外，所有国家都设有游泳比赛的机构和体系，以及世界游泳锦标赛。总之，当今的世界游泳活动日益普及，尤其是在体育竞赛中，以科技为导向，使其技术进一步发展，打破了许多世界纪录。

（三）游泳的特征

1. 浮力特征

在水里，人体没有任何的支柱，就是靠着水的浮力来支撑自己。在游泳的时候，要掌握好自己的体重和水中所产生浮力的联系，对于提高运动员的水平有着重要的意义。

2. 阻力特征

游泳是指在水中持续抵抗水流阻力而前进的一种动作。在水中，会有一定的阻力，比如浮力，但是在水中，要想提升自己的速度和技巧，就必须要不断地战胜各种阻力。

3. 压力特征

大气中存在着压力，但水也存在着强大的压力。在水中，水压会对身体造成影响。由于受到水压的影响，游泳运动员会产生一种不舒服的感觉，比如胸部疼痛等。

第六章
现代运动休闲项目发展路径
——技战能主导类项目

第一节 技战能主导类项目的基础理论

一、技战能的概念

技战能支配型项目是一种以熟练的技术和战术为基础的体育比赛,获得有利条件和良好的体育经验的项目。这就需要我们在体育方面全神贯注、自信、镇定、善于观察、善于进攻、善于防御、团结、互相帮助及绝不放弃等。如马术、障碍滑雪、人工沙场［沙滩足球、沙滩排球、沙滩橄榄球（5～12 人）］、高跷足球、壁球、赛车、网球、三人篮球、散打、曲棍球（人工草坪和冰上）、手球、板球、棒球和垒球等。

二、技战能的特征

（一）对抗性

技战能占支配地位的比赛都表现出对抗性的特点,按其表现方式可将其分为直接对抗和间接对抗。隔网对抗和轮流防守都是间接的,也就是说没有身体的碰撞。拳脚对决和擂台赛是一种正面对决,也就是说,双方都会有肢体的碰撞。他们的对峙方式各有差异,但是,他们的对抗性都体现在攻击与防御上。

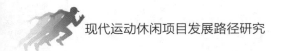

（二）多变性

技战能主导类项目占统治地位的运动，表现为攻守兼备，表现出其攻防变换的多样性。尤其是隔网、格斗和同场等，由于竞争激烈，攻防转换迅速，不同情况下所使用的攻防技术也不尽相同，因此必须有扎实的基本功，以适应技战能主导类项目的迅速转换。

（三）观赏性

首先，技战能主导类项目占统治地位的运动之所以这么受欢迎，一是，它本身就是一种竞争，自古以来，人们就一直在与它作对，弱肉强食。二是，技术和战术是决定比赛的重要因素，它的变化、战术的多样性、技术的精妙、队员的配合、舞台的表演，再配合上人性之美，使它成了一种极具吸引力的运动。

三、技战能的意义

在技术和战术应用方面，优秀的身体素质是各项体育比赛获得优秀体育成果和技术的保障，但能否获得优秀的体育比赛表现，取决于技术和战术的水平。在不同的培训中应该将技术和战术放在一个不相同的地方，技术是随科技的发展和装备的更新而发展的，技术是发展战略的根本，但是要想在面对多变的竞赛中取得胜利，就必须要努力开发和熟练运用各种战术。

（一）提高生命活动

技术和战术占据优势地位的运动有很多，但归根结底，都是与人的生活息息相关的。比如，篮球项目涵盖了各种体育项目，包括跑、跳和投等多种体育项目，而且具有很高的竞技水平。它能全面、有效、综合地促进机体各方面的综合发展，增强和维持人类的生机，为人类的各种行为奠定了良好的生理（物质）基础，进而改善人类的生存品质。

（二）培养分析和解决问题的能力

战术就是一种能够在身体出现问题的时候，进行有效的分析和处理问题的能力。在高速的进攻和防守之间，球员必须在一定的时限内做出正确的判断，并且迅速调整自己的动作。这就要求运动员具有很好的问题分析和问题解决的技巧。

第二节　技战能主导类运动性休闲项目

本节将介绍技战能占支配地位项目的由来、发展、本质和它的项目特征。为使观众更好地理解技战能项目占统治地位的体育活动，本节根据比赛的表现方式将技战主导类运动性休闲项目分为隔网对抗性、格斗对抗性、同场对抗性及攻防轮换对抗性等进行介绍。

一、沙滩排球

（一）沙滩排球的起源

沙滩排球是 20 世纪 20 年代在美国加利福尼亚州首次兴起的运动，它在美国的普及程度超过了排球运动，被认为是美国"国球"。一到夏天，海滩上就会聚集起来许多沙滩排球爱好者，搭上球网，在柔软的沙地上，在太阳底下尽情地跳跃、翻滚。游泳、冲浪和排球运动也是一种娱乐活动。殖着时间的推移，这种沙滩休闲方式也被更多的人所接受，在美洲、巴西、阿根廷、大洋洲、澳大利亚、新西兰及地中海国家都是如此。在海滩上，随着时间的流逝，沙滩排球赛由 4 人制、3 人制、2 人制取代 6 人制，由画线改为绳索，渐渐发展成为一项备受大众欢迎的运动项目。

（二）沙滩排球的发展

1927 年，法国的沙滩排球赛跨越大西洋；美国加州全国海滨公园，于 1937 年举办第一次男女双人沙滩排球比赛；第一届沙滩排球赛于 1948 年在加利福尼亚举办。随着社会、经济的发展、人们的物质水平、文化程度的不断提升，人们对运动的要求也日益高涨。随着我国在 1967 年开始出现专业的沙滩排球队，沙滩排球队的技术水准得到了极大的提高。1980 年，美国将商业沙滩排球列为运动项目，美国于 1982 年建立了"AVP"专业海滩排球联盟。自 1987

年开始，国际排联大力宣传和普及沙滩排球赛，并将其作为一种全新的排球赛方式在全球普及。1987 年 2 月，巴西首次举行男子排球赛，其后一年一次，采取全球巡回赛的形式，由选手的个人成绩决定最终排名。1992 年，沙滩排球赛正式进入奥林匹克赛场。1993 年 2 月，巴西举办了一届世界排球赛，当时的第 101 届奥组委决议把沙滩排球列入 1996 年亚特兰大奥林匹克运动会的官方项目。沙滩排球运动发展的步伐越来越快，技术和战术的进步越来越明显，竞赛的范围也越来越广。自 1996 至今，世界各地的沙滩排球运动已经发展到 29 个国家和地区。1998 年，国际排联经过磋商决定，将挑战赛、卫星赛和业余赛等列为国际比赛之外的重大比赛，对促进全球范围内的排球赛推广具有积极的意义。

（三）沙滩排球的特征

1. 健身性

第一，就体育健康而言，把排球从硬质的场地移到柔软细腻的沙滩，可以降低运动伤害。柔软细腻的沙滩更有助于增加减震效果，保护膝盖和踝关节免受伤害。

第二，从医学上讲，人体的足底有许多个穴道和反射区域。当你光着脚丫在崎岖的沙子上行走时，你的神经会第一时间察觉，然后将讯息传递给你的五脏六腑和大脑皮层，从而调整你的神经系统和内分泌系统，让你的身体得到放松，从而增强你的体质。

第三，沙子质地柔软，具有较强的缓冲性，对身体的阻力较小。要在沙滩上进行快速地跳跃，必须具备很强的爆发性和体力。因此，沙滩排球可以很好地锻炼身体的力量和体力。

第四，从物理意义上讲，在沙滩上光着脚丫打排球赛，可以消除体内的静电。裸足接触地面可以使体内不用的静电得到充分的释放，从而可以有效地调整人体的能量，从而维持健康的生存品质。

2. 协同性

在规则、场地和参赛人数上，沙滩排球与六人排球有所不同。沙滩排球场长 16 米，宽 8 米，不设中间和攻击线。发球、传球、扣球和垫球等繁复的技术动作均由两名球员共同进行，而且动作幅度大、防御面积大，没有明显的工作任务。因此，球员之间要有团队合作的意识，在比赛中，要有默契，要互相补充，要互相帮助，齐心协力。

3. 观赏性

蔚蓝的天空、碧海、阳光、沙滩、海涛声、欢笑声和排球赛等，组成了一幅美丽的图画，让人与大自然融为一体。在排球场上，运动员向前跑、跳救球、滚翻救球、跳高扣篮等各种神奇的动作，令人叹为观止。运动员迅速的反应，显示出一种巨大的智力美感；在比赛中，采用拍、扑、挡、托、顶、蹲和吊等多种技术，表现出一种高超的技术美感；皮肤黝黑，戴着太阳镜，穿着性感的泳衣，将她的身段衬托得淋漓尽致。运动员们相互间的配合、相互帮助，形成了沙滩排球的和谐画面。它既能迎合一般人的审美需要，又能给人们以生动的美学观感，使人们回归大自然。

4. 娱乐、休闲性

人们踏着柔软的沙子，仰望着蔚蓝的天空，一边享受着与大自然融为一体的美丽风景，一边做着健康的运动，一边一扫都市生活的紧张、疲惫和焦虑，放慢了步子，享受着大自然的美好，体会着体育的快乐，让疲惫和紧张感迅速消失，愉悦身心，陶冶情操，强健体格。美国新的倡导者乔治·莱昂纳多认为，环保体育运动为参与者们解决了他们每周都要面对的紧张、复杂的工作条件，让他们摆脱工作的压力，也给他们带来了一种新的休闲方式，而非以往的娱乐活动注重组织性。在学习和工作之余，与自然亲密接触，可以净化心灵，陶冶情操，愉悦身心，增强体质，充分体现了娱乐性和休闲性。

二、篮球

（一）篮球的起源

美国马萨诸塞普林菲尔德市基督教少年教会培训学院的詹姆士·奈史密斯在 1891 年创立了这项运动。奈史密斯从工作人员和孩子们在"桃子筐"的精准投射中得到灵感，他将两个桃篮分别固定在体育馆两边的扶手上，并将桃篮的洞口水平朝上，摆放在距离地板 10 英尺（3.05 米）高的位置，然后用投中的得分来判定比赛的结果。后来，桃篮被改造成了带底部的篮筐，后来又被固定在笼子的底部，直到 1893 年，才逐渐形成近似于现代的篮板、篮圈和篮

网。由于这项运动起源桃篮和球，所以就叫它篮球。

（二）篮球的发展

原本的比赛规则非常的简单，并没有明确的场地大小，人数及比赛时间。1892 年，奈史密斯提出了最初的 13 条规定，旨在让篮球比赛在平等的前提下进行，而不会出现野蛮行为。美国于 1915 年颁布了一项全国性篮球比赛规程，并将其译为多个语言版本，并在全球范围内广泛传播。1904 年美国少年会男足队员参加了第 3 届奥林匹克运动会，从此，篮球赛逐渐在全球范围内普及。1932 年 6 月 18 日，瑞士日内瓦，世界业余篮协会（FIBA）正式成立。在 1936 年第 11 届奥林匹克运动会中，男子篮球被列为正式比赛项目。此后，第一次世界男子篮球队和女篮在 1950 年和 1953 年相继举办，1976 年的第 21 届奥林匹克运动会女篮成为正式的运动项目。

经过 100 多年的发展，篮球比赛形式和技术、战术都有了很大的进步。20 世纪 30 年代之前，我国的篮球正处在普及的过程中，其技术与战术还处在起步阶段。30 年代之后，篮球进入了世界范围内的体育竞赛，篮球技术和战术的发展受到全球范围内竞赛的驱动，技术动作的组织和训练方式的不断改进得到了关注。1932 年，新成立的 FIBA 根据美国高校所采用的篮球比赛规定，制订出首个全球范围比赛规程。自此以后，至 1948 年，对篮球比赛规则进行了数次修订，以利于改变防守和进攻策略，加快进攻和防守的节奏。20 世纪 50 年代，FIFA 在 1956 年修订了比赛的限制区，并加入了 30 秒和干涉球的规定。在 60 年代高度、技术、速度齐头并进的时代，攻防平衡发展成为国际上关注的焦点，在高度发展的基础上，更注重对高个运动员技术和柔韧性的培养。20 世纪 70 年代是一个高度、技术和速度相结合、不断发展的时期，其中包括了空翻和各种单、双手扣篮。80 年代之后，我国的篮球比赛进入了高层次的全面进攻与防守阶段，而拥有全面技术和特长的球星更是发挥着重要的角色。

今天，篮球运动在全世界开展得极为广泛。奥运会篮球赛、世界篮球锦标赛及 NBA 等一大批重大比赛，已有上千万人观看。人们不但要看比赛结果，还要看选手们的精彩表现和享受体育活动的乐趣。近几年，篮球事业发展迅速，不但举办了 CBA、CUBA、大学生篮球超级联赛、全国高中篮球联赛等多项赛事，更是"跳出亚洲，走向世界"，在世界范围内获得了骄人的成就。

（三）篮球的特征

1. 健身性

首先，篮球是一种在场地上进行的对抗性运动，进攻和防守的快速切换，运动员的身体经常会受到剧烈冲撞，是一种将有氧和无氧能量结合起来的运动。适当参与运动有助于提高力量、速度及耐力等各项素质，提高人体各脏器和肌肉的协调能力，从而使人体的整体和精神状态得到充分发展，提高人体的感觉和神经机能，提高机体的有氧代谢能力，提高心脏输出，提高肺活量，提高人体的力量和耐力，降低在平静状态下的呼吸速度，有利于人体的健康。

其次，当机体在进行锻炼时，机体会自行调整自己的血沉，满足适应锻炼的需求。在进行篮球运动时，由于上肢传接球、投篮，下肢运动、弹跳等动作，会导致肢体的血液流动增多，从而降低肌肉、韧带和关节的黏性，从而增强肌肉的弹力和力量，提高肌肉中的酶活力，提高 ATP 的生成。多参与运动可以改善关节、骨骼的柔韧度，改善骨骼的血流，促进骨骼的新陈代谢。长期打篮球能激发体内的生长激素，从而加速关节和骨头的发育，让人更高更强壮。

篮球能增强身体的感官机能。在篮球比赛中，技术的运月，靠的是眼睛的观察、思维的判断及肢体的协调。在篮球比赛时，要注意观察、判断球员与篮筐之间的空间联系，并对篮球的飞行轨迹和对手的移动做出相应的反应，以此来增强自己的观察力和视野。另外，在篮球比赛中，运动员的触觉、知觉、肌肉和肌腱的感知，都会影响到球的弹性、速度及力量，投篮的距离、弧度及传球的速度，从而增强肌肉的感知力。

2. 协同性

篮球是一种团队合作的体育项目，要求每个人都要团结一致，紧密合作，集中所有人的智力和技术，形成一个团队的战术和策略，这样的话，效果就会更好。要想保持团队的荣辱观，要在赛场上取得成功，要有团队合作的意识，在困境中相互鼓励，信任，敢于挺身而出；在队员们击掌庆祝时，他们互相拍手表示祝贺；当发生错误时，要给予谅解与宽恕；他们赢得了一场胜利，为他们加油；他们输了，就会相互激励。只有如此，我们才能感受到团结所产生的那种和谐与快乐。

3. 观赏性

在篮球比赛中，可以看到球员们的运球、传球、投篮、抢断、扣篮、封堵，以及攻防转换，使得场上的对手们斗智斗勇，场上的局势多变且充满了戏剧色彩，能够给观众带来精神上的满足和快感。与其他球种相比，篮球技术和战术的变化更为复杂，尤其是 NBA 运动员技巧的运用。在狭小的空间里，运动员可以利用胯下、转身、运球，以及在空中换手、闪避或大力灌篮等技巧，让整个比赛充满了生机与活力。

而在空间的瞬间改变中，则体现了个人和团队合作的有机统一；将空间进攻和防御结合起来；竞技性与计谋性、技巧性有机地融合在一起，使赛场变化万千，风趣飘逸，引人入胜，赢得现场的阵阵掌声。

4. 对抗性

篮球运动是一种在狭窄的运动场上进行快速进攻和防守的转化过程，具有直接和高速的对抗性。在攻守技术上的转变方面，不但要靠斗智，还要靠体力和毅力，在规定的条件下，把对手从空中和地上都给束缚住。在一定的时限之内，可以加速进攻和防守的转化，提升技术和策略的连贯性，改变战术的步调，从而增加进攻的数量，提高进攻和防守的成功率。另外就是在攻击和防御的时候，身体会发生正面的冲突，这就要求你有足够的自卫能力和强壮的体格。

5. 娱乐、休闲性

工作和学习结束后参加打篮球可以让人的身体和精神都得到放松，紧张焦虑的心情也会得到充分释放，从而达到精神上的愉悦。球员们全神贯注地比赛，让人忘记了所有的悲伤和担忧，放松了工作的紧张，进入了一种空灵的状态。与此同时，身处多变的竞技场，可以得到一种有益的宣泄方式，让积压在心头的郁闷、怨气、不仅得到释放，并能维持一个好的心态，得到一个健康的心态，从而达到娱乐和消遣的目标。

三、台球

（一）台球的起源

在 1400 年，世界上首次有了桌球运动，最初的运动是在室外地上凿一个坑，然后用一根棍子将球打入洞里。之后，这种比赛由户外运动转变为在桌上进行。台球已经有 600 多年了。15 世纪，英国维多利亚时期，桌球是一种很流行的运动，有些有钱人家里，不但会有专门的桌球室，还会有严格的礼仪，有些规则甚至到现在都没有改变。1510 年，法国开始流行台球，法国国王路十四在凡尔赛宫里打的是一种"单个球"，桌子上有一块用象牙做成的圆拱，上面有一块牙齿一样的圆柱，被称为"王"，用一根匙状的棍子去击球，只要你能将球击入球洞或者触到柱子就可以了。太医推荐在饭后进行桌球运动，以促进身体健康，因而深受法王的宠爱与关怀。17 世纪，法国兴起了一种桌球运动，这种运动在英国和法国都是由上流社会人士参加的一种正规的休闲活动。

（二）台球的发展

19 世纪初期，台球是一项具有娱乐性质的体育项目，其发展迅速。台球的发展有两个特点：一是在装备上的改善，二是在技术上的进步。台球装备价格下降，使更多的人参加这种比赛，从而推动了台球的普及。1996 年，WCBS成立，1998 年曼谷亚运会台球正式成为比赛项目，2000 年悉尼奥运会，台球比赛被列入比赛项目。中国选手丁俊晖在釜山亚运会斯诺克项目上获得了一枚奖牌，这是中国台球的一项新发展。

（三）台球的特征

1. 健身性

尽管台球不像篮球、排球等体育运动那么激烈，但其健美力却是不可忽略的。有人说，一小时内打台球相当于跑一千多米。因此，在中老年人和长期患病人群中，这种体育活动的速度较慢，强度较低，是体育健身的理想选择。台球是一项要求人们全神贯注的活动，它并且要求能够很好地控制自己的情绪，这样才不会影响到自己动作的精准度和稳定性，而青少年则可以在这种环境下锻炼自己，养成一种沉稳的心智。

在台球运动中，由于其运动的速度比较慢，对运动选手的情绪稳定性和运动技术的精准度都有很大的影响。台球技术的精准度表现在击球技术上，它对手法、步法、盯法都有非常严谨的要求，需要手指、手腕、肘、肩、腰和膝等的协调，方能把每个球都打得很好。因此，多参加台球可以促进人体各部分的

平衡和协调性，从而改善骨骼的灵活性和思维敏捷度，提升体质。

2. 健智性

台球是一项多领域的活动，它的每一次动作都与物理（力、反力和摩擦力等）和数学（几何等）紧密联系在一起。例如，要计算一个角度，就必须要有几何知识；球体碰撞后运动的范围，要求有物理上的知识。要掌握好最佳角度，掌握适当的力量，找到正确的击球位置，准确地进行每一次击球。因此，在锻炼身体和发展智慧方面，台球是最好的办法。

第七章
现代运动休闲项目发展路径
——技心能主导类项目

第一节　技心能主导类项目的基础理论

一、技心能的概念

技心能主导类即运动员从事休闲体育的过程中需要通过个性心理特征的变化、心理过程和心理状态，以及在运动过程中需要调整和把握心理过程的一类运动项目。

技心能支配型体育活动是一种特殊的体育活动心理学研究。近几年，国内外许多体育国家都对运动员进行了许多关于"技心能"的理论与实践研究，认为技心能训练这一理念对学习、理解、深入讨论和探索心理培训中存在的问题具有重要意义。从广义上说，技心能主导型项目训练主要就是有意识、有目的地对人们的身体、心理施加影响的过程。技心能引导型体育活动从狭义上说，是运用某种方式和手段，让人在某种程度上达到一种较理想的心理状态。

二、技心能的特征

技术动作的稳定性和灵活性是决定竞技状态的重要指标，体能的新陈代谢是决定胜负的一个重要因素，而精神状态是决定胜负的关键。

技心能支配的运动有：飞镖、棋牌、射箭和射击（飞碟、移动靶和步枪），这些运动的历史可以追溯到 280 万年以前，那时人类是以狩猎为生的。飞镖、棋牌等都是现代社会的产物，随着人民的物质条件的改善，人们的娱乐和消遣

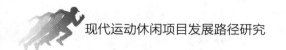
也随之而来；在近代，射箭（飞碟、移动靶和步枪）等都是在近代被用作猎杀和军事活动的结果，在被用作竞赛之后，才演变成现在的体育项目。

在认识、情感、意志、焦虑和压力等各层面上表现出来，在能力、气质和性格等方面都有一定的表现。在体育活动中，人的各种心理活动相互关联，形成了一个完整的心理学体系。体育锻炼是指个体在特定的社会和历史环境中，通过运动训练、竞赛和相应的社会活动，在理论的基础上发展起来的竞技性项目。

（一）准确性

在技心能占优势的类别里，许多项目都需要精准度，如射击比赛就需要精准的射中靶环，而精准度是提高射中靶心成功率的关键。

（二）稳定性

在射击、射箭等技心能占统治地位的项目中，需要选手在专业技术上做出多个连续、精确的动作。为了赢得这场比赛，必须保证选手的心态和不断提高技术水准。

（三）一致性

参加技心能主导型的比赛，就是要全神贯注，不能有丝毫的迟疑，要将技术和战术有机地融合在一起，不受外界的影响，就能取得更好的成绩。

三、技心能的意义

技心能是指在不同的体育活动中，人在性格、能力和气质等方面的表现以及体育活动对人格特质的作用；探讨了体育教师在体育教学与培训中的相关人员的心理特征，包括运动技巧的培养等。20 世纪 40 年代以后，人们对信息程序论、层次控制论和行为系统模式论等进行了深入的探讨。随着认知心理学、人格心理学、社会心理学、发展心理学和健康心理学等学科的发展，对体育心理学与技术的发展有着促进作用。在研究方式上，也由实验上的单一运动转向联系运动实践，提高运动效能。随着体育活动的发展，技术的应用领域不断拓展，对运动员的认识、解释和体育活动均产生了积极的作用，即提高体育效率的理论。技术心能的主要研究对象为青年和杰出的运动员，同时也研究大众运动中的心理问题。近些年，世界各地的体育工作者都十分关注运动员的心理素质的培养。由于竞技体育比赛中，人们的心态是影响比赛成败的关键所在，因而人们普遍采用了心理测试和心理诊断学，并提出了许多不同的心理培训方法，以达到改善运动员运动水平和运动表现的目的。

第二节　技心能主导类运动性休闲项目

本节将介绍技心能支配型项目的由来、发展、本质及其项目特征。本节根据技心能支配型体育的特点，将其分为不同的类型，以使读耆能够更清楚地理解技心能支配型体育的各项活动。

一、射击

（一）射击的起源

射击是指用枪械精确地击中指定的靶子。包括军用枪、警用枪、运动枪和特殊枪。根据史料记载，射击最初是在打猎和军中进行的。在瑞士，15 世纪的时候，还举行了一次火绳枪射击大赛。500 多年以前，在斯堪的纳维亚地区，跑鹿射击比赛就已经开始了。在 19 世纪早期，欧洲有些地方曾举办了一场活鸽子射击的竞赛，这种竞赛就是近代射击比赛的一种形式。在 1896 年第一届奥林匹克奥运会开始前，欧洲的许多国家都建立了射击俱乐部，并举办了一系列射击竞赛。第一次世界射击比赛于 1897 年举办。1907 成立的国际射击队联合会，前身是全国射击队的国际性同盟，其间多次改名。

于 1998 年 7 月 15 日，"ISSF"即世界射击联盟。国际射协是由国际奥林匹克委员会认可的国际性赛事的唯一管理机关。

（二）射击的发展

在近代奥林匹克历史上，除 1904 年第 3 届奥运会和 1928 年第 8 届奥林匹克运动会以外，其他所有的奥运会都有射击的官方赛事。1896 年雅典举办的第一次奥林匹克运动会中，有 5 个项目。1920 年，在第 7 届奥运比赛中，比

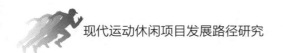
赛项目增至 21 个，这是有史以来含射击最多的比赛。北京 2008 奥运射箭项目共设 15 个项目。

自 1968 年开始，女性可以参与奥运射箭竞赛，但是那时还没有设立女子专项，可以和男性选手进行竞争。1984 年开始设置一些女子射击比赛，1996 年开始将男女射击比赛彻底分离。

在射击方面，世界上处于领导位置的是中国、美国、俄罗斯和德国。中国运动员在奥运会上取得了优异战绩，特别是在 1984 年第 23 届奥林匹克运动会上，许海峰夺得中国奥林匹克运动会的首块金牌。

（三）射击的特征

射击是射手用枪支对既定的目标进行精准发射和命中的过程。包括军用枪、警用枪、运动枪和特种枪支射击等。其特征包括以下几点。

1. 稳定性

在保持射击姿态的同时，受试者的全身大肌都保持着等长的收缩、静止的力量。同时，还需要运动员有一个稳定的心态。

2. 准确性

由于比赛中运动员的射击次数很少，一旦运动员不能保持良好的身体平衡，就会导致运动员无法准确地瞄准，从而降低比赛的成绩。

3. 一致性

射击是一个人和枪之间的结合，从持枪到举枪，再到瞄准，都是一件非常复杂的事情。

4. 集中性

每次发射结果的优劣及周围的环境条件的改变，都会使射手产生不均衡的心态。所以，弓箭手要有很强的自我控制能力，要集中注意力。

二、射箭

（一）射箭的起源

所谓射箭，就是利用弓弦的力量发射一支箭，在一定距离内比准确性的体育运动项目。射箭由来已久，起初是为了狩猎和打仗而使用。早期的射击者是以狩猎野兽为生的猎人。到了后期，弓成了一种兵器。在中国，弓是一种很普遍的兵器，早在商朝就已经有了。欧洲的箭术最早可以上溯到中世纪，传奇人物罗宾汉是闻名遐迩的人物，专有名词"罗宾汉"，指的是一支箭能射穿一支箭矢，射在靶子上。现代，由于火器的发明和应用，弓等冷兵器逐步从战场上消失。但因其健身功能、竞技性和娱乐性等特性，在上层阶级中，射箭成为各国皇室成员的最爱。在人类的文化发展过程中，射箭逐渐普及，成为现代人的一种消遣方式。

（二）射箭的发展

近代的射箭起源于英国，从 1673 年开始，方斯科顿银箭赛在英格兰的约克郡举办，至今仍在继续。英国于 1787 年建立了皇家射箭学会，这是全球最大的射箭团体。19 世纪早期，美国开始流行射击，费城射箭联盟于 1828 年创立。美国首次全英射击比赛于 1844 年举行。英国射箭学会于 1861 年创立，以协调比赛规则。美国全国箭术学会于 1879 年创立，首次全国射箭大赛于芝加哥举办。第一届世界射箭比赛于 1931 年举办。

（三）射箭的特征

1. 稳定性

稳定性指的是视力的稳定性和情感的稳定性。稳定的视力确保了箭矢的准确性。心态的稳定可以使受试者在射出时不会产生很大的紧张感，降低了自己的错误率。

2. 准确性

射箭运动是一项准确性很高的运动项目。准确性是射箭运动员高水平的象征。

3. 一致性

射箭是一种要求身体协调的运动，它的特征是在保持不动的时候，在很长的一段距离内，用身体的协调性来进行拉弓、撒放等技巧动作。射击技术中的技术动作需要力量的连贯性，而连贯的重点是技术的协调。

4. 竞争性

参与者在射箭过程中无论是娱乐还是比赛，都具有一定的竞争性。

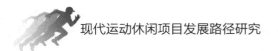

5. 快发性

快发性射击的优势在于，它不但可以减少射击的次数，而且可以将以前的多个射击环节分割开来，变成一个边开弓，边瞄准，边加力，这样就形成了一个完整的射击体系。不仅能提高动作的速度和时间，还能在拉开弓弦的同时，降低动作的间歇和用力，从而达到一鼓作气的效果，从而确保动作的连贯性和稳定性。

三、飞镖

（一）飞镖的起源

人们普遍相信，飞镖运动是由标枪和一种被称为"飞镖"的箭发展而来的。对于这一项目的由来，人们有不同的看法，但是有一点可以确定，那就是飞镖起源于英国。对于飞镖的起源有三种不同的观点。

第一种观点认为，罗马的国王把罗马军队派到不列颠，英国的潮湿天气使他们很难在室外待很久。因此，他们在棚屋里把箭投向用柞树横切面制成的靶子，这就是现在的飞镖运动。

第二种观点认为，这种飞镖运动是英国射手在短程战斗中所用的一种25.4 cm 长的投掷武器。

第三种观点与特定的历史角色相关。英国的亨利七世身体孱弱，他认为狩猎是一项非常冒险和艰苦的工作，所以他决定放弃狩猎，制造了一把短矛朝柞木的侧面投射，以此来锻炼身体，很快，贵族就喜欢上了它，并逐渐在人们中间传播开来。

英国人贝利恩·甘林发明了一种标靶测量方法，这种方法是 19 世纪后期才开始的。1902 年，英国运动员约翰·雷德在一次比赛中打破了 180 点的纪录。

（二）飞镖的发展

由于飞镖和标牌的技术和游戏方式的不断进步，使飞镖越来越为人们所喜爱和认可，而这一项目也得到快速发展。

近几年，国际上的飞镖业发展迅猛，各种形式、规模不一的飞镖竞赛层出不穷，参加的人明显增多，其技术水准得到了极大的提升。由于飞镖运动简单，所以参加这项比赛的人也多了起来。中国的飞镖运动始于 20 世纪 80 年代初期，当时英国驻中国使馆曾为北京外籍人士举办过一次飞镖会，并以团队的方式进行。为促进我国"飞镖"运动的推广，国家体育总局社体工作指导委员会于 1995 年 5 月将"飞镖"列入"全民健身"运动。北京和天津等很多地方都建立了"飞镖"协会，并在一年内不定时举办各类赛事。总的来说，国内从事这一项目的人越来越多，因此国内的飞镖技术也在逐步提升。

（三）飞镖的特征

1. 准确性

飞镖运动需要参与者聚精会神，瞄准之后再射击。对被击物的位置判断也要准确，这样才能提高击中率，同时对力道的掌握也要准确，以保证相对的稳定性等。

2. 稳定性

身体姿态的稳定是非常重要的，如果参与者身体平衡性和协调性不好，那么将使其失去较精确的瞄准时间，影响比赛成绩。同时心理状态的稳定也很重要，良好的心理状态能够让参与者控制好运动节奏，以便于稳定地完成高、精、准的运动效果。

第八章
现代运动休闲的项目管理

第一节　运动休闲项目管理概述

一、运动休闲项目管理的理论基础

（一）运动休闲项目的项目生命周期

为了使管理控制和执行机构更加规范，体育休闲活动的组织者可以将每个体育活动分为多个层次。体育休闲活动的不同阶段的总和被称作体育休闲活动的整个生命过程，包括概念阶段、计划阶段、实施阶段和结束阶段四大阶段。

① 概念阶段：是指运动休闲项目的初始目标和技术规格的发展。在这个阶段中，确定了工作范围，识别必要的人力、财力和物力资源等，并确定重要的组织成员。

② 计划阶段：要制定详细的运动休闲项目的目标、图表、进度计划，以及其他计划。运动休闲项目的个人负责部分，通常称为工作包，应该进行分解，指派好任务，并清楚描绘完成任务的流程。

③ 实施阶段：要做的是运动休闲项目的具体工作。运动休闲项目团队的大量工作正是在这个阶段完成的。在这个阶段运动休闲项目的成本迅速攀升。

④ 收尾阶段：发生在运动休闲项目移交到客户手中后，资源进行重新配置，项目正式收尾。当具体的运动休闲项目完成后，项目的成本和范围迅速减小。

（二）运动休闲项目的项目利害关系者

就是指运动休闲项目的积极参与者，或其利益因项目的实施或完成而受到积极或消极影响的个人和组织，他们还会对运动休闲项目的目标和结果产生影响。

运动休闲项目的管理团队必须弄清楚谁是利害关系者，并确定他们的要求和期望，然后根据他们的要求对其影响尽力加以管理，确保项目取得成功。每个运动休闲项目的关键利害关系者有：① 运动休闲项目组织者；② 运动休闲项目的顾客（用户）；③ 运动休闲项目的设施组织；④ 运动休闲项目的工作团队；⑤ 运动休闲项目的赞助商；⑥ 运动休闲项目的施加影响者。

二、运动休闲项目管理定义

依据美国项目管理协会给出的项目管理定义，项目管理是"把各种知识、技能、手段和技术应用于项目活动之中，以达到项目的要求，项目管理是通过应用和综合诸如启动、规划、实施、监控和收尾等项目管理过程来进行的"。项目管理的定义要满足以下 3 个条件：① 项目管理要成功地达到一个特定的目标；② 这个目标的实现要受时间、预算及其他条件的限制；③ 为了达到预定目标并同时满足限制条件，就必须采用科学而有效的管理。根据上述对项目的定义及其特征的理解，项目要达到以下 5 个要素构成：① 项目的界定（范围）；② 项目的组织结构；③ 项目的质量；④ 项目的费用；⑤ 项目的时间进度。

因此，运动休闲项目管理就是指把各种知识、技能、手段和技术应用于运动休闲项目的组织管理之中，以达到项目的要求。它是通过应用和综合诸如启动、规划、实施、监控和收尾等项目管理理论与方法来进行的。

三、运动休闲项目过程管理

运动休闲活动的组织和实施是一套相互关联的活动，以实现预先指定的一系列产品、成果或体育娱乐活动。大部分的工程都有一个共同的工程管理流程，它们通过有目的的实施而相互联系起来。其目标是启动、规划、执行、监督和结束一个工程。

通过对工程构成中各流程的交互和影响，并从其使用的观点出发，对工程的实施进行了阐述。项目过程分为项目启动过程组、项目规划过程组、项目执行过程组、项目监控流程组、项目收尾过程组 5 个阶段。

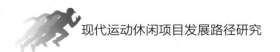

体育休闲活动是一个具有工程性质的项目，它的组织和经营都是按照工程的程序进行的。

（一）运动休闲项目的启动过程

运动休闲项目的启动过程包括以下几个步骤。

1. 制定目标

要确立一个目标，就必须对各利益集团进行清晰界定，而且要在规划初期就把这些利益集团的需求纳入考量，其中包含可能的合伙人以及这个时期应当问的一些问题，还包含了为何要筹办这个计划，要达成哪些目标，从中受益，是否存在政治、社会、文化、环境和经济效益，以及时间上的问题。这些利益集团包括：顾客、供货商、投资者、员工及外界因素。

2. 形成概念

概念是为实现某项工作而设计的一种手段，它必须在制定了一个目标后才能设计和形成概念。制定一个目标，确定是否参加这个计划的各个相关团体。制定一个具体的目标，必须有一个清晰的政策制定者。本研究的重点在于对体育娱乐活动的内涵与特征进行界定。要全面地发展形成理念，实现既定的目标，必须进行场景的分析，其中主要是对竞争状况的评价。

本研究的重点是体育娱乐项目的规模、运作方式、时间安排、场地、设备和设备的使用情况。

确定潜在的策略合伙人，如区域、国家政府部门、体育管理机构、体育休闲项目所有者、推广人和公益组织等，这些都是在构想开始时要及早加以考量的。

3. 调研运动休闲项目的可行性

在可行性研究中，关键在于决定体育娱乐活动是否能够达到既定的预期目的。只有在计划的进程中进行持续的修正，以确保实现目标。无论项目的规模如何，在进行项目可行性研究的时候，都必须对项目的费用和效益进行评估，从而可以让主办方预估收入的水平。

可以在做出决定之前，比较费用和效益，从而减少不必要的开支。这样，需要考虑下列方面：① 确定由哪些人来完成这些任务（短期和长远），并规定所需的时间；② 确定所需要的资金的源泉，包括资金、人力、设施和设备、体育休闲营销和体育休闲活动等，并规定支付期限；③ 确定体育娱乐活动的主办条件和资金来源，并确定是否有权终止体育活动，或使其从失败的申办中获益；④ 体育娱乐项目实施和评估的需求和所需的时间；⑤ 各类场馆在比赛结束后的长时间使用。通过对体育娱乐活动的分析，得出体育娱乐活动的费用。在此基础上，对体育活动的长远效益进行评价。

（二）运动休闲项目的规划过程

当体育娱乐活动申请成功以后，并且已经确定了体育活动的总体规模，那么接下来就是制定体育娱乐活动的详细计划了。规划的内容有：整体管理、范围管理、时间管理、成本管理、质量管理、人力资源管理、沟通管理、风险管理和采购管理。

（三）运动休闲项目的执行过程

1. 运动休闲项目执行过程组的定义和作用

① 运动休闲项目执行过程组由完成运动休闲项目管理计划中确定的工作和满足运动休闲项目要求的各个子过程组成；② 该过程组用于协调人与资源，按照运动休闲项目管理计划统一并实施运动休闲项目，处理运动休闲项目范围说明书中明确的规范内容，实施经过批准的变更。

2. 执行过程组主要管理过程

① 指导与管理项目执行；② 实施质量保证；③ 组建运动休闲项目工作团队；④ 建设运动休闲项目团队；⑤ 发布信息；⑥ 询价；⑦ 选择卖方。

（四）运动休闲项目的监控过程

1. 运动休闲项目监控过程的作用

其核心是对运动休闲活动的基本问题进行观测和辨识，并根据需要进行修正，对体育娱乐活动的各环节进行监控，并对其进行定期的测试，从而找出实施中存在的问题。监测流程小组也包含了对变化的控制，并且在出现问题前提出防范的措施。

2. 运动休闲项目监控的内容

在运动休闲项目组织实施过程中，主要监控以下工作环节。

① 整体变更控制：由于运动休闲项目很少能够准确地按照既定的计划进行，因而变更控制必不可少。整体变更控制就是控制造成变更的因素，确保变更带来有益结果，判断变更是否已经发生，在变更确已发生并得到批准时对其加以管理所需要的过程。该过程从运动休闲项目启动直到运动休闲项目结束贯穿始终。

② 范围控制：运动休闲项目的范围控制指运动休闲项目的宗旨、目标等内涵性内容发生了变化后，通过对造成该项目范围变更的因素施加影响，从而控制这些变更造成后果的一个管理过程。范围控制就是要确保所有要请求的变更与建议性的纠正均通过整体变更控制过程得到处理。

③ 进度控制：运动休闲项目的进度控制指对运动休闲项目各项工作任务进展情况的监督和检查。主要监控各项工作任务的当前状态，并对造成进度变化的因素实施应对管理。

④ 费用控制：运动休闲项目的费用控制指对该项目的所有费用使用情况进行监控。主要包括对造成费用基准变更的因素实施应对管理，采取有效措施，将费用超支控制在可接受的范围内。

⑤ 质量控制：运动休闲项目的质量控制指监控该项目的具体结果，判断其是否符合相关质量标准，并找出具体应对管理措施的过程。质量控制贯穿项目的始终。

⑥ 团队管理：运动休闲项目的团队管理指跟踪观察和评估团队成员绩效，提供反馈，管理冲突，解决问题并协调各种变更，以提高项目整体绩效水平。

⑦ 沟通管理监控：沟通管理监控主要包括绩效报告和利害关系者管理。其中，绩效报告主要是搜集整理和传播项目的绩效信息，包括状况报告、绩效量度及预测。利害关系者管理是指对沟通进行管理，以满足项目利害关系者的需求，并与之一起解决问题。

⑧ 风险监控：运动休闲项目的风险监控指在整个项目的生命周期中，跟踪已识别的风险、监测残余风险、识别新的风险和实施风险应对计划，并对其有效性进行评估。

⑨ 采购管理监控：运动休闲项目的采购管理监控指对于项目的发包、询价、选择卖方、合同管理和合同收尾进行监督和管理的过程。在选择并确定卖方的投标过程以及之后的合同管理是尤为突出的两个监控环节。

（五）运动休闲项目的收尾过程管理

1. 运动休闲项目收尾过程管理定义

收尾过程组包括正式结束运动休闲项目各阶段的所有任务，将完成的成果交与他人或结束运动休闲项目的各个过程。

2. 运动休闲项目收尾过程主要管理内容

包括以下几个方面：① 行政收尾程序；② 合同收尾程序；③ 最后的产品、运动休闲服务或成果；④ 组织过程资产更新。

3. 运动休闲项目的评价过程

运动休闲项目评价是一种对体育活动进行细致观察、测量和监督的程序，从而准确地对其结果进行评定。体育活动的评价能够为体育活动的发展提供一个基础的概貌和重要的数据，为体育活动的参与者提供信息，并对体育活动进行详细的研究，从而改善体育活动的质量。体育活动评价的效果也可以通过传媒进行宣传，促进体育活动的发展，为今后体育活动的规划与寻找资助奠定坚实的依据。在体育与娱乐的项目经营中，体育活动具有举足轻重的作用。

从项目的实施过程来看，体育活动项目的评价可以划分为项目实施之前的评价（可行性研究）、项目组织实施阶段的评价和项目完成后的评价。在项目执行之前，评价的重点是对体育活动的潜在费用和对体育活动的影响进行预测，为体育活动的管理者提供依据。体育休闲活动的组织与执行阶段评价是保证体育娱乐活动按照预定的路线向前推进，从而能让体育活动的管理人员根据这些问题做出相应的应对和相应的调整。活动后评价是对体育活动的目的进行评价。

体育活动的评价方法有：数据收集、观察、反馈会议、问卷调查和量表。体育活动的评价范围很广，主要体现在体育活动的各成员对体育活动的评估评价上，而体育活动的绩效评价则可以作为体育活动的重要依据，它将对体育活动的发展产生重要的指导意义。国内外各大运动机构对运动休闲项目的评价与汇报进行了详细的研究，其中包含了评价时间的选择、评价程序、评价内容，以及对运动休闲活动的评价。

（六）运动休闲项目管理过程间的联系与作用

体育休养计划各流程的实施是以其结果为基础的。例如，一个程序的结果

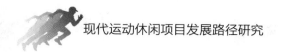

通常会作为其他程序的基础，或者作为体育娱乐活动的可交付产品，例如，在实施程序中，制定了一个正规的体育娱乐项目管理方案和这一项目的范围手册，并且根据体育娱乐活动的表现，定期对其进行更新。

第二节　运动休闲项目的计划

一、运动休闲计划的作用与原则

运动休闲计划是指决定一个企业今后的发展方向和怎样实现这个目标，而运动休闲计划就是为了达到一个特定的体育活动，或者为了达到某个结果而进行事先规划和准备。规划的流程涉及决定组织目前的位置、未来组织的最优位置及需要采取的策略。运动休闲计划关注的是实现这些目的的方法，如果没有规划，那么公司的表现就会受到影响。

（一）运动休闲计划的作用

制定规划是指按照特定的目的制定一个行动计划和分配有关资金一体化的行政流程。即对过去、现在、内外相关的资料进行综合的分析与评价，对今后的发展做出评估和预计，最后提出一份关于该行动的提案，即该计划的编制，并以此作为该项目的执行工作的依据。规划时间指为了达到特定的目的而对将来的行为进行科学的预言和决定。所有的规划都需要三个方面的问题：① 明确企业的目的；② 为实现目的而制定的活动顺序；③ 为业务分配所需要的经费。具体来说有以下两个方面。

1. 规范作用

① 确定完成项目目标所需的各项任务范围，落实责任，制定各项任务的时间表，明确各项任务所需的人力、物力、财力并确定预算，保证项目顺利实施和目标顺利实现。

② 确定项目实施规范，成为项目实施的依据和指南。

③ 确立项目组成员及其工作责任范围、地位及相应的职权，以便按要求指导和控制项目的进展，减少风险。

④ 使项目组成员明确自己的奋斗目标、实现目标的方法、途径及期限，

并确保以时间、成本及其他资源需求的最小化实现项目目标。

2. 协调作用

① 促进项目组成员及项目委托人和管理部门之间的交流与沟通，增加顾客满意度，使项目的各方面工作协调一致，并在协调关系中了解哪些是关键因素。

② 计划通常需要在多个方案中进行分析、评估和筛选，最终形成一个可行的能够实施并达到预期目标、最优的实现资源最佳配置的方案。可作为进行分析、协商及记录项目范围变化的基础，也是确定时间、人员和经费的基础。

（二）运动休闲计划的原则

项目计划是项目建设中的一个关键环节，它在项目建设中具有承前启后的功能。所以，在制定项目的时候，要根据项目的总体目标，总的计划进行细致地规划。方案通过后，将其用作本工程工作指导书。所以，在制定工程规划时必须遵守下列几点。

1. 目的性

任何项目都有一种或多种特定的目标来达到特定的功能、角色和任务，而每一种方案的制定都是以完成该项目的目的为中心的。制定规划要分析目标，明确任务，制定规划。

2. 系统性

项目计划是一个体系，它是由一系列子计划组成的，并不是相互独立的，而是相互联系的，它所制定的项目计划，具有系统性、相关性、层次性和整体性等基础特性，使得整个项目计划成为一个有机、和谐的整体。

3. 经济性

项目计划的目标不仅要求项目有较高的效率，而且要有较高的效益。所以在计划中必须提出多种方案进行优化分析。

4. 动态性

这取决于该项目的整个生命周期。一个项目的寿命从几个月到几年不等，在这个过程中，项目的发展过程是动态的，它需要动态地进行规划，并根据各种情况进行动态的修正，以保证项目的顺利完成。

5. 相关性

项目计划是一个完整的体系，其中的任何一个子工程的变更都会对其他子

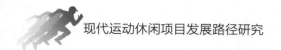

项目的制定和执行产生重大的影响，从而对项目的顺利进行产生重要的作用。制定项目计划时要充分地顾及各个子方案的关联度。

6. 职能性

制定和执行项目规划，不应该基于一个单位或一个部门的体制，也不应该从个人的兴趣和需求出发，而应该从整个工程的整体和功能入手，牵涉到整个项目的各个方面和机构。

二、运动休闲计划的阶段

一般认为运动休闲计划的分为 3 个阶段，即立项阶段、实施阶段、评估和反馈阶段。

（一）运动休闲项目立项

立项就是把运动休闲项目作为一个项目确定下来，包括这个项目要不要做，为什么做？一定要很清晰。特别是一些大型运动休闲项目，是一项有目的、有计划、有步骤地组织众多人参与的社会协调项目，需要办理审批手续，得到有关单位的审批。

项目立项可以回答以下关于项目的各种基本问题：① 为什么需要某个项目（决策）？② 需要努力达到的目标是什么（目标）？③ 将在什么时候完成它（指示、监控和评估）？④ 应当如何达成我们的目标（项目策划）？⑤ 达成目标都需要哪些条件（投资输入）？⑥ 谁去具体实施（人员和责任）？

在新项目中，该项目涉及制定项目的类型、时长、地点安排等。首先要确定的是竞标项目。一旦项目被确立，就可以进行一次初步的评价，以便了解其与该计划机构的功能及举办目的相一致。若经评价结论有必要进行深入调研，则下一步将进行详细的可行性分析。

1. 调研和可行性分析

根据项目的特点，进行可行性分析需要考虑很多方面的因素，其中有：预算需求、管理技能需求、项目举办地点的容量、主办团体和目的地的影响、体育休闲志愿者、赞助商和辅助体育休闲活动（例如租赁公司）的可用性、预计到场人数、基础设施需求、公共和私人资金援助的可能性，以及项目获得的政治支持等。应该指出，涉及的具体内容和复杂性可能会发生改变，比如一个体育和娱乐活动，规划的时间更长，更详细。

（1）确定市场规模和结构

体育娱乐工程规划的盈利水平取决于其市场大小，特别是上、下两个界限。体育娱乐活动计划的最小市场规模为其最小的盈利能力。市场规模是对市场进行量的分析，而市场结构则是对市场进行质的分析。休闲体育活动的营销构成主要从客源区位、社会人口学特点、消费习惯三方面进行研究。此外，有关重大工程的政策法规、社会热点问题、历史上同类个案的资讯、场地条件及时机的选择等也是本研究的重点。

（2）竞争分析

体育休闲活动计划旨在确立或维护特定的体育活动场所，而体育活动具有竞争性，因而需要对体育活动场所和体育活动本身的优势与劣势进行研究。综合评价自己的长处、短处、机会和威胁，以较为客观、精确的方式来分析和研究某一活动的实际状况。总体而言，SWOT 大致可以分成两个阶段：一是 SW，对企业的内在情况进行研究；二为 OT，对企业的外在环境进行研究。通过对不同的研究结果进行分类，按照优先顺序或影响的大小，构建 SWOT 模型。在进行了各项环境因子的解析及 SWOT 矩阵构建之后，利用系统论的综合分析法，将其与所要考虑的各项环境因子进行搭配，并进行整合，可以得到一套可供选用的策略。

（3）可行性研究

这是一项非常关键的工作。本研究主要涉及体育活动的社会适应性、社会环境及大众适应性，例如一次在野外进行的体育活动，因其需要在野外进行，其环境的要求较高，体能的消耗较大，存在较大的危险性，是一种对自身的生存考验。此外，因为步行可以欣赏沿途美丽的景色，普通人看不到的景色，所以它的刺激和观赏效果远不如一般的旅游胜地。在这里，市民能否接纳这个问题很关键，在环保的前提下，要保持生态，要注重环境的清洁，要垃圾都带走，符合环保的需求。

从利益的观点来看，这种方案在推广上能节约成本吗？如果媒体的宣传效果要好于大规模的线下宣传，那么就没有必要去搞大工程了。此外，由于社会物质层面的适应性问题，大工程涉及大量的社会活动，很多创新活动也要有实物支撑，因此必须要考虑其利益的可操作性。其次是紧急情况下的应对能力。

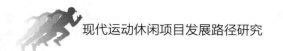

例如登山、攀岩、攀岩、寻洞、穿越等各种室外活动，都要面临与平常的生存状况迥异的情况，因此，在增添了室外娱乐的基础上，必须首先重视其不可预测性和安全性。在气象条件下，实地考察更多地涉及安全设备，这些都属于可行性分析范围。

2. 确定策划目标

运动休闲项目发展的目标与策略，是由相关组员与市场共同决定的，资源与市场的结合点是项目。在确定运动休闲项目策划的目标时，应注意以下问题。

① 层次性：任何时期的策划往往需要实现多重目标，在实现的过程中往往互相冲突，因此必须明确不同目标的轻重缓急及主次之分，做到有主有次、环环相扣。

② 可行性：策划的目标实现应该具有相应的人、财、物等资源的基础。应该在指定的条件和约束限度内，从全局出发，量力而行，结合自己现有的条件和潜在的能力，制订出合适的方案。

③ 可量化：将目标进行量化，使之更明确，实施起来也更有指导性。

3. 拟定备选方案

在制定项目计划时，通常要遵守两条基本的原则：① 提出两种以上的选择，同时列举各种选择在政治、经济、社会、公共关系等领域中的利害关系，避免超越职权或替代计划；② 当有多个项目时，应遵循各个项目之间的抵触原理，且不同的方案不能重叠。这个时期是在以前的思想基础上进行创新思考的，并将其转变成可行的行为。

4. 方案的筛选和论证

全面、系统地分析体育娱乐活动的内部和外在环境，对所有的情况进行全面的预测，并对其进行分析，并从中得出最佳的结果。计划不但要有证明，更要有科学性，一般采用位置优选法、轮转法和优选法。

5. 申办准备

当决定在一次可行性研究结果的基础上为一次已经存在的项目申报时，这一步骤是必需的。申办的过程包括以下几个步骤：① 确认可以被调配以支持项目的资源（场地、政府拨款）；② 给项目所有者开发一条准备和陈述竞标文件的关键路径；③ 形成对项目的组织以及项目本身性质的理解；④ 准备申办文件；⑤ 准备继续或终止。

对新项目来说，可行性研究的结果将直接决定项目是否进行以及将何时进行。

（二）运动休闲项目方案实施

项目方案的执行应注重项目的前期筹备。按照项目目标、项目形式、项目流程三个方面进行细致的筹备，严格要求。其中，体育娱乐活动的经费筹措尤为重要。

1. 运动休闲项目的执行方案

（1）项目方式

内容与形态形式是并存的。形式的选取是展示节目的重要条件，适当的节目形式可以让节目的内容更完整、更充实。本节重点介绍了实施该计划的特定方法。需要着重解决两个问题：选择合作对象和决定激励水平，在一定的情况下，要尽量增加运动休闲项目级别和规模，以增加项目影响，实现商业运营。在规划的时候要强调突出一个体育休憩的时间，要有一个高潮，要使这一部分更加具有感染力。例如，举办长白山大峡谷户外活动，将会在海拔 2 500 米的高峰进行，一连越过 6 个高峰，最后抵达北坡小天池，全程历时 10 小时左右，行程约 30 000 千米。其中，攀登长白山最高山峰白云峰为该项目的最高处。

（2）项目流程

程序编排是按计划和工作人员的划分来组织项目的子条目。整个过程要做到专业、系统、严密，从小处确保圆满。具体的过程可以从任务分配、时间分配、项目对接、物资保障等几个方面来进行。每一个工程，都要将其基础内容，具体到人，具体到各个方面。而对整个过程的掌控，才是项目实施的关键，不仅能将这个计划完美地展现出来，还能起到后续的推广作用。计划日程包含了时间表和进度表，计划的制定要灵活，要有可操作性。

（3）项目时间和地点

在体育活动中，应根据不同的季节、气候条件进行分析，因此，合理的体育活动日程是保证体育活动顺利进行的重要因素。在选择的时候，通常比较有弹性，设计者会根据自己的时间和地点，制定一个特定的日程，并把它纳入到公司的规划之中。

项目选址可以依据项目预算、项目内容性质和规模的不同，综合考虑项目

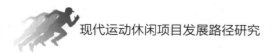

的质量和舒适度。规划师在选址时，要综合考虑公众分布、项目性质、项目经费、项目的可行性等多种要素。

（4）人员安排

包括项目主办单位、协办单位、承办单位及赞助单位。向与会者通报详细的日程，其中包含日程计划，明确开始和结束日期以及每天的日程。

（5）物资准备

物流管理的状况对工程的成败至关重要。每一个工程的举办方都要将后勤工作当作一件重要的事情来做，并设立一个专门的组织来确保物资供应的顺畅。

（6）费用预算

不管是哪种工程，都要把费用计算在内，运营方案中一定要包含更精确的财政预算。规划师应该规划出怎样使用有限的经费来完成所有的开支，并做好预算上报给上司审批的准备。国家资助、个人出资、民间资助、工程盈利和商业融资等各方面的资金来源都应该有自己独特的流程。在实施工程时要掌握好四个方面的资金：计划前期的预算；工程前期的实际预算；项目所需的资金；实到资金和实际支出的差距及其处理方法。经费与项目建设的规模与品质有着密切的联系，必须对项目造价和各种开支进行合理的核算，使有限的资金能够充分利用。

（7）广告配合方式

为实现持续性的广告效应，本次活动分成两大板块：前期的媒体热身和官方活动。该项目的主要目的在于动员传媒进行宣传，让大众对体育娱乐活动产生浓厚的期望；而正规体育活动则是在传媒的大力推广下，体育娱乐活动逐渐被大众所接受，并积极地参加。体育娱乐活动中的宣传活动，要看其传达的信息是否精确，投放的数量要充分，以保证节目的宣传效果。

此外，也要留意到，这个计划可以让大众和传媒都加入进来。体育娱乐活动是一种极具社会传播力的活动，它的功能就像一种传媒，只要这项活动开始，它就能收到很好的宣传效果。

（8）方案培训和试验

构思是好的，但是因为缺少可操作的设计，在运行的时候会遇到许多问题，违反了原有的原创性。因此，在确定了基本的计划之后，就需要进行更多的运作设计，实行流程的控制，并制定相应的运行规程。

在体育娱乐活动中，尤其是大的活动，如果没有充分理解整体规划的意向，就无法为大规模的计划执行工作做出有意义的贡献，因此必须进行沟通、培训，只有知道，方能发挥作用。

2．项目落实

项目落实阶段，也就是项目的实施阶段，在这一阶段所需要注意的问题是项目纪律、执行力和现场控制。

（1）项目纪律

纪律是战斗力的保证，是方案得到完美执行的先决条件，在方案中应对参与项目人员各方面纪律做出细致的规定，发挥团队作战优势，团结一致，齐心协力方能做好工作。

（2）执行力

要有较强的执行能力。所有的项目安排和物料准备要紧扣项目主题，总负责人要清楚项目的每个环节，了解各方面的进度，及时发现和解决项目现场出现的新问题。要对参与项目的工作人员进行充分的培训，把项目的目的和主旨传达到每个人，充分调动每位员工的积极性和主人翁责任感。

（3）现场控制

重点是要将每个工作都梳理得井井有条。很多时候，一个错误就是不可挽回的，比如，在某些计划中，还会出现大规模的体育和娱乐活动导致人员死亡。因此，体育娱乐活动的规划和执行必须具有严格的可操作性，在执行中要重视安全。

在中期运作时，重点关注每个细节，以确保计划的实施。一个计划成功的关键在于细节。而在项目现场进行应急处置，则是项目组织方必备的重要品质。在项目规划中，要做好居安思危、防患于未然的心理建设。在进行项目规划时，应考虑天气、安全等各种变化的影响。项目工地是规划和执行的中心环节，因此，应予以高度关注。一旦出现了问题，通常都是没有时间去请示的，这就需要项目组的工作人员，对不同的环境做出快速、精确的应对方案，以最快的速度进行处理。

危险预防与处理的基本内容：① 危机小组编组；② 处理程序；③ 医疗机构联系；④ 人员急救训练与平时演练；⑤ 简易医疗器材准备。

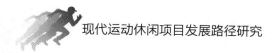

（三）运动休闲项目的评估和反馈

为了提高工程质量和效益，需要对每一个项目进行一次全面的评价和总结。总结评价工作，是为了在今后的工作中，吸取经验和教训，避免出现危险，取得更大的胜利。

1. 后期延续

延伸性有两个方面：① 对单个项目计划的持续推广；② 在整个项目中要坚持一贯性。许多项目在做计划时忽视了推广的延伸问题，在项目完成后，项目的推广就会终止。项目推广与其他推广方法是不一样的，因为项目的实施周期很短暂，而且人的记忆力也会存在一定的失忆周期，所以在广告推广中，延展性是一个很大的问题。

2. 项目评估

项目的结束并不代表整体过程的完结，一个科学的项目评估和数据的支撑将会对后续的工程进行进一步的改进，比如拍摄效果、客户的访问记录和媒体的跟踪。在项目结束后，对这些影响进行分析，可以很好地检验项目进行的效率，并确定下一步计划中出现的问题，并以此来创造有利条件。

项目评估的内容包括：① 项目成效的评估；② 参与者满足感的评估；③ 达到既定目标的评估；④ 项目质量的评估；⑤ 领导统御的评估；⑥ 设备运用评估。

在完成项目后，要对项目进行全面评估，以确定计划实施的结果准确无误。评价的重点是：举办区域和公司的声望有没有提升，组织者的投入、支出、利润，以及对地方的发展有没有推动，并对其环境效应进行评估。

3. 项目善后

制定一份终止项目的规划是规划流程中必不可少的一环。这一计划将涉及一个时间表的制订和任务的权责分配，如拆除和移除工地设施，并回收设施等。

三、计划书编写

一次完整的运动休闲项目开展是一个系统工程。在实现目标的过程中主题是整个策划的灵魂，内容是血肉，形式是骨架。一套具有可信度和可操作性的方案，可以保证整个工程能够顺利实施，并能达到预期的效果。而实施的成败，则是最能体现计划实施效果的最直接和最基本的体现。

（一）计划书的定义

所谓运动休闲项目计划，就是根据掌握的各种信息，对即将举办项目的有关事宜进行初步规划，设计出运动休闲项目的基本框架，提出计划举办的运动休闲项目的初步规划内容，主要包括：项目名称和地点、举办机构、举办时间、项目规模、项目定位、宣传推广和招商计划、项目进度计划、现场管理计划和相关项目计划等。

运动休闲项目计划书是为举办一个新运动休闲项目而提出的一套整体规划、策略和方法。运动休闲项目立项计划书主要包括以下内容。① 市场环境分析：包括对国家有关法律、政策的分析，对相关运动休闲项目的情况的分析，对运动休闲项目举办地的分析等；② 提出运动休闲项目的基本框架：包括运动休闲项目的名称和举办地点、举办机构的组成、举办时间、举办频率、运动休闲项目规模和运动休闲项目定位等；③ 运动休闲项目花费及初步预算方案；④ 运动休闲项目工作人员分工计划；⑤ 运动休闲项目宣传推广计划；⑥ 运动休闲项目筹备进度计划；⑦ 运动休闲项目现场管理计划；⑧ 运动休闲项目期间举办的相关项目计划；⑨ 运动休闲项目结算计划。

（二）项目策划六要素

项目策划是指通过运用科学手段和技术，对某一特定目标行为进行设计、制作策划方案的一种过程。工程规划工作具有整体性、系统性和计划性。一个成功的工程规划需要掌握下列 6 个重要因素。

1. 项目目标

项目是有一定目的的行动，哪种目标会影响哪种计划。从一定程度上讲，工程规划的目标就是"大是大非"，在制定计划之前要掌握好方向、树立好旗帜，有了明确的方向，实施起来就会容易得多。既要有清晰的目标，又要具有一定的可行性和定量性，这样，就可以实现有针对性的规划。

2. 市场

在选定专题前，要明确市场营销与竞争品牌的运作模式，并进行竞争者与消费者群体的剖析，明确定位，说明市场状况及活动的目的。

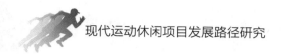

该计划是面向目标人群还是面向特定人群？工程的控制区域有多大？谁是首要的攻击对象？谁是第二个？而这些选项是否恰当，将对最后的结果产生直接的作用。

3. 主题

包括该次项目的主要目的、中心任务和意义。这一部分是对项目内容的高度概括，是整个策划的灵魂。要为广大公众接受，就必须选好主题，解决好两个问题：确定项目主题和包装项目主题。主题的确定体现在以下两个方面：① 项目的关联度要紧密；② 在风格上要保持统一，且要以独特性区别于其他同类项目。在一次项目中，不能做所有的事情，只有把当前最值得推广的一个主题，而且也只能是一个主题传达给目标消费群体。

4. 名称

项目名称至关重要，必须要有足够的吸引力，避免落入俗套。"人无我有，人有我新，人新我变"是创新的表现。而要想创造出一个真正的项目名称，就得具有首创性和独创性。英特尔公司前任董事长罗夫曾经说过："眼球"之战将会在全球范围内进行，而能够引起更多关注的人将会是 21 世纪的霸主。要做到胆大心细，做到勇往直前，就能让目标顾客对自己感兴趣，引发社会反应，从而达到沟通效果。

5. 流程

流程安排是按时间和人员的分配来组织工程的子条目。工程过程是工程规划的最直观反映，也是工程的执行纲领。既要能让人满意，也能让组织者满意，最重要的是要做到最好。活动日程是所有活动中参与人最关心、最受重视的环节，要突出重点，用词要简洁、生动、清晰。

6. 文本是项目成功的保障

策划文本必须做到详细周密，以便更好地指导项目的顺利执行。完整的策划方案包括项目概述、项目主办方和参与者的情况、具体流程、场地布置、项目费用、执行分配和备注事项等几个主要方面，即"5W2H 法"。

为何（Why）——为什么要如此做？

何事（What）——做什么？准备什么？

何处（Where）——在何处着手进行最好？

何时（When）——什么时候开始？什么时候完成？

何人（Who）——谁去做？

如何（How）——如何做？

何价（How Much）——成本如何？达到怎样的效果？

（三）计划书详细条目

1. 项目名称

运动休闲项目的名称包括 3 个方面，即基本部分、限定部分和行业标志。如"2013 佘山新年登高活动项目"，如果按上述 3 个内容对专入座，则基本部分是"项目"，限定部分是"2013"和"佘山新年"，行业标志是"运动休闲活动"。下面分别对这 3 项内容加以说明。

（1）基本部分

用以表明运动休闲项目的性质和特征，常用词有：大型项目、比赛和节日等。

（2）限定部分

用于说明运动休闲项目的时间、地点和运动休闲项目的性质。运动休闲项目举办时间的表示方法有 3 种：① 用"届"表示；② 用"年"表示；③ 用"月"表示。如第三届潍坊风筝会等。在这 3 种表达方式里，用"届"表示最常见，它强调运动休闲项目举办的连续性。那些刚举办的大型项目一般用"年"表示。运动休闲项目的举办地点在运动休闲项目名称里也要有所体现，如第三届潍坊风筝会中的"潍坊"。

（3）运动休闲项目的主题

用以表明项目的主题。如 2013 佘山新年登高活动项目中的"登高"表明是运动休闲方向的项目。

2. 项目地点

体育娱乐活动的举办地点，要按照体育娱乐的主题和项目的位置来确定。在选定场地的时候，也要充分考虑场地的使用费用、工期与场地本身的需求及场地内的体育娱乐设施状况等因素。

3. 举办机构

运动休闲项目举办机构就是项目的筹备、组织、策划和实施的委员会。根据各单位在举办运动休闲项目中的不同作用，一个运动休闲项目的举办机构一

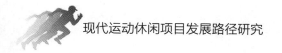

般有以下几种。

① 主办单位：拥有运动休闲项目并对运动休闲项目承担主要法律责任的举办单位。主办单位在法律上拥有运动休闲项目的所有权。

② 承办单位：直接负责运动休闲项目的策划、组织、操作与管理，并对运动休闲项目承担主要财务责任的举办单位。

③ 协办单位：协助主办或承办单位负责大型项目的策划、组织、操作与管理，承担部分大型项目的招标和宣传推广工作的举办单位。

④ 支持单位：对运动休闲项目主办或承办单位的运动休闲项目策划、组织、操作与管理，或是对招商和宣传推广等工作起支持作用的举办单位。

4. 举办时间

举办时间是指运动休闲项目计划在什么时间举办。举办时间有 3 个方面的含义：① 举办大型项目的具体开展日期；② 运动休闲项目的筹备和撤散日期；③ 运动休闲项目对观众开放的日期。

5. 举办频率

举办频率是指运动休闲项目一年举办几次还是几年举办一次，或者是不定期举行。就当前的状况而言，一年举办一次的体育娱乐活动最多，大约占据所有体育娱乐活动的 80%，每年举行两次或两年举行一次的体育娱乐活动，现在是少之又少。

6. 规模

主要指参与运动休闲项目的观众有多少。在策划举办运动休闲项目时，运动休闲项目规模的大小受到观众数量和质量的限制。

7. 项目定位

体育休闲项目的目标是明确地告知受众本运动休闲项目"是什么"和"有什么"。体育娱乐的定位是指体育活动组织在体育活动中，根据自身的资源和市场的竞争情况，在体育活动中树立和发展其不同的竞争优势，从而在受众心中留下深刻的形象。体育休闲项目应在目标受众、举办目标、举办项目的主体等方面进行界定。

8. 项目价格和初步预算

体育休闲项目的初期概算是对体育和娱乐活动所需的各类支出以及体育娱乐活动的预计收益进行初步的估算。体育休闲体育存在很多不稳定的问题，

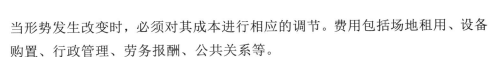

当形势发生改变时，必须对其成本进行相应的调节。费用包括场地租用、设备购置、行政管理、劳务报酬、公共关系等。

9. 人员分工、招商和宣传推广计划

体育娱乐的工作人员分工、招商和宣传活动是体育娱乐的具体执行方案。员工的工作分配方案是指对体育活动和娱乐活动中的工作进行综合和合理的组织。吸引游客到体育、娱乐活动的活动中，吸引游客参与各种策略、措施和方法的制定。而广告促销活动，就是为了打造体育、娱乐活动的品牌，塑造体育、娱乐活动的形象。

10. 项目进度计划、现场管理计划和相关项目计划

体育休闲项目的项目进度规划是指体育活动项目招商、宣传推广等工作的整体规划。其目的在于确定体育娱乐活动在筹备期间的各个环节，直至体育娱乐活动顺利进行。体育娱乐活动的日程安排合理，可以使体育娱乐活动的各种筹备工作有序进行。项目现场管理计划是指在项目开幕后，对项目进行有效的场地经营计划，主要包括项目开工、观赛注册等。场地规划合理，体育休闲项目场地有序，体育休闲项目才能有序。体育休闲项目的相关工程规划是指在体育休养活动中，在同一时间举行的各类活动筹备工作。与体育休闲活动同时举行的相关活动最多的是技术交流会、研讨会和各种演出，这些都是体育和娱乐活动的重要组成部分。

（四）项目计划书的撰写

项目计划文本有固定的基本框架，本策划书提供基本参考方面，小型计划书可以直接填充；大型计划书可以不拘泥于表格，自行设计。一个大型计划书，可以由若干子计划书构成，力求内容详尽。

1. 项目计划书内容

计划文本必须做到详细周密，以便更好地指导项目的有力执行及主题的完美体现。完整的策划方案包括项目概述、项目主办方和参与者情况、具体流程、场地布置、项目费用、执行分配和备注事项等几个方面。

（1）标题

标题即策划书名称，尽可能具体地写出策划名称，如"××年××月××单位××项目策划书"，置于页面中央。更多的是以主题口号为正标题，将具

189

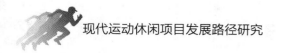

体名称作为副标题写在下面。

（2）框架目标

框架目标即项目需要达到的最终目标和最终效果，包括项目背景，项目目的、意义和目标。

1）项目背景

项目背景在以下项目中选取内容重点阐述：基本情况简介、主要执行对象、近期状况、组织部门、项目开展原因、社会影响和相关目的动机。应说明问题的环境特征，将内容重点放在环境分析的各项因素上，主要考虑环境的内在优势、弱点、机会及威胁等因素，对其做好全面的分析（SWOT 分析）。如果环境不明，则应通过调查研究等方式进行分析并加以补充。

2）项目目的、意义和目标

用简洁明了的语言将目的要点表述清楚；项目目标要具体化，并满足重要性、可行性、时效性。在陈述目的要点时，该项目的核心构成或策划的独到之处及由此产生的意义（经济效益、社会利益、媒体效应等）都应该明确写出。

（3）框架元素

框架元素包括项目时间、项目地点、项目面向对象、项目主题、项目总体预案和项目总体流程图。后两项在做系列化项目时必须要书写。

1）项目对象

指向明确的项目应罗列主要的参与者姓名，包括嘉宾等。

2）项目时间、地点

不同的季节与天气适合举办不同类型的运动休闲项目；可根据项目预算、内容性质和规模大小，考虑优质舒适的项目范围。

3）项目总体流程或称为策划进度表

项目从开始到结束的每一个进程，包括项目前期准备，项目的主要内容及具体安排，项目的反馈与评估。人员的组织配置、项目对象、相应权责及执行的应变程序也应在这部分加以说明。作为策划的正文部分，表现方式要简洁明了，可适当加入统计图标等使人一目了然、容易理解，但表述方面要力求详尽，没有遗漏。其工作分解包括以下 4 个部分。

① 内容流程图：是用直观的图表解释项目的总体方案和流程策划的各工作项目，应按照时间的先后顺序排列，绘制实施时间表有助于方案核查。

② 分工：列出详细的分工表。各项细化任务的要求及负责人都需写明，并写出各项任务需要完成的时间，还要确定应急小组，由专人负责，专门负责组织协调处理各种紧急突发事件。

③ 详细预案：要将每个小细节都要考虑在内，还要针对可能发生的突发事件做好备案。内外环境的变化，不可避免地会给方案执行带来一些不确定性因素，因此，当环境变化时是否有应变措施，损失的概率是多少，造成的损失多大，应急措施等也应在策划中加以说明。

④ 时间推进表：详细直观的表格形式的时间推进方案，明确何时由何人作何项工作。

2．项目预算

（1）调查市场价格

确定每项开支的数目及方式等各项费用，再根据实际情况进行具体、周密的计算，用清晰明了的形式列出。详细列出所需人力资源、物力资源，可分为已有资源和所需资源两部分。并列出主要的商业赞助及赞助单位。

（2）文案写作技巧

方案必须要做到文字、格式统一规范。整齐正规的版面使方案条理清晰，因为专业，所以值得信赖。文案撰写需要一定技巧，如文字简明扼要，逻辑性强，顺序合理，主题鲜明，运用图表、照片和模型来增强策划的主体效果，具有可操作性。对策划书的包装，可以专门制作封页。封面包括策划组办单位、策划组人员、日期、编号，力求简单、美观。页面可用设计的徽标做页眉，内容图文并茂。策划书需从纸张的长边装订，如有附件可以附于策划书后面，也可单独装订。

（3）项目策划书的执行

完成策划书的编写后，应制定相应的实施细则，以保证策划方案的有效实施，并最终确保运动休闲项目的顺利进行。

① 监督保证措施：科学的管理应从上到下各个环节环环相扣，责、权、利明确。只有监督才能使各个环节少出错误，保证旅游策划项目的顺利开展。

② 防范措施：事物在其发展过程中有许多不确定的因素，只有根据经验或成功案例进行全面预测，发现隐患，防微杜渐，才能把损失控制在最小限度内，从而推动运动休闲策划项目的开展。

③ 评估措施：运动休闲项目策划项目的实施必须有一定的评估手段和效果反馈机制，及时发现问题，对初期的策划方案进行相应的改进以实现策划的目标。

第三节　运动休闲项目的组织与实施

一、组织机构与运动休闲服务体系

体育休闲产业是体育与娱乐产业的一个主要部门，它具有自己的发展模式和运作模式，因此，体育休闲产业急需专门的技术人才。体育活动的组织是体育活动的开展，体育活动的组织是体育活动的一个重要环节，体育活动必须由特定的组织机构来进行。

（一）运动休闲项目组织的类型

建立组织是处于制订计划和实施计划之间的一项任务，组织能够指导资源的使用，指明完成下级目标的责任。

（二）运动休闲项目组织的应用

就组织的类型而言，各种组织形式都有其优点和缺点。针对不同的组织，处理缺乏理解的问题和解决冲突的有效方法就是进行协调，最好的办法就是通过建立一个专业的机构，或是指定一个特定的人员。所以，体育休闲活动的经理既可以是一个个体的经理，也可以是一个特定的部门。

在体育活动中，不同的工作具有一定的次序和重要性差异，因此，体育活动的组织结构必须优先确定其先后次序。

二、运动休闲项目的实施

体育休闲活动的执行是体育活动中的一个主要环节，它是体育活动中的一个关键环节，它的实现与否将直接影响到体育活动的品质与水准。在组织结构结束后，要执行各种工作，在规划期内开展人员的工作，根据组织的不同，财务部门的预算也会根据组织的不同而有不同的方案。

经理要明确体育娱乐活动的首要工作，其工作内容是监督与控制，而且需要具备全面的专业知识去精确完成。在体育休闲经理的指示下，指定一个或多个下属的小组来处理某一特定的区域，而下属的理事会或个体则要制定一个针对特定区域工作任务的工作列表和行动方案。根据项目管理的原理，每个项目都要经过精心策划，并有一个清晰的时限，例如：寻找赞助人，与场地管理者谈判，组织庆祝活动，闭幕式表演，公关活动，以及球队登记。

在执行过程行中，必须重视领导者和控制力的使用，运动休闲报告、会议和各种表现形式的指示是一种有效的控制方式，以保证项目能够按照既定的进度进行或者随着变更而做出相应的调整。

三、运动休闲项目现场管理

体育休闲赛事的举办与接待是体育娱乐项目成功与否的两大核心指标。为搞好体育赛事的经营，确保体育娱乐赛事顺利进行，体育赛事的举办单位要做好赛事的举办与接待工作。

（一）运动休闲项目活动组织的现场管理

1. 人流组织管理

人流组织管理包含体育休闲活动的三大元素：流向、流量和流速。一般情况下，人流是天然的，但由于地域、交通、场地布局等因素的作用，也存在着一定的规律性。在体育休憩中，人群的空间分布呈现出非平衡性、不稳定性、短时聚集性。在体育休闲游中，对人群进行有效的组织和管理，既能使参与者更好地达到其目标，又能合理地使用和维持场地的自然环境、设施和设备，并能保障公众的健康和社会的稳定。在闲暇时间内，人们要利用各种手段和方法进行闲暇时间的组织与管理。

（1）活动现场的布局

对于有能力更改布置的场所，可以按照预计的人群规模来进行封闭或开放设计；在室内布置时，要充分利用天然地貌、科学的间隔距离，并对人员的人数和地点进行适当的安排，这样才能限制参与人员的场地布置，便于组织者对人群的控制和管理；在指示不明确、人流盲目的场所，可以设置询问区或咨询点，以人工引导人流。

（2）活动内容的安排

在体育休闲活动的内容上，也要尽可能地兼顾人群的合理流量，把相同的场地按照特定的次序进行集中布置，尽可能地朝一个方位排列，以保证人群能够有秩序地行走；将活动的重要部分均匀地分配，以防止过分密集，使人群的分配趋于平衡；在岔道口或十字路口有针对性地设置提示性的标志，以满足大多数人群导向组织所期望的目标；在入口和出口的部分，减少活动的内容，以免人群滞留于此地区，导致交通阻塞。

（3）指示工具的运用

利用具有指示功能的交通工具来引导人群的流动方向，是目前体育休闲体育场地的有效的一种方法。场地示意图、路标、彩道、缆绳等是场地的指示标识，通过使用这些标识可以更好地指导场地内的人群，从而达到更好的空间布局。在当代展览中，标识的重要性越来越受到业界的广泛关注，而好的标识对于提升展览的服务水平和营造整个展览氛围具有很大的帮助。体育休憩活动要达到对人群的有效控制和管理，其先决条件是要达到对场馆内的人数进行总量调控。要确保场馆的正常承载能力，同时也要确保场馆的安全与舒适度。

2. 设施、设备管理

体育休闲活动设施、设备管理是指以达到最优的服务品质和经济效益为终极目的，以设备的经济性、设备的效率最大化为主要目的，利用现代科学技术与管理手段，通过规划、组织、指挥、协调及控制等环节对设施、设备进行全面管理的过程。在进行体育休闲活动时，往往需要大量的公用设施和设备，而这些设施和设备的类型是多种多样的，按照体育休闲活动的频繁程度，可以分为以下两大类。

① 固定性设施、设备：这类设施、设备通常安装在固定位置，为人们的日常运动休闲活动所使用，属于常设性设施或设备，包括风景区、各类公园、城市绿化区和步行运动休闲区等社会性公共设施，以及与这些设施相配套的供水、供电和消防等技术性公共设施或设备。

② 临时性设施、设备：这类设施、设备通常是为特殊的运动休闲活动临时性搭建为其提供服务的，并非常设的社会公共设施，临时性运动休闲活动结束之后通常会将这些设施、设备撤出活动现场，如举办运动会及开幕式使用的设施、设备，举办户外运动休闲使用的设施、设备，展会的展台，临时性游乐

设施等。

　　针对运动休闲设施、设备的管理，一方面需要保证所有设备正常运转和制定科学的设备保养计划和维修制度；另一方面要对设施、设备进行更新改造和安全管理。

　　（1）固定性设施、设备的日常管理

　　固定性运动休闲设施、设备的日常管理应遵循社会公共设施管理的一般原则和方法。

　　① 按属地原则确定社会公共设施、设备的行政归属。由公共设施、设备所在地的相关行政部门负责对设施、设备管理工作的监督，实行统一领导、分级管理，且谁主管谁负责，把社会公共设施管理和维护的相关工作落到实处。

　　② 在确定具体管理责任时，可依照"谁建设、谁管理、谁受益"的原则。通过这种方式使对社会公共设施的权利和责任统一到同一主体上，责权一致，更有利于激发管理者的积极性和主动性建设，对社会公共设施的管理也更加有效。

　　③ 在管理方法上强调"多维护、少维修"。固定性设施、设备的使用频率高，使用群体复杂，使用者的专业技术不强，诸多因素都使得设施、设备的日常损耗增大，甚至可能缩短设施、设备的使用期限。但社会公共设施、设备的正常使用是人们运动休闲活动得以健康开展的重要保障，因此，管理者应加强对设施、设备的日常维护保养，确保设施、设备的正常安全使用，尽可能避免因对设施、设备的重大维修而给人们的运动休闲活动造成的严重影响。同时，通过日常维护保养工作的开展，延长设施、设备的使用寿命，降低社会活动成本。

　　（2）临时性设施、设备的现场管理

　　临时性设施、设备通常是为较大型社会运动休闲活动的举办而专门安装的，且设施、设备的正常运转对确保活动的成功举办有极其重要的作用。因此，保证临时性设施、设备在活动进行中的正常使用是其管理的核心和重点。

　　① 要有专人专管，对重要的临时性设施或设备要实行"一对一"的专人负责制，即在活动进行期间，该设施、设备一切使用都由责任人负责，设施、设备的一切问题都由责任人承担。

　　② 安全第一，不对设施、设备进行破坏性使用，确保设施、设备运行期

间的安全性,坚决杜绝因设施、设备的不当使用而给人群带来人身或财产损失。

③ 做好第二手准备,对于对活动效果影响巨大的设施或设备,如有条件应准备备用设备,在因意外致使原设施、设备不能正常工作时,以备用设备代替,确保活动的正常进行。

(二)运动休闲项目接待服务的现场管理

运动休闲项目的接待服务工作指为参加、参与运动休闲活动的各类相关人员提供住宿、餐饮、交通一系列服务的集合。工作内容主要涉及住宿服务、餐饮服务、迎送服务和交通服务四大部分。作为运动休闲项目现场管理的重要内容和运动休闲项目后勤保障系统的重要组成部分之一,运动休闲项目的接待服务工作贯穿于运动休闲保障工作的全过程,是运动休闲管理机构必须承担的核心职责之一。它具有 5 个方面的特点:① 接待服务工作中存在许多量化指标,其优劣将会很清楚地显现出来;② 接待服务工作的直接对象是人;③ 接待服务对象数量多,并且通常是同时到达和同时离开;④ 因活动因素产生的不满情绪或者矛盾,也将使运动休闲项目接待工作承受不同于其他活动的压力;⑤ 如果得到媒体的关注,运动休闲项目的接待服务往往是其中的关注重点之一。

1. 运动休闲接待工作的主要内容

(1)住宿服务

住宿方面需要考虑的因素主要是接待对象的承受能力,主要内容包括以下6 个方面。① 确定需要提供住宿宾馆的对象类别;② 结合各类接待对象的数量、规格、抵离时间确定接待宾馆;③ 依照接待对象对住宿时间、地点、竞赛项目的需求分配接待宾馆;④ 编制接待宾馆的服务标准,包括《宾馆接待工作规范》《客房卫生设备达标方案》《宾馆设施使用规定》《服务人员着装、行为、语言行为规范》《消防安全工作方案》《24 小时值班经理制度》等下发到各接待宾馆;⑤ 组织开展对宾馆相关人员的培训工作;⑥ 对各接待宾馆进行周边环境布置等。

(2)餐饮服务

在满足不同类型的客人的用餐需要的基础上,也就是决定不同类型的客人的用餐时间和用餐方式。就餐类型分为固定就餐和不定餐两种。固定就餐也可分为酒店招待就餐和场地固定就餐。不定餐多指由于工作的特殊性，由接待单位提供的餐饮服务，例如在比赛裁判员和记者提供的场所就餐。这类就餐的关键在于食品的按时供给和食品健康。不定餐包括快餐，食品和饮料。至于吃饭的时候，也要看客人的情况。比如说，在安排记者吃饭的时候，要保证他们的工作时长，在新闻机构没有打烊之前，应该一直为他们提供食物；而在比赛的时候，应该把吃饭的时间和比赛的安排相联系。而吃的方式，与受欢迎对象的民族、地域、个人喜好等因素有关。因此，要提前询问客人的饮食习惯，并注意其饮食禁忌。根据客人的膳食需要进行合理选择。餐饮服务提供者的选取要视其具体的具体情形而定：小型的可采用询价、报价、谈判、比较等方式来决定；对于大型的食品采购，必须通过公开投标来确定供货商。

（3）迎送服务

进行接待工作前要制定一份具体的迎送工作计划，计划的主要内容是：接待对象、抵离时间、站点设置、车队、交通、路线、欢迎和欢送等。信息的准确性是接待工作的先决条件，要对旅客的抵离时间、地点、车次、班次和人数等信息进行精确了解，有不详情况要提前通过电话、传真等途径核实清楚，尽早通知全体迎送人员和有关单位；若有变化应及时通知。接待工作必须在飞机、火车、轮船到达之前到达机场、车站和码头。送别必须在宾客登上飞机前，离开时若举行送别典礼，请于典礼前到场。旅客若搭乘航班离去，需按照航班安排的日期到达，并请安排专人先行办理相关事宜。

迎送服务工作中有几项具体事务：接待贵宾时，应事先在机场、车站或码头安排贵宾厅，并备好酒水；若要布置献花束，请使用花束，并应保证花束整齐、鲜艳；当宾客与接待的人相遇时，彼此做自我介绍。一般是首先向客人们引见。刚来的宾客通常比较谨慎，主人应该积极地和他们打招呼，为他们准备好车，预订房间。如果有必要，请在宾客抵达前告知酒店的房间和座位号。如果办不到，可以打印房屋、乘车路线表，或者制作好贺卡，以便在宾客抵达后，立即发给每位宾客，或者由另一位联系人传递。这样可以防止混淆，也能让顾客了解情况，并积极合作；安排人员帮助处理入境、机票（汽车、船票）和行李托运等相关事宜。

（4）交通服务

是指为接待对象提供交通便利，主要包括两方面的工作，一是活动期间各类接待对象的用车需求；二是各类接待对象的中转票务需求。规模较小的活动一般将交通管理的职能归属于接待部门，而大型活动由于交通服务涉及与城市交通管理部门及铁路、航空等部门的大量协调工作，常常在赛事运作管理机构中设立独立的交通管理部门。交通服务的工作包括：① 制订交通服务运作计划；② 组织开展赛事运作管理机构用车征集工作；③ 借调或招募驾驶员，制订《驾驶员工作服务手册》，开展驾驶员培训工作；④ 依据接待对象类别分配工作用车、服务用车；⑤ 制订用车的相关规定及车辆运行路线；⑥ 制订中转票务工作方案，协同铁路、航空部门落实各类接待对象的中转票务。

2. 运动休闲项目接待服务工作的一般步骤

首先，要了解接待对象期望的服务，对接待服务的整体工作量进行估计，同时要"摸清家底"，即项目管理机构所拥有的可用于接待服务的所有资源。

在条件允许的情况下尽可能满足甚至超过接待对象的期望；条件不允许的情况下，要与接待对象及早沟通，使其期望值得到调整。

在赛事筹办过程中，对接待对象需求的变化及时做出反应，对接待工作中出现的问题快速疏导、解决。

活动结束后，要对接待服务情况进行评估，总结经验或教训。

第四节　运动休闲项目的评估

体育休闲评估是一种对体育活动进行仔细观察、测量和监控，从而使其能够准确地对其进行评估。体育休闲评估能够为体育活动的发展提供基础数据，为体育活动参与者的决策提供依据，为体育休闲活动组织次数和质量的提升提供依据。评估的成果可以为体育娱乐传媒提供信息，利用新闻媒介进行报道，为今后的活动提供一定的支持。

评价是体育休闲活动的一个重要组成部分，按照体育休闲活动的实施阶段，体育休闲活动评价可以划分为项目前评估、运动休闲活动实施阶段评估和运动休闲活动后评估。可行性分析应确定体育活动的潜在费用与影响。

体育休闲的经营流程是从规划、实施、再评价、再返回到最初的项目规划。在此过程中，项目规划是以目标为依据，以习惯、反馈和调查为依据进行评估。在此周期内，对某一工程资料进行输入与解析，以便做出更广泛的决定，做出更有效率的规划，提升工程效能。

一、运动休闲评估的目的

通过项目的实践进行总结与评估，检查项目的预期目标是否达到，策划与管理是否有效，以提高项目组织者的能力和水平。

通过调查和分析有效地反馈信息，确定观众是否满意，项目的主要效益指标是否达到，以增强项目利益相关者的投资信心。

通过对项目的目的、实施过程、效益、作用和影响进行全面系统的分析，从正反两方面总结各种经验和教训，找出成败原因，为新项目的策划和管理提供决策和管理依据。

通过评估为编写项目总结报告提供数据和资料依据，作为重要信息反馈给利益相关者，提高项目的形象，为塑造品牌项目提供支持。

二、运动休闲评估的主体

（一）项目主办方

项目主办方是项目的主要投入者，他们非常重视项目的评估，通常若主办方为企业，其关注的是项目所带来的经济利益；若主办方是政府，其关注的则是项目所带来的社会、文化和环境影响等。

（二）项目组及其成员

项目组及其成员指参加了整个项目的全过程，经历了从策划到管理，对项目的工作最有发言权的成员，他们的自我工作总结本身就是评估的重要组成部分。

（三）专业评估机构

往往由资深的专家组成，凭借丰富的阅历和广泛的知识对项目能够进行专业的评估。专业评估可避免成见或偏见，以更好地保证评估的客观性和科学性，且专业化程度高，评估结果准确度高，其评估结果大多能对决策机构起到借鉴作用。

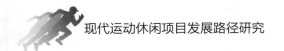

（四）观众

观众是项目评估的重要对象，可通过访谈、问卷等方式对项目现场的观众调查其亲身感受等，以获取有利于制定产品策略、运动休闲营销策略，改进经营管理的一手资料。

（五）赞助商

通过对观众的调查，了解此次赞助后，赞助公司名字的认知度在目标顾客群中有无提高，提高了多少；企业的形象有无提升，提升了多少。通过相关数据的收集，还可了解产品的销售量有无增加，增加了多少。

三、运动休闲评估的阶段

（一）事前评估

对一个运动休闲项目的控制因素的评估发生在研究和计划阶段，用于确定项目可能需要的资源水平，确定是否继续进行这一项目。这种研究涉及对观众可能做出的反应进行市场研究，对出席人数、费用和效益进行研究和预测。这种研究的结果就是建立目标或基准，根据它来衡量计划是否成功。

（二）监控评估

运动休闲项目评估就是跟踪某一项目在不同执行阶段进展的过程，以调整项目的控制因素。在项目执行过程中进行观察可能会引起变化，以改善项目的传递。这种评估过程对质量控制非常重要，可为最终评估和未来计划提供宝贵的信息。

（三）事后评估

事后评估是一种最常用的评估方法，涉及收集项目的统计数据，并分析数据与项目任务、目标的关系。事后评估也可能涉及对项目参与者或观众进行某种形式的问卷或调查，这些调查是为了探索参与者的体验意见，衡量他们对项目的满意程度。调查经常涉及收集有关参与者经济消费的数据，以便把这些花费与项目产生的收入相比较。

四、运动休闲评估方法

（一）观察法

观察法是一种技术方法，人们很容易忽略它。实际上，无论是正式还是非正式的，观察都起到了关键作用。观察分为两类：参加观察和不参加观察，参加观察的人可以被接纳为活动的客户，接受引导，以日志的方式进行记录，而不参加的人则可以被要求有计划地把观察到的结果进行系统的记录。协助举办此项赛事的主管，安排一个场地及庆典，营造良好的庆典气氛及客户的积极参加。

1. 观察法的优点

① 参加观察是自愿的不会影响其他顾客；② 观察法准确地模仿并记录了顾客参与活动的真实体验；③ 观察员的多样化能保证对活动多种观点的记录；④ 观察员经过培训能够评估重要的内容和因素；⑤ 观察员能够记录下组织者由于太忙而看不到或忽视相关问题；⑥ 观察评论能丰富其他顾客调查的内容，并形成多方资料的综合。

2. 观察法的不足

① 观察员必须保持公正客观原则；② 观察员的价值观会影响观察评论结果；③ 越复杂的活动就需要越多的观察员；④ 有些活动只能从单个点进行观察；⑤ 预先就要求掌握活动节目、进度表、管理系统、背景等方面的知识。

3. 参与观察须记录的要素

参与观察是有效记录某个活动体验关键要素的一种方法，具体如下：① 运动休闲活动策划与管理：主要涉及对活动的第一印象，如对到达、通道、停车、排队、进场等方面的看法；② 观看活动和表演：如视线、座位、音响及视听效果；③ 气氛和激情：参与性、鼓舞性、积极性或活跃性等；④ 设施及舒适性：厕所、垃圾箱、儿童和残疾人的专用设施；⑤ 商品交易：商品质量及供应；⑥ 人群拥挤和交通阻塞：人群拥挤和交通阻塞发生的时间、地点及由此引起的不适和冲突；⑦ 退场：退场时的问题，行人和车辆的交通流量。

观察法提供了一种从顾客的角度对活动进行评估的有益形式，它能使活动

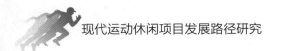

组织者注意到活动体验中的积极和消极因素,并提供一种从活动中吸取教训的方法。这对于定期举办的活动特别有用,因为活动的期待目标就是不断改善顾客的体验。

(二)问卷调查法

1. 调查问卷

该问卷的应用领域从单纯的针对项目合作伙伴和利害关系方的回馈表格,到由专家对受众或访问对象进行的一项综合的调查。调查表的分级视项目需求和所掌握的资料而定。一个简易的调查问卷可以自己设计和利用该项目本身的内部资料。他们也许会努力记录并获取一些基础的定量资料,比如,项目合作伙伴的开支,利益相关者的观察和对项目的经营和结果的评估。有研究表明,超过60%的权威组织更倾向于采用访问者反馈和问卷的形式进行评估。

该问卷用于识别与受众概况和反应有关的可信数据,访客的访问和使用情况。此项问卷可以由参加人员进行,也可以由与会者自行完成,包括当面、电话或电邮。当面的问卷调查往往能得到更多的回复,不过有些小窍门,比如采取奖励竞赛等,也能激发人们的参与度,从而增加电子邮箱的答复率。开展高效的研究需要专业技术和大量的组织力量。如主办单位缺乏内部工作经历、技术水平较低的,则由专家或相关单位负责,其任务涵盖从问询单的制定到整个调查流程的实施。

对重复的活动,只进行一次完整的调查即可达到项目的基本需求。有些赛事主办人也许会想要每年都进行相同的研究,从而能够对不同的赛事进行持续的对比和对未来的发展趋势进行分析;或是他们想要进行更困难的调查项目,从而对项目的其他部分进行分析。Getz 和其他学者与《英国体育》刊物都认为,无论采取何种调查级别和方式,在调查的一些基础问题上,应当记住以下几点。

① 目的:清楚地识别调查的目的。目的明确且陈述清楚才可能引导有效的目标、清晰的调查。

② 调查设计:使其简单化。如果调查的项目太多,就会有跑题和有效性降低的危险。问题应该清楚,毫不含糊,在实际调查之前应进行测试。

③ 样本数量:参加者的数量必须足够大,才能提供一个有代表性的参与者样本。样本数量取决于调查的详细程度,要求的精确程度及可用的预算。如

果有疑问，可以寻求有关样本数量的专业咨询。

④ 随机性：选择参加者的方法要避免年龄、性别和种族偏见。采用一定的方式，如每次选择过验票闸门的第 10 个人，有助于提高随机性。

⑤ 支持数据：一些成果的计算依赖于支持数据的收集。例如，计算总的到访者消费就要求参加活动人数的精确数据和他们的平均消费额。然后把两者相乘，就可以估算出总的活动到访者消费额。

2. 意向性调查的范例

当你对测试工作进行规划时，应该把注意力集中在你需要的那些方面。比如，参赛运动员应该提交自己的姓名和住址，这样就可以通过人口组成来进行统计，上述信息可以帮助下一次赛事主办方做好准备。

以上资料可以从项目举办前、过程中或之后的问卷中或个别访谈中获取。有时候，一群人可以为他们的目标群体讲课，为他们提供宝贵的资讯。

以下的范例问题可包含于客户意向调查之中，并可作为一个非正式的活动项目后的情况报告。然而，为获得更为可靠的报告，意向调查需要经过一个市场调研公司的设计和分析调查报告包括以下问题。① 您是如何发现这个活动项目的？② 为什么决定参加这个活动项目？③ 您是何时决定来参加这个活动项目的？④ 您是否与其他人员一起来参加这个活动项目？⑤ 谁是主要决策者？⑥ 这个活动项目如何能满足你的期望？⑦ 交通/泊车是否恰当？⑧ 你是否感到物有所值？⑨ 席位、音响和视觉效果是否恰当？⑩ 您是否还会参加这个活动项目？

参考文献

[1] ［美］查尔斯. 布彻尔，马奇. 克洛迪. 体育运动管理［M］. 茹秀英，宋玉芳，王军，译. 北京：清华大学出版社，2004.

[2] 李舒平，邹凯. 运动休闲活动的风险管理［M］. 广州：广东科技出版社，2009.

[3] 李军岩，曹亚东. 休闲服务管理营销概论［M］. 沈阳：辽宁大学出版社，2011.

[4] 陈国柱. 旅游市场营销学［M］. 天津：天津大学出版社，2010.

[5] 王守恒，叶庆晖. 体育赛事管理［M］. 北京：高等教育出版社，2007.

[6] 王婉飞. 休闲管理［M］. 杭州：浙江大学出版社，2009.

[7] ［英］肯. 罗伯茨著. 李昕译. 休闲产业［M］. 重庆：重庆大学出版社，2008.

[8] 牟红，杨梅. 休闲活动策划与管理案例分析［M］. 北京：中国物资出版社，2011.

[9] 牟红，杨梅. 休闲活动策划与管理［M］. 北京：中国物资出版社，2010.

[10] 王凯珍. 社会体育活动组织与管理［M］. 北京：中国劳动社会保障出版社，2005.

[11] 黄安民. 休闲与旅游学概论［M］. 北京：机械工业出版社，2007.

[12] 王喜雪. 休闲旅游策划与营销［M］. 上海：上海交通大学出版社，2011.

[13] 李舒平，邹凯. 户外运动的风险管理［M］. 广州：广东科技出版社，2009.

[14] 钟天朗. 体育服务业导论［M］. 上海：复旦大学出版社，2008.

[15] 黄海燕. 体育赛事管理［M］. 北京：人民体育出版社，2012.

[16] 孙雷鸣，单宇. 运动休闲会所（俱乐部）运营管理［M］. 北京：人民体育出版社，2011.

［17］吕青. 北京市商业健身俱乐部的运营管理［M］. 北京：北京体育大学出版社，2011.

［18］刘大力. 体育产业经营与管理知识［M］. 北京：中国劳动社会保障出版社，2005.

［19］戴光全，马聪玲. 节事活动策划与组织管理［M］. 北京：中国劳动社会保障出版社，2007.

［20］［美］理查德. F. 马欧，凯瑟琳. G. 贝蕾丝，林恩. M. 杰米森. 娱乐体育管理.［M］. 4 版. 韩勇，康盛，译. 沈阳：辽宁科学技术出版社，2007.